億万長者サッカークラブ

サッカー界を支配する狂気のマネーゲーム

著　ジェームズ・モンタギュー
訳　田邊雅之

KANZEN

ミトラとミラに捧げる

リヴァプール　グレイザー　デン・ハーグ　NFL
チェルシー　中国足球改革発展総体規劃　バルセロナ　プレミアリーグ
フィテッセ　レスター・シティ　王輝　FIFA
アーセナル　バルセロナ　プラティニ　ドナルド・トランプ
ブリーラム　クロエンケ　文化大革命　エミレーツ　NYCFC
リーマンショック　プーチン　レアル・マドリー　ガスプロム
習近平　MLS　インテル・ミラノ　ニューカッスル
バレンシア　シェイク・マンスール　ソ連崩壊　ポーツマス

政治、権力、腐敗、マネー、サッカー
そしてワールドカップ

PSG　サルコジ　マンチェスター・ユナイテッド　ソチ五輪
UEFAチャンピオンズリーグ　UAE　レーガノミクス
ダビド・ビジャ　ファーガソン　マーガレット・サッチャー　爆買い
ランパード　ウクライナ内戦　トッテナム　ベッカム
マンチェスター・シティ　広州恒大　ACミラン　タイ軍事クーデター
タクシン・シナワット　ロマン・アブラモヴィチ
シャルケ04　新保守主義　ゼップ・ブラッター　シャフタール
ウスマノフ　ベルルスコーニ　アラブの春　BskyB

まえがき

サッカーは世界中で親しまれている。

皆さんが住んでいる日本からアイスランドのような小国にいたるまで、人類の歴史において比較的短期間のうちに、地球上のほぼ全域を包み込むようになった。サッカーが人々を魅了していく感染力の高さには、ウイルスを研究している学者でさえ舌を巻くに違いない。

このような過程は、サッカーがグローバルなゲームに発展していくプロセスとして解釈できる。だが、かつてサッカー界で起きていた現象と、今日のグローバル化は内容を異にする。

サッカーが世界中に浸透していく際には、世界の様々な国が独自のスタイルやカルチャー、ライバル関係を育む余地が与えられていた。古典的なグローバリズムは、世界各国で急速に産業化が進む中、蝶や蛾の羽が地域ごとに、独自のバリエーションを生んでいったのに似ている。

しかし20世紀末から21世紀初頭にかけて発生したグローバリズムは、従来とは違ったレベルで、国境と境界をなきものにしつつある。

たとえば今日では、一つのクラブチームそのものがグローバルな存在になった。東京のマンチェスター・ユナイテッドのファンが上げる歓喜や失望の声は、ガザやニューヨーク、そして本家本元のマンチェスターのファンが発するものと、もはや大差はなくなっている。

ちなみにサッカーファンの間では、このような変化に反対する人が少なくない。「我々」のゲームが、「彼ら」に奪われてしまうというのが理由だ。

ただし、私自身のスタンスは微妙に違う。私はサッカーを世界中の人たちと語り合うための、普遍的な言語として捉えているからだ。

たしかにサッカーという競技には、イギリスで生まれたルールや様式が当てはめられるようになった。しかしこれらの制度は、世界中の様々なゲームを内包していく上で最後に与えられたフォーマットにすぎない。サッカーは大衆のものであり続けてきたはずだ。

むしろ現在起きているグローバル化が問題なのは、より根本的なレベルで「我々」対「彼ら」という構図を突きつけている点だろう。真の意味で、大衆のゲームが奪われつつあると言ってもいい。「我々」とは、サッカーを愛する世界中の人々を指す。

一方、「彼ら」とは全人口の1%のうち、さらにその1%を占めるスーパーリッチな人々に当たる。オリガルヒやマフィア、政治家たちだ。

得体の知れない億万長者は、巨大な富と権力を手にして世界に君臨し始めている。また政治や金のためにスポーツを利用し、ついにはサッカー界も牛耳るようにもなった。

しかも、これはサッカー界に限った現象ではない。実際には、医療保険制度から公共サービスのクオリティ、そして政治や経済にいたるまで、あらゆる分野で起きつつある好ましくない変化が、サッカー界にも波及してきたと考えるべきだ。

皆さんが住んでいる日本でも、今、多くの変化が起きている。その良し悪しを判断し、いずれの側に与するのかは、私たちの責任になる。

目次

序章◉サッカー界を取り巻くマネーゲーム 9
1章◉東ヨーロッパ編 オリガルヒの台頭 27
ロシア編 28
ウクライナ編 71
2章◉アメリカ編 マネーを追いかけ続ける男たち 95
セントルイス編 96
ニューヨーク編 163

3章◉アジア編　東方の夜明け　177
中国編　178
タイ編　249
4章◉中東編　オイルマネーの宿業　281
アブダビ編　282
カタール編　345
あとがき　386
謝辞　400
訳者あとがき　406
著者・訳者プロフィール　415

「麻薬取引を捜査していると、自分が麻薬中毒になり、最後は麻薬の売人になってしまう。だが怪しい金の流れを追いかけ始めると、自分が一体、どこにたどり着くのかさえわからなくなるんだ」

レスター・フリーマン捜査官（テレビドラマ「ジ・ワイヤー」より）

0

序章

サッカー界を取り巻くマネーゲーム

時代に取り残されたグレスティ・ロード

クルー・アレクサンドラのグレスティ・ロード・スタジアム。公共住宅が所狭しと立ち並ぶ通りは、奇妙なほど静かだった。

この日は試合が行われる日曜日。だがいつものような試合前の賑々《にぎにぎ》しさを感じさせる要素は、まるでなかった。パイとソーセージを売るバンも停まっていなければ、プログラムを売るスタンドも出ていない。ファンでさえ、一人もいないようだった。

しかしスタジアムの向かい側にある、赤レンガ造りの建物には煌々と光が灯っている。ドアを開けると、ハロルド・フィンチが忙しそうに働いていた。88歳になる彼は、いつもと同じようにプログラムとバッジを売っていた。彼はこの生活を60年以上も続けている。

中に広がる小さな世界は、サッカーのタイムマシンのようだった。

二つのテーブルの上には、色あせたマッチデイ・プログラムが積み上げられている。中には20世紀の初めのものまである。ハロルドの息子の前にあるテーブルには、ガラスのショーケースが置かれている。展示されているのは、誰も覚えてないような試合を記念したピンバッジだ。

「わしはクラブの歴史家を務めているんだ。今日まで３０００試合を見てきた」

クルーのジャージを着たフィンチは、灰色の髪をかきあげながら、誇らしげに口を開く。

「サポーターとしてクルーの試合を最初に見たのは、１９３４年の3月10日だった。４‐２でアクリントン・スタンリーに勝った試合さ」

90年前の試合を鮮やかに思い出せる人など、ハロルド以外にほとんどいないだろう。彼は過去から現在に至るまで、イングランドにあるほぼすべてのスタジアムも訪れてきた。「コレクション」に欠けているのは二つだけ。マンチェスター・シティのエティハド・スタジアムと、アーセナルのエミレーツ・スタジアムである。

これら二つのスタジアムは、1934年にクルー・アレクサンドラとアクリントン・スタンリーが試合をした頃とは、かけ離れた時代を象徴している。あたかもパラレルワールドに存在しているかのようだ。

クルーに突如やってきた、国際試合

88歳のフィンチには、エミレーツ・スタジアムやエティハド・スタジアム以外にも、見たことがないものがあった。グレスティ・ロードで開催される国際試合である。自分が生きているうちに、その種の試合を観戦する機会が与えられるだろうとも思っていなかった。

ところが予想は裏切られる。なんとクルー・アレクサンドラのスタジアムで、北アイルランドと、カタールが親善試合を行うことになったからである。

「これは珍しい出来事だぞ」

ハロルドはアラブからの訪問者に、少し警戒心も抱いていた。

チームが本当に姿を現すのか、選手たちはどんな風貌をしているのか、断言できた者は一人もいない。クラブ側でさえ、ほとんど把握しかねていた。

だがカタールという国は、イングランドでは既に有名になっていた。

2010年12月、チューリッヒで開催されたFIFAの総会において、2022年のワールドカップを開催する権利を手にしていたからである。投票に敗れたイングランドのマスコミは、カタールが票を買収したのだと、様々な報道を行っている。

とはいえカタールにも、苦手なことはあった。金の力にあかせてワールドカップを招致することはできても、実際の試合ではからきし結果を出せていなかった。2017年初めのFIFAランキングは95位。これはリベリアやフェロー諸島のレベルに等しい。

結果、カタールは途方もない額を投資し、他の国から選手を帰化させるような手段まで取るようになる。2018年のワールドカップ、ロシア大会のアジア地区予選では、外国出身の選手が9人も先発に名を連ねたことさえあった。

またカタールは、インフラを整備するためにアジア諸国から労働者をかき集め、過酷な待遇で働かせていたという点でも、強い批判にさらされていた。

当然、カタール側は良い印象を与えようと躍起になる。そこで選んだのが自分たちを批判する急先鋒、イングランドに遠征して「違う顔」をアピールすることだった。その皮切りとなるのが、クルーで行われる北アイルランドとの親善試合だった。

イングランドのFAは、諸手を挙げて中東からの来客を歓迎。「セント・ジョージズ・パーク」ことナショナル・フットボール・センター（トレセン）に招待することまでしている。またカタールはエジンバラに移動し、スコットランド代表とも試合を行う予定にもなっていたが、これらの段取りはなぜか喧伝されなかった。

１９８９年、分水嶺の年

クルーで国際試合が行われるというのは、まさに時代の変化を感じさせる。

クラブが設立されたのは１８８１年だが、今日のサッカーは20世紀に大衆の心を捉えたスポーツ、労働者階級のゲームと似ても似つかぬものとなった。

たとえばテレビ局のスカイとＢＴは、50億ポンド以上の額を支払って、プレミアリーグの放映権を３年間更新した。海外における放映権料まで考えれば、その額は80億ポンド以上に跳ね上がる。プレミアの放映契約料は、スペイン、ドイツ、イタリアの各国リーグの放映権料をすべて合わせた額に匹敵するのである。

この数字だけを見ても、隔世の感がある。

たとえば今から25年前、１９９２年に初めてプレミアリーグが５年間の放映契約を結んだ際には、契約料は１９１・５万ポンドだった。当時は大きな話題となったが、新たに結ばれた契約に比べれば、金額は４％に満たない。

時計の針をほんの少し戻せば、サッカー界の状況はさらに様変わりする。

１９８９年４月15日、ヒルズボロで行われたＦＡカップ準決勝。ノッティンガム・フォレストとリヴァプールの試合では、96人のリヴァプールファンが死亡している。

これを受けて上梓されたテイラー・レポートは、崩れ落ちそうなスタジアムで行われていた殺伐としたゲームの実態、サポーターが家畜同然に扱われていた様子を伝えている。

ところが1989年は、サッカー界が経済的に飛躍していく上で、極めて重要な役割も果たした。さらには政治的、社会的な大きな分岐点ともなっている。

同じ年の11月には、ベルリンの壁がついに崩壊。共産諸国のドミノ倒しが始まり、ソヴィエト連邦の解体へとつながっていく。

新たな時代の幕開けは、西側の民主主義と自由経済が、国家主導型の社会主義に対して、完全な勝利を収めたことを示唆するかのように思われた。

事実、ベルリンの壁の崩壊は、旧東側に閉じ込められていた数百万人に自由を与えているし、政治思想家のフランシス・フクヤマは「歴史の終わり」と銘打ったが、真に意味するところは明白だった。グローバルな経済秩序が、根本的に変革を迎えたのである。新時代のテーゼは、イギリスのマーガレット・サッチャーと、アメリカのロナルド・レーガンによっても掲げられている。彼らは自由主義経済——民営化と規制緩和こそが福音であると説いた。

ただしこのような変化は、目に見えない「新たな搾取の季節」が到来したことも告げていた。一握りのビジネスマンたちが、社会の混乱に乗じて富を築き上げる機会ともなったからである。

かくして台頭したのが、現代社会の影の支配者、「オリガルヒ」と呼ばれる新興資本家だった。「オリガルヒ」は、ギリシャ語の「オリガーキー」（寡頭政）に由来する単語だ。

だが今日では政治的なエリート層と癒着した、ロシアの実業家を指すために用いられているケースが多い。共産主義の崩壊による社会秩序の融解、そして得体の知れない新興成金が登場するという現象は、ロシアで最も顕著になった。

しかも同様の現象は、ロシア以外の国でも広範に起きている。

共産圏が崩壊した後は、世界各国で民営化と規制緩和に弾みがつき、富の集中と格差の拡大をもたらした。イギリスやアメリカにおいてもである。

たとえばアメリカにおけるトランプ大統領の登場も、この文脈の延長で捉えられる。

歴史家のニーアル・ファーガソンは、『ボストン・グローブ』紙で次のように記している。

「１９８９年当時、私たちはリベラルデモクラシーと資本主義が、勝利を収める瞬間を目撃しているのだと思っていた。だが我々は間違っていた。結果的に勝利したのは、少数の支配者にすぎない。（皮肉なことに大衆の）ポピュリズムがそのような状況を肯定してしまった」

イギリスでは、新たな時代の変化がスポーツの分野において、はるかに早く現れている。プレミアリーグは突如として出現した新興成金、いわゆる「スーパーリッチ」の恩恵を受けたからだ。

２０１６年が終わりを迎える時点では、プレミアリーグの全20チーム中15チームに外国人のオーナーが絡んでいる。チャールトンやブラックプールなど、下位のリーグにまで対象を広げると、クラブを買収した外国人オーナーの数は数十人単位で増えていく。

さらに重要なのは、国籍が多岐にわたっている点だろう。ロシア、イラン、中国、タイ、アラブ首長国連邦（ＵＡＥ）、ドイツ、スイス、そしてアメリカとイギリス。これらの国で財を築き上げた14人の億万長者は、プレミアの主だったクラブの運命を握っている。

アーセナル、チェルシー、クリスタル・パレス、エバートン、レスター・シティ、マンチェスター・ユナイテッド、マンチェスター・シティ、リヴァプール、サンダーランド、ストーク・シティ、サウサンプトン、トッテナム。これらのクラブを動かしているのは、すべてニューリッチと呼ばれる億万長者たちだ。

かつての大富豪と、今日の大富豪の異質性

しかもプレミアリーグのビジネスモデルは、世界中で狂ったようにコピーされてきた。地域ごとに微妙にアレンジが施されながら、オーストラリアからアメリカ、インドに至るまでの幅広い地域で、新しいオーナーたちを引き寄せてきたといえる。

たとえばフランスでは、パリ・サンジェルマンが、カタールの投資会社（カタール・ファウンデーション）によって買収された。カタールは、国民1人あたりのGDPで換算すれば、現在、地球上で最も豊かな国の一つに挙げられる。

一方では、別のルートから流れてきたマネーも、サッカー界を包み込んでいる。

UAEを構成するアブダビのロイヤルファミリー、シェイク・マンスールはマンチェスター・シティの買収を足がかりに、ニューヨーク・シティFCから、メルボルン・シティFCに至るまでのネットワークを築いた。中国の億万長者たちは、オランダ、イタリア、フランス、そしてイングラ

ンドのクラブを買収し続けた。しかも中国人オーナーに関しては、どこで、どのようにして金をこしらえたのかが、わからない場合もしばしばある。

むろん、これまでにも巨額の富がサッカー界につぎ込まれるケースは存在した。

1995年、イギリス人のジャック・ウォーカーは、地元のブラックバーン・ローヴァーズにプレミアリーグのタイトルを買い与えるために、数百万ポンドを投じている。ハロッズのオーナーとして知られるモハメド・アル・ファイドは、イングランドの3部にいたフルハムをプレミアリーグに押し上げるために、2億ポンドもの資金を散財した。

だが今日のスーパーリッチたちは、かつての富豪とはあらゆる意味で異なっている。

今、クラブを牛耳っているのは、莫大な金と権力を持った国家の指導者や、共産圏の解体に乗じて私腹を肥やしたオリガルヒ、アラブの王族であり、グローバルに事業を展開するアメリカのビジネスマンになった。

1990年代半ばまで、この種の人物はサッカー界ではほとんど姿を見かけなかった。

彼らは桁外れの富を持つだけでなく、国境や地域の壁に縛られない。地元のコミュニティとのつながりがあろうとなかろうと、目を付けたクラブを買収していく。クラブを買収する理由も明瞭ではない。むしろ実際には、本当の狙いが推測できればましだというケースの方が多い。中には買収の動機どころか、過去の犯罪歴さえ怪しい人間もいる。

本書の目的

本著「億万長者サッカークラブ」は、サッカー界の内部事情を論じた本ではない。だが、その話題には当然のように触れている。また本書は、いわゆる「サッカービジネス」も論じていないものの、サッカービジネスを動かす、新たな支配者たちを論じている。サッカー界を動かす、スーパーリッチなオーナーたち。一体、これらの人物は何者なのだろうか。彼らはどこで、そしていかにして巨万の富を築き上げ、20万ポンドもの週給を、サッカー選手にポンと支払えるようになったのか。

さらには最も根本的で、謎に包まれたテーマがある。

そもそも彼らはなぜ、その巨万の富を、サッカー界につぎ込もうなどと思ったのか？

たとえばマンチェスター・シティのシェイク・マンスール。彼はアブダビの王族の中でも地味な存在だったし、表舞台に出るのを避けてきたはずだ。またアブダビの王族は、国民に対して発言の自由をほとんど認めていない絶対君主である。そのような人間が、大衆のスポーツであるサッカーに手を出すのは、どう考えても筋が通らない。

チャイナマネーも然り。なぜ中国の企業はイングランド中部にあるクラブを買い占め、オランダやイタリア、スペインにまで手を出すのか。

一連の疑問は、得体の知れない億万長者たちの母国を訪れ、足跡をたどることでようやく解き明かすことができる。この「素晴らしい新世界」で、サッカーの未来がいかなるものに変貌していくかは、そこまでの手続きを踏むことで、初めて浮かび上がってくる。

なぜイングランドはマネーゲームでも先駆者なのか

この本は、サッカークラブのオーナーをグローバルな見地から論じているが、様々なストーリーは、必然的にイングランドのクラブに結び付いてくる。

理由は二つある。まず、人気、関心の高さ、そして投資される金額の大きさにおいて、いまだにプレミアを超えるリーグは存在しない。

二つ目の理由は歴史に関連している。イングランドは既に19世紀の時点で、この種の投資に門戸を開き、最初に君臨したという独特な歴史を持っている。イングランドでは、ヨーロッパの他の主要リーグよりも、サッカークラブを買収するのがはるかに容易になってきた。

イングランドでは1855年に、有限責任の事業組合法が法制化されている。これはアングロサクソン型資本主義がサッカー界に浸透していく過程において、一つの分水嶺となった。

新たな法律が施行されるまで、企業の経営者は自分の会社が抱えた債務、あるいは未払いのままになっている債務に対して、個人的に責任を負っていた。

しかしステファン・シマンスキーが『サッカーノミクスガイド』という著書で指摘しているように、「この法律により、会社の経営者個人ではなく、会社そのものが資金を借りることができる状況が成立。事業が破綻した場合も、責任を負うのはあくまでも会社組織であって、オーナーではないとされた」のである。

結果、イングランドでは続々とクラブが法人化されていくことになる。まず1888年、バーミンガム・シティFC（当時はスモール・ヒースFC）が初の有限責任事業組合になっている（登記簿によれば、会社番号27318）。

それからわずか数年のうちには、ほぼすべてのクラブが有限責任会社へと変貌していた。こうしてサッカー界においても、クラブを所有するオーナーではなく、クラブの法人組織そのものが資金を借り入れられるようになる。かくしてイングランド全体でスタジアムの建設ブームが起きる。毎週土曜日に、何十万人ものファンが集まる巨大な「寺院」が建立され、大衆のスポーツとしての地位と仕組みを確立したのである。シマンスキーは記している。

「新しい形態の企業が普及したのと時を同じくして、組織的なサッカーが発展していった。これは歴史の奇妙な偶然だ」

クラブに出入りするようになった、怪しげな人物たち

たしかにFA（イングランド・サッカー協会）は、サッカーはビジネスではないとする立場にこだわってきた。クラブがどんどん法人化されていく時代の流れに抗うべく、オーナーが利潤を上げるのを阻止する規定も定めている。

しかし1980年代を迎える頃には、この規定は有名無実化していた。やがてイングランドでは、

クラブを商売の道具にすることを禁じた規定そのものが、かなりの割合で撤廃されていく。

またイングランドでは、クラブのオーナーたちに対する資格審査も緩かった。

2004年、プレミアリーグ、フットボールリーグ、ノンリーグの代表は、クラブのオーナーとディレクターになろうとする人間に対して、一連の基準を設けることで合意する。

これは「人格適正テスト」(現在は「オーナー適正テスト」)と呼ばれるもので、詐欺で有罪判決を受けたり、会社を倒産させたりしたことがある人間を、クラブの運営に関与させないために導入されたものだった。

さらにプレミアリーグ側は、新たな手段も講じている。既に特定のクラブに多額の投資を行った人間は、他のクラブを買収することはできないと定めた。

しかし、これらの規定ははなはだ実効性に乏しい。

実例には事欠かない。マンチェスター・シティのオーナーだったタクシン・シナワットは、タイの首相時代、人権弾圧をしたとして訴えられていた。リーズ・ユナイテッドのオーナーであるイタリア人、マッシモ・セリーノは脱税が指摘されている。ポーツマスFCが、4人のオーナーに所有されていたのは有名だし、マンチェスター・ユナイテッドとリヴァプールは、アメリカの資本家によって買収された結果、重い負債を抱えることにもなった。

「FA、プレミアリーグ、フットボールリーグは、オーナーシップの問題に関して長い間、後手に回り過ぎていた」

イギリス下院の「文化・メディア・スポーツ省」は、2011年、サッカー界のガバナンスに関する報告書において、このように結論付けている。

「彼らは驚くほどお粗末なクラブ経営を野放しにしている。耐え難いほど疑わしい経営の実態も、看過されてきた」

報告書が言わんとしたことは極めて明白だ。イングランドでは金さえ持っていれば、どんな人間でもクラブを買収できるし、本格的な審査もなされないのである。

スーパーマーケットの経営よりも、割に合わないはずの仕事

このような状況もまた、新たなオーナーたちの「動機」にさらに目を向けさせる。

そもそもサッカークラブの買収など、かつてはビジネスとして成立しなかった。

まずはクリスタル・パレスのオーナーだった、サイモン・ジョーダン。

32歳にして既に百万長者となっていたジョーダンは2000年、子供の頃から応援していたクラブを1175万ポンドで買収している。

だが資産を失い、クラブは管財人の下に置かれてしまう。たしかにプレミアリーグのクラブには、高騰を続けるテレビの放映権料によって、巨大な収入がもたらされていた。しかし支出に比べれば、実際に得られる収益など微々たるものだった。ジョーダンは、サッカーで金を儲けるのがいかに難しいかを思い知らされたのである。

トッテナム・ホットスパーの元会長、アラン・シュガー卿も然り。

彼はテクノロジーの分野で財産を築き、14億ポンドの資産を誇るまでになった。1991年から2001年までは、トッテナムの会長にも就任している。

だが彼のような経営のプロにとっても、サッカークラブの運営はハードルが高かった。

アラン・シュガー卿は、クラブオーナーとしての活動を、「プルーン・ジュース・エフェクト（下痢による痩身効果）」と評したことでも知られる。クラブ側に金が入ってきても、次の瞬間には選手への報酬という形で雲散霧消してしまうのである。

「新たなサッカー産業は美辞麗句で語られているが、ビジネスとして基本的に成立しないという点では、まったく変わっていない」

デイヴィッド・ゴールドブラットは、自著『ザ・ゲーム・オブ・アワ・ライブズ：イングランド・サッカーの意義と成り立ち』において、こう記している。

「プレミアリーグの平均的なクラブの売り上げは、テスコ（イギリスのスーパーマーケット）の標準的な店舗を、わずかに上回る程度なのだから」

だがこのような位置づけは、ついに変わりつつあるのかもしれない。その変化をもたらしたのが、得体の知れない億万長者たちだ。

嵐のように立ち去っていった、カタール代表

クルー・アレクサンドラに話を戻そう。

ちなみにこのクラブは1823年5月31日に、有限責任会社として登記されている（登記番号62367）。奇しくも登記が行われたのは、カタールの選手たちを乗せたチームバスがグレスティ・ロードに到着した日の、ちょうど116年前だった。

カタール代表の選手たちは、バスを降りると更衣室に直行。選手やチームの関係者に語りかけることを許された人間は、一人もいなかった。

スタジアム内では、一握りの北アイルランドサポーターが騒いでいるのを、ぽつぽつ見かける程度だった。何人かは、カタールに抗議する看板を掲げていた。2022年のワールドカップを開催するために、出稼ぎ労働者に過酷な労働を強いていることを批判していたのである。

「俺は今、多くのネパール人と仕事をしているんだ。連中は奴隷のように扱われていた」

北アイルランドのサポーター、かつてイギリス空軍で働いていたマーティンはこう述べた。

観客が少なかったのは、試合そのものに対する期待度が低かったことも影響していただろう。

北アイルランドは、EURO2016の欧州予選を通過する寸前で、勢いに乗っていた。これに対してカタール代表は、国際大会における実績などないに等しい。

にもかかわらず、試合は驚くほど拮抗した展開となり、最終的に1-1の引き分けで終わっている。それを支えたのが、カタールの外国人選手だった。

カタールは、各国から選手を帰化させて代表チームを作ろうとしていると批判されてきた。現にこの試合でも、フランス、アルジェリア、モロッコ、ガーナ、エジプト、サウジアラビアで生まれた選手が名を連ねていた。試合終了直前、素晴らしいボレーを決めて同点に追いついたのも、フランス生まれでカタールに帰化したカリム・ブイヤフだった。

「カタールは、絶対に同点に追いつこうとするだろうと思ったよ」

クルー・アレクサンドラの生き字引であるハロルドは、店を閉めた後、声を弾ませながら語った。カタールの選手たちは記者会見も行わずにバスで去っていったが、彼は純粋に試合を楽しんだようだった。サッカー界を取り巻くマネーの問題や、サーカスのような状況には興味がない。ハロルドにとって大切なのは、サッカーそのものだからだ。

その姿勢は、1934年にクルーの試合を始めて見たときも、1960年にFAカップでスパーズに13-2で一蹴されたときも同じだったのだろう。

彼にとっては、ピッチ上で繰り広げられた90分間こそが神聖なものであり、尊ばれるべきものだった。試合に絡んでいたのが、どんな種類の人間だったとしてもである。

「カタールは何回か、本当に、すごくいいプレーを見せてくれた」

ハロルドは感心したようにつぶやく。

「それとあのゴールは、きれいだったな」

1

東ヨーロッパ編

オリガルヒの台頭

ＰＡＲＴ１：ロシア編

１：ロンドン、ロシア第一副首相が所有する世界最高のマンション

通称、ホワイトホールコート4番館。広さ５３８０平方フィート、ベッドルームが六つもある豪華なマンションから眺めるロンドンの景色は、きっと圧巻だろう。

テムズ川の反対岸にはロンドン・アイが威容を誇り、その向こうにはサマセットハウス（ギリシャ時代の建築様式を連想させる、巨大な複合施設）が見える。さらに右手にはウェストミンスター・ブリッジ、ウェストミンスター宮殿、そしてビッグベンがそびえ立つ。世界広しといえど、これほどの眺望を誇る物件はないだろう。

かつてこの場所には、ＭＩ６（イギリス秘密情報部）のオフィスがあった。きらびやかな巨大マンションに改築される前は、登録住所が二つに分かれているほど敷地面積が広かった。

「ここにはイーゴリ・シュワロフ、ロシアの第一副首相が住んでいます。副首相というのは、政府で5本の指に入る要職の一つなんです」

ロシアの民主化運動の活動家、ウラジーミル・アシュルコフの声が聞こえてくる。

サッカー界の腐敗を追及し続けるアシュルコフは、外の通りに立って豪奢なマンションの窓を指さしていた。周りにいるのは、ジャーナリストと活動家のグループだ。

厳密に言うならば、この建物の所有者はロシアの副首相ではなく彼の妻になる。イーゴリ・シュワロフは、2003年にオフショアカンパニーを通じてマンションを2軒購入。2014年には、別のペーパーカンパニーに不動産を売却している。このペーパーカンパニーの事実上のオーナーに納まっていたのが、他ならぬ彼の妻だった。

いずれにしても、何かが裏で動いたのは間違いない。アシュルコフの説明は続く。

「副首相は、この売却で7000万ルーブル（100万ポンド弱）の印紙税を支払いました。印紙税の代金だけで、本人が2014年に申告した収入の8倍の額になる。

そもそもマンションの価格は、彼の年収の114倍に当たります。一介の政治官僚が、いかにしてそれだけの金を稼いだのでしょうか？」

アブラモヴィチを支えた、ロシア第一副首相

アシュルコフはイギリスに亡命した後に、腐敗を追及する活動家たちと連携。現在は「クレプトラクシー・ツアー（泥棒政治家を巡るツアー）」の運営を手伝っている。

このツアーはロンドンの中心部をバスで移動するが、ビッグベンやロンドンタワーを訪れたりはしない。その代わりにバーレーンの王族、エジプトを支配していた独裁者、ロシアのオリガルヒが購入した不動産を案内して回る。アシュルコフはこれらの建物を、次のように説明する。

「ロシアの高官や、当局の取り巻き連中が、不正な手段で手に入れたものです。

連中はイギリスに金を持ち込んで、不動産を買ったり企業を買収したりする。そして金と一緒に、ロシア国内で蔓延している腐敗も持ち込まれてくるんです」

ロシアから流れてくる得体の知れない金の大部分は、ロンドン中心部の巨大な建物や、他の投資案件に紐付けされている。投資の対象にはサッカークラブも含まれるが、テムズ川沿いに立つ超高級マンション、ホワイトホールコートなどは代表格だといえる。

ロシアの第一副首相であるシュワロフは、西側の人間がまともにビジネスの話をできる人物だと考えられてきた。現に彼は、ウラジーミル・プーチン大統領の経済顧問を務めていたし、G8サミットにロシア使節団の代表として出席したこともある。

また、彼はリベラルな考え方をする政治家だとも目されていた。『フォーリン・ポリシー』誌は「クレムリンで最も手を汚していない人物」と評している。

政治家になる前のシュワロフは、弁護士として活動。ロシアの企業法律事務所、ALMのシニアアドバイザーに就任している。ALMは石油業界に複数のクライアントを抱えているが、そこで様々な助言を行っていた。

1990年代半ば、イーゴリ・シュワロフは、法律事務所で自分の人生を大きく変えていくクライアントに出会う。それがロマン・アブラモヴィチだった。

当時アブラモヴィチは、一世一代の契約を結ぼうとしていた。ウラル地方にあったシブネフチ（現在はガスプロムに吸収）と呼ばれる、オイルや天然ガスの供給会社の買収である。この買収案件に弁護士として関わったのがシュワロフだった。

シュワロフはシブネフチの買収手続きをサポートした見返りとして、アブラモヴィチから同社の株式を受け取る。だがアシュルコフによれば、これは通常の報酬支払いなどではなかったという。

「このストックオプションは、シブネフチの株式の0・5%に相当すると思われます。しかも株式譲渡は、社外の法律顧問には一切知らされなかった！

シュワロフとアブラモヴィチは、ストックオプションに関する契約が存在していたと述べていますが、どちらの側もそれを証明する文章を一切提示できていない」

アブラモヴィチは10年後、シブネフチの株式の72%を、天然資源を扱う最大手の国営企業、ガスプロムに売却し、130億ドルもの売却益を手に入れる。この際にも、なぜかシュワロフは本来の弁護士手数料以上の報酬を手にした。

いずれにしても、シュワロフはアブラモヴィチをサポートしたことで劇的に裕福になる。

アーセナルの株主ウスマノフとロシア第一副首相

シュワロフ絡みでは、2004年に別のロシア人億万長者とも謎めいた契約が結ばれている。相手はアリシェル・ウスマノフ。アーセナルFCの株式の30%を所有している、レッド・アンド・ホワイト・ホールディングスのオーナーだ。アシュルコフは語る。

「シュワロフは、ロシアの金属産業の大物だったウスマノフから、5000万ドルを貸してほしいという依頼を受けている。コーラス・スティールという鉄鋼会社の株式を取得するためです」

よくよく考えてみれば、これは相当おかしな話である。

たしかにシュワロフは、政治家とは思えないほどの資産を持っているが、ウスマノフはシュワロフよりもはるかに裕福で、ロシアで最もリッチな資産家になっていた。プーチン政権の鍵を握るオリガルヒが、わざわざ金を借りる理由などないのである。

だが、何らかの利益供与が裏でなされたと考えれば説明はつく。

事実、シュワロフが資金を貸し付ける際には、彼の妻が代表を務める「セブンキー」というペーパーカンパニーが使われている。最終的に「セブンキー」に対しては、ウスマノフから1億1900万ドルもの報酬が振り込まれた。

国家絡みの不正が行われる際には、ビジネスを手掛けるオリガルヒと規制を担当する当局側の役人が、裏で手を組むケースなどもあるという。アシュルコフは語る。

「第一副首相、イーゴリ・シュワロフにまつわるストーリーは、現在のロシアが抱える問題の核心を突いている。プーチンが16年にわたって君臨してきた結果、今日のロシアは、国家主導の汚職や腐敗が、絶対的なルールとして確立された国になってしまった。これこそ完璧なクレプトクラシー（泥棒による国家の支配）なんです」

ガスプロムのストックオプションを売却した分まで含めると、シュワロフはプーチン大統領の経済補佐官として働いていた間に、ダミー会社を通して2億ドルも稼いだ計算になる。

ジャーナリストのレオニード・ベルシツキーは、ブルームバーグに寄稿している。

「とある政府の高官が、ロシアで最もリッチな実業家たちの支援を受けて、膨大な利益を上げる。

これは明らかに違法だと思われるが、ロシアの事情ははるかに複雑に入り組んでいる。この種の取引は、厳密に言えばロシアの国内法に抵触しないからだ」

モスクワにある「脱工業化社会研究所」で所長を務めているウラジスラフ・イノゼムツェフは、2012年、『ロイター』とのインタビューで、似たようなことを指摘した。

「ロシアの社会システムは、古典的な意味で腐敗しているわけではない。むしろ公共サービスと民間企業の利益が、完璧に混じり合ったものになってしまった」

チェルシー、アーセナル、シャフタールの謎のオーナーたち

ロンドンは正午。アシュルコフはジャーナリストや活動家たちとバスに乗り、混んだ道路をゆっくりと抜けていく。

やがて一行は、ロマン・アブラモヴィチの邸宅の前を通過する。チェルシーのオーナーが住む1億2500万ポンドの豪邸は、かつてはロシア大使館として使用されていた建物だ。

次には「ワン・ハイドパーク」も訪れる。この物件は、単体としては世界で最も価格が高い。86棟の贅を尽くしたマンションの所有者は、すべて明らかになっているわけではない。むしろほとんどの場合は、イギリスのジャージー島や英領ヴァージン諸島などに設立された、ペーパーカンパニーの所有物という形を取っている。

しかし、身元が判明している人物もいる。

その1人が、ウクライナで最もリッチな実業家、リナト・アフメトフだ。シャフタール・ドネツクのオーナーとしても知られる彼は、2億ポンド近い値段を出してこのマンションを2軒も買い取り、一つにつなげている。

バスは最後にロンドン北部のハムステッドへ向かう。アーセナルの株主であるウスマノフの邸宅には、時価5000万ポンドの価値があるとされている。

ロマン・アブラモヴィチ、アリシェル・ウスマノフ、そしてリナト・アフメトフ。

これら3人の男は、どこからともなく姿を現し、とてつもなくリッチになった。そしてクラブチームに膨大な金をつぎ込み、サッカー界を不可逆的に変えてしまった。

彼らはいかにしてオリガルヒに成り上がり、チェルシー、アーセナル、シャフタールのオーナーに納まったのか。その真の目的は、一体どこにあるのか。

2：アブラモヴィチとチェルシー

ケン・ベイツ時代のチェルシー

2003年5月11日。ロンドン西部、スタンフォード・ブリッジ。

チェルシーのホームスタジアムは、ファンで埋め尽くされていた。

対戦相手はリヴァプール、しかも2002―03シーズンの最終節だとなれば、期待は否応なく高まる。その光景は、昔から何ら変わっていない。

だが、サッカー界を取り巻く環境は、往時と様変わりしていた。プレミアリーグは成長を続けていたし、各クラブは巨額なテレビ放映権を元手に、外国からビッグネームの選手をかき集めていた。

事実、この試合は「2000万ポンドがかかった一戦」と銘打たれていた。

当時、チェルシーのプレミアリーグにおける順位は4番手。リヴァプールは勝ち点で並んでいたが、得失点差で不利に立たされている。

どちらが勝とうと、試合を制したものはUEFAチャンピオンズリーグに出場できる。逆に敗れたチームはUEFAカップに回る。その違いは2000万ポンドの差を生む。

両チームの選手がトンネルを抜けて、5月の太陽がまばゆく照りつけるピッチへと出て行く。すし詰めの観客席は大歓声に包まれた。

スタンフォード・ブリッジは、イングランドのサッカー界で指折りのスタジアムだった。オーナーである実業家、ケン・ベイツの下で全面的に改修されていたからである。

ベイツが買収した当時のチェルシーは、不振にあえぎ、借金を背負ったクラブにすぎなかった。1970年代後半から1980年代初頭までは、1部と2部を行き来していたこともある。

ベイツは1982年、このクラブをたった「1ポンド」で買収。プレミアでトップ10に入り、時折、ヨーロッパへの大会にも参戦するようなチームへ作り替えていく。

ベイツは長い間、なにかと物議を醸してきた人物だった。だが1980年代初めのスタンフォード・ブリッジは、ケン・ベイツ本人よりも評判が悪かった。

その惨状は、個人的な経験からも断言できる。

私の父は、数年おきに古いサッカーの試合のビデオテープを取り出して眺めていた。録画されているのは1986年の試合、スタンフォード・ブリッジで行われた、チェルシー対ウェストハム戦だ。解説はブライアン・ムーアが務めている。

トニー・コティとフランク・マクアベニーを擁するウェストハムは試合を圧倒し、チェルシーを4-0で一蹴。クラブ史上最高となる、リーグ戦の3位を手中にすることになる。

だが試合の映像が与える印象は、およそ感動からは程遠い。

スタンフォード・ブリッジのピッチは泥風呂のようで、上から下まで純白のウェストハムのユニフォームは茶色に染まっている。スタジアム自体も前世紀の遺物のようだ。片方のゴールの裏側にあるスタンドは、屋根もなくむき出しになっている。有名なシェッド・エンド側に陣取って試合を見ているのは、少しだけ多めに入場料を払ったファンだ。

しかもピッチの周りには陸上競技用のトラックがあり、ファンとピッチは遠く隔てられている。そこにはベージュ、グリーン、オレンジと、様々な車が置かれているのが見える。かつてのスタンフォード・ブリッジでは、観客席とピッチの間に車が駐車されていたのである。

ファンもひどい状況に置かれていた。彼らは金属製のフェンスの後ろで試合を見ていた。

おまけにケン・ベイツは、電流が流れるフェンスまで導入している。1960年代後半以降、スタンフォード・ブリッジではフーリガニズムの嵐が吹き荒れていたからだ。リーグ側から強く批判されたために、スイッチは一度も入れられなかったが、ベイツはサポーターに対して、このまま暴れ続けるのなら電流を流すと脅迫したのだった。

当時、ロンドンの不動産デベロッパーは、スタンフォード・ブリッジを取り壊そうとしていた。ベイツは彼らと長らく揉めるが、1990年代の初めに決着をつける。グラウンドの保有権を手に入れただけでなく、クラブが抱えていた負債も、強引な方法で帳消しにしてみせた。

お膳立てを整えたベイツは、いよいよスタジアムの全面的な改修に着手する。まず伝統的な立ち見席が廃止され、すべての場所にシートが導入される。それと同時にスタジアムの外部には、レストランやフィットネスクラブが併設されていく。

2003年を迎える頃には、スタンフォード・ブリッジはただのグラウンドから、「チェルシー・ビレッジ」という名の近代的な複合施設へと様変わりしていた。施設を管理するチェルシー・ビレッジPLCという会社も、証券取引所に株式を上場するまでになっていたのである。

白馬の騎士、その名はアブラモヴィチ

もちろんケン・ベイツは、ピッチ上にもふんだんに金を注いだ。彼は外国から高名な選手を次々に獲得して、チームを強化していく。結果、チェルシーはプレミアのタイトルこそ取れなかったものの、カップ戦では優勝を狙える集団に変貌した。1999年には、外国人選手だけで試合に出場するメンバーを組んだことでも話題を集めている。

だが2003年頃になると、借金で首が回らなくなる。そこで巡ってきたのが「2000万ポンドがかかった大一番」、シーズン最終節のリヴァプール戦だった。

チェルシーは先制されながらも逆転し、最終的にリヴァプールを2-1で下す。貴重なゴールを決めたのは、デンマーク人のウインガー、イェスパー・グロンキアだった。

しかしチームの関係者は、ファンのように浮かれていなかった。チャンピオンズリーグの出場権は確保できたが、財政難は重くのしかかっていたからだ。

当時のチェルシーは、リーズ・ユナイテッドと似たような道を歩みかけていた。

リーズのオーナーはギャンブルにも似た選手補強を敢行し、2000―01シーズンには、チャンピオンズリーグの準決勝にも駒を進める。だが2003年の時点では1億ポンドもの借金を抱えるようになり、破産が目前に迫っていた。

チェルシーも6週間以内に、2300万ポンドの返済を迫られていた。とはいえ、そのような金をひねり出す手段は、どこにも残っていなかった。クラブは既に、次のシーズンに配分される予定のテレビ放映権まで担保に入れて、補強を行っていたからである。

「チェルシーにとっては、生きるか死ぬかの大切な試合だった」

数年後、グロンキアは『インディペンデント』紙のインタビューで振り返っている。

当時、チェルシーのCEOを務めていたトレバー・バーチは、リヴァプールとの試合の前に選手たちに警告を与えていたという。その内容は、万が一試合に敗れるようなことがあれば、選手たちもクラブ側も完全に破産するというものだった。グロンキアは語っている。

「試合に何がかかっているのか、選手はみんなわかっていたよ。自分たちの懐具合に関する話をしたのを、僕は覚えている」

ところが、このような状況の中、輝く甲冑を身にまとった白馬の騎士がさっそうと到着する。ロシア人の大富豪、ロマン・アブラモヴィチである。

当時のチェルシーでは、アブラモヴィチの名前を耳にしたことがある人間など、一人もいなかった。彼に関しては漠然とした、しかも断片的な情報が公開されているにすぎなかった。

まずは、石油やガスの採掘事業で莫大な富を築き上げた億万長者であるらしいこと。若いにもかかわらず、ロシアの北東部で知事を務めたこともあること。にもかかわらずチェルシーを買収したいと望んでいたこと。しかも買収の話を、すぐにまとめようとしていたこと等々。

かくしてスタンフォード・ブリッジで商談の席が設けられたが、トレバー・バーチが後に語ったところによれば、クラブの売却は15分もかからずに決定したという。

こうしてチェルシーの周りに立ちこめていた暗雲は、たちどころにかき消される。

プレシーズンに行われたトレーニングの2日目、アブラモヴィチは通訳を伴って到着した。グロンキアは述べている

「彼は僕たちを落ち着かせようとしていたんだ。新しい監督、新しい選手、新しいトレーニンググラウンド、それに新しいスタジアム。あらゆることが噂になっていたからね」

やがてシーズンが開幕すると、アブラモヴィチはドレッシングルームにも姿を現す。選手と一緒に、試合前のミーティングに立ちあうようになったのだった。

「(話の内容が)理解できたかどうかはわからない。だけど、とにかくじっと座っているんだ。まるで一人の選手のようにね」

アブラモヴィチが一変させたサッカー界の常識

いずれにしても、アブラモヴィチによる買収が、チェルシーの運命を大きく変えたのは間違いない。まず彼は株式を買い占めて、クラブを私企業へと変える。1ポンドでクラブを買収したケン・ベイツは、少なくとも1700万ポンドの収入を手にした。

またアブラモヴィチは、チームの補強に見境なく金を使い始めるようにもなる。

この常識はずれのアプローチは、サッカー界全体を激変させる。クラブ経営において、きちんと収支を合わせていくという発想を、真っ向から否定するものだったからだ。

結果、他のクラブもアブラモヴィチのようなパトロンを探す必要に迫られる。自分たちもリッチにならなければ、移籍市場では到底、太刀打ちできない。チェルシーの買収は、そんな新たな時代の到来を告げていた。

とはいえ、いくつかの謎は残ったままだった。

そもそもアブラモヴィチとは何者なのか？　さらに重要なのは、なぜ彼がチェルシーを買収したのかだった。そもそも彼はシャイな人物で、取材にもほとんど対応しない。

だがロシアの状況は、誰もが把握していた。アブラモヴィチが「オリガルヒ」として頭角を現した頃、北の大地は混沌に包まれ、陰惨な事件が相次いだ。

資本主義に移行した最初の数年間、ロシアでは権力を傘にきた職権の濫用、博打すれすれのビジネス、組織的な犯罪、官民が癒着した腐敗が相次ぎ、収拾がつかない状態になっていた。そして誰かが莫大な資産を手にしたときには、舞台裏で必ず人の血が流れていた。

事実、クラブの買収の話が持ち上がった際には、異議を唱える人たちも少なくなかった。

「この人物が、チェルシーを引き継ぐのにふさわしい、まっとうな人間なのかを私は知りたい」

1997年から1999年にかけ、労働党政権でスポーツ大臣を務めたトニー・バンクスは、このようにコメントしている。ちなみに彼は、チェルシーファンとしても知られていた。

「その点が明らかになるまでは、買収は認められないのではないか」

2003年の夏、チェルシーの周辺は蜂の巣をつついたような騒ぎになった。

この間、アブラモヴィチは『BBC』のインタビューに応じている。

本人は、金目当てでサッカー界に参入したという意見を一笑に付している。純粋にビジネスとして捉えるなら、サッカークラブの経営など割に合わないというのが言い分だった。

「いや、金を稼ぐのが目的じゃない。こんな方法よりも、はるかに安全に金を稼ぐ方法は、他にたくさんある。世間の人たちが、自分のことをどんなふうに言っているのかは知っている。でもロシアには若くて、リッチな人間が他にもたくさんいるんだ」

アブラモヴィチは語っている。

「人生は短い。だから僕は稼いだ金を使うんだよ。金をどぶに捨てるつもりはないが、目的は楽しい経験をすること、つまりは成功とトロフィーを手にすることだ。

今の僕は、サッカークラブのオーナーになるという夢を実現しつつある。動機を疑う人もいれば、正気の沙汰ではないと思う人もいるだろうがね」

数日後、まさに狂気の大盤振る舞いが始まる。以降の6週間で、アブラモヴィチは選手の獲得予算に、なんと1億4000万ポンドを費やしたのだった。

アブラモヴィチのルーツ

ロマン・アルカディエヴィッチ・アブラモヴィチは、裕福な家庭に生まれたわけではない。

1966年、ボルガ川のほとりにあるサラトフで生を受けたが、彼の母親は1歳になる前に、敗血症で亡くなっている。3歳のときには、建設現場の事故で父親も他界。幼いアブラモヴィチは、ウフタという地域で暮らす父方の叔父夫婦に引き取られる。冬には気温が零下49℃になるような寒々とした場所だった。

とはいえ彼は、そこで幸せな少年時代を過ごしたという。

「実際の話、僕は不幸せな少年時代を過ごしたとはいえないと思う」

彼は2006年、『オブザーバー』紙に語っている。このインタビューは、アブラモヴィチが取材に応じた最後の機会になった。

「子供の頃には、他人と比べたりしないんだ。

ニンジンをかじる子供もいれば、キャンディーを舐める子供もいる。そしてどちらの子供も、それをうまいと感じる。子供の頃は、違いなどわからない」

アブラモヴィチは8歳になると、今度は祖母と一緒に暮らすためにモスクワへ移る。

彼は勉強ができるわけでも、運動が得意なわけでも、特にカリスマ性があるわけでもなかった。きゃしゃな代わりにハンサムで、物静かな青年。それが若き日のアブラモヴィチだった。

やがて彼はエンジニアリングを学んだあと、軍隊で兵役を務める。もめ事も起こさずに兵役を勤め上げ、入隊したときと同じ一兵卒のままで、1986年に浮き世に戻ってきた。

しかし外界は大きく変わっていた。旧ソ連は激動の時期を迎えていたからである。ミハイル・ゴルバチョフは、ペレストロイカとグラスノスチ（情報公開）を推進。個人に自由を与えながら、プライベートセクター（民間事業）を導入していく。

アブラモヴィチは機械工として働いていたが、新たな時代の流れを受けて事業を立ち上げ、1980年代の末には、おもちゃの人形やゴム製のアヒルを扱うようになる。最初の妻と暮らしていたモスクワの市内の狭いアパートは、これらの商品で埋め尽くされるようになっていた。

ドミニク・ミッドグリースとクリス・ハッチンズが記した伝記、『アブラモヴィチ：どこからともなく現れた億万長者』によれば、彼は「ウユート」と呼ばれる会社を経営し、1月あたり3000～4000ルーブルを稼いでいた。これは当時としては、かなり大きな額だった。労働者の平均賃金は900ルーブル程度だったからである。

この間、アブラモヴィチは20回も新たな事業を立ち上げたり、たたんだりすることを繰り返している。「タイヤに溝を掘る会社から、ボディーガードの求人に至るまで、多種多様な業務」を手掛けながら少しずつ金を貯め、どれかが大当たりするチャンスを狙っていた。

やがて彼の人生、ひいては今日のサッカー界をも不可逆的に変える転換期が巡ってくる。それがソ連の崩壊と、ボリス・エリツィンの台頭だった。

ボリス・エリツィンの尻馬に乗れ

1991年のクリスマスは、共産主義が終焉を迎える歴史的瞬間となった。ハンマーと鎌をあしらったソヴィエト国旗はクレムリンから降ろされ、代わりに青と白と赤のロシア国旗にすげ替えられる。

同じ日には、ゴルバチョフも大統領を辞任している。ソヴィエト連邦を必死に維持しようとする強硬派のクーデターが失敗した後、ゴルバチョフは新たな立場で国を率いていこうとした。だが大衆が熱狂したのは、防弾チョッキを着て、戦車にまたがって進撃してくるボリス・エリツィンだった。

かくしてエリツィンは、新たに独立したロシアという国家の大統領となる。だが彼の前途には、幾多の難題が待ち受けていた。

まず、KGBによって去勢されていた市民社会を蘇らせ、民主的な政治制度をゼロから創り上げなければならない。さらには市場経済の導入も本格的に進める必要がある。

このような状況の中で台頭してきたのが、後に「オリガルヒ」と呼ばれる起業家たちである。頭が切れて運にも恵まれ、権力側とのコネを持っている人々は、ロシアが急速に市場経済に向かう中、金を儲けるための「隙間」を見つけることができた。

石油の利権に絡むのは、最も手っ取り早く金を稼ぐ方法となった。埋蔵量は豊富だったし、許可証さえ手に入れれば、誰でも簡単に取引することができる。1991年までには、石油産業はいかがわしいやり方で富をこしらえるための、格好の場所になっていた。事実、機を見るに敏なアブラモヴィチも、石油産業で一挙に富を増やしていく。

とはいえ、莫大な財産をいかにして短期間に稼ぎ出したのかについては、不明な部分も多い。石油を扱うようになったにせよ、やはり相応の元手が必要になるからだ。

だが謎を解く手掛かりは存在する。彼が億万長者に成り上がることができた秘密の一つは、1992年に起きた事件にある。アブラモヴィチは、ディーゼル燃料を積んだ55台の車両を横領しようとして、逮捕状が出されたと言われている。

アブラモヴィチ自身は、この嫌疑を一貫して否定してきたが、彼の置かれた環境はわずか1年の間に劇的に変わっている。モスクワでゴムのアヒルを売っていた人間は、カリブ海に停泊したヨットに招かれ、新たなロシアのリーダーたちと相談を行うまでになった。

アブラモヴィチは、そこで恩師ともいえるボリス・ベレゾフスキーに出会う。ボリス・エリツィンの腹心グループ、いわゆる「エリツィン・ファミリー」と太いコネを持つ実業家である。両者は親しくなり、やがて国営企業、シブネフチの買収を共同で手掛けるようになった。

エリツィンが支払った代償と、プーチンの登場

エリツィンの下、新生ロシアは一気に市場経済に向かい始めるが、雲行きはすぐに怪しくなる。

1995年に入ると経済事情が悪化。翌年に行われる予定になっていた二度目の大統領選挙でも、現職のエリツィンは敗れるのではないかと見られていた。

エリツィンの対抗馬となっていたのは、元共産党員で保守派のゲンナジー・ジュガーノフだった。ジュガーノフが選挙で勝利すれば、エリツィンの改革路線は失速することになる。

これを危惧したエリツィン政権のアドバイザーたちは、実業家たちにタッグを組まないかと持ち掛けるようになる。経済改革を進めていくことは、彼らにとってもプラスになるからだ。曰く。

「我々が推している人間を、クレムリンにとどまらせてほしい。見返りはさせてもらう」

相手はこれを快諾。たとえばベレゾフスキーは、1億2000万ドルもの選挙資金をかき集めただけでなく、テレビ局や複数の新聞社にエリツィン寄りの報道を展開させる。

これはベレゾフスキーにとって、決して難しい作業ではなかった。彼は国営のテレビ局であるORTの株式を、既に49%所有していたからだ。

精力的なキャンペーンのおかげで、エリツィンは1996年の大統領選挙で無事に再選を果たす。

だが代償は高くついた。オリガルヒにしっかり借りを作っていたからだ。

やがて民営化の名の下に、国営企業の叩き売りが始まる。その中にはロシアの基幹産業である石油、ニッケル、アルミニウムの操業権なども含まれていた。エリツィンを権力の座に押しとどめるために尽力した面々は、ほぼ一夜にして数十億の富を得たのである。

その象徴的なものが、例のシブネフチの買収だった。

ベレゾフスキーとアブラモヴィチは、ロシア最大の石油会社の一つだったシブネフチを、500万～1億ドルで買収している。だが実際の資産価値は、30億ドル近かったと考えられている。

他方、ユコス・オイルという企業は、ミハイル・ホドルコフスキーに譲り渡される。彼はやがて、ロシアで最も裕福な人物になっていく。

アブラモヴィチは、かくして手にした富を元手に、今度はアルミニウム事業に参入。シベリアにある製錬施設を手に入れるべく、外国企業やロシアのマフィアと三つ巴の利権争いを繰り広げている。通称「アルミニウム戦争」では、100人もの人が生命を失った。

明らかになってきたプーチンの素顔

ロシアの中央政界に話を戻そう。

結局、ボリス・エリツィンは、6年間の任期を全うしなかった。大統領に再選された直後の時点で彼は心臓手術を受け、何本ものバイパスを設けていた。

また彼の任期中には、ロシア国内の腐敗がさらに悪化している。結果、1998年の金融危機ではルーブルが再び切り下げられ、ロシア政府は債務不履行の状態に陥ってしまう。

体が徐々に弱り、自分の支持率も低迷する中、エリツィンは後進に道を譲ることを考え始める。そして1999年には、オリガルヒたちに説得される形で、ほとんど無名に近い内部官僚を後任に任命する。それがウラジーミル・ウラジーミロヴィチ・プーチンだった。

プーチンはKGBの元職員で、冷戦末期には東ドイツに駐留していた。サンクトペテルブルクに権力基盤を持ち、その一派の後押しを受けながら権力の座に上り詰めた人物だった。

エリツィンは、感動的なスピーチをテレビで放送し、大統領を辞任。プーチンはまず大統領代行に納まり、続いて行われた2000年の選挙で正式に権力を掌握していく。

エリツィンを神輿に担いだオリガルヒたちは、おそらくプーチンもヤワで、御しやすい相手だと考えていたのだろう。さもなければ、後任に推すはずがない。

しかし、彼らが抱いた印象は間違っていた。

その年の7月、プーチンはモスクワ郊外の別荘にオリガルヒたちを集める。そして、自分たちの財産を奪われたくないのなら、絶対的な忠誠を誓えとはっきりと告げたのである。

アブラモヴィチにとって恩人にあたるベレゾフスキーと、例のユコス・オイルを買収していたホドルコフスキーは、これに反発する。事実、彼らは野党側に既に肩入れしていた。ベレゾフスキーは、自身が所有するORTを使ってプーチン批判を展開したし、ホドルコフスキーは野党勢力と（反プーチン派の）メディアに資金を提供していた。

だがアブラモヴィチは、独自の動き方をしていた。プーチン内閣に入閣すると目されていた人物から、既に詳細な情報を仕入れていたためだ。彼は、自分の後見人だったはずのベレゾフスキーに悟られないようにしながら、プーチン派に寝返っていく。

事実、アブラモヴィチは1999年の時点で、プーチンに秋波を送っている。ガスプロムのテレビ番組に珍しく出演し、ロシアの新たな支配者を持ち上げていたのだった。

「私は彼をとても尊敬している。独立心の強い人物だし、国を導くべき方向も知っている……私に言わせれば、プーチンのやることにはまず間違いがない」

寄付という名の強制徴収

2000年7月、プーチンがオリガルヒを呼び寄せ、自らが掟であることを申し渡した後、ボリス・ネムツォフ（かつてプーチンの腹心だった政治家）は、次のように述べた。

「オリガルヒの時代は終わった」

ただし、その言葉は真実の一面しか突いていない。

絶対的な忠誠心を示し、政治的野心を表に出さない限りは、資産を保持できたからだ。

ここで重要になるのは「忠誠心」という言葉の意味である。

そこにはプーチンが推進するプロジェクトに、進んで協力するという意味合いも含まれていた。既にロシアでは「寄付」という名目で、金銭が徴収されるシステムが定着していたのである。

当時の事情をよく知るセルゲイ・コレスニコフは、からくりを詳述している。

もともと彼は医療用品を扱う会社を経営。プーチンの取り巻き連中の一人にもなっていた。ある時、彼が経営する会社は、大手医療メーカーのシーメンスと交渉し、最先端の医療機器をロシアに輸入できる寸前までこぎ着ける。

ところが、そこで事件は起きた。コレスニコフはプーチン側から、契約をまとめたいのであれば、契約金の35％に当たる額を海外の口座に振り込めと指示される。この際コレスニコフは、最初に「寄付」を行うのはアブラモヴィチだという説明も受けたという。

かくして徴収された「寄付」は、黒海沿岸の巨大な建設プロジェクトに、自動的に転用されることになっていた。

一つ目のプロジェクトは、黒海沿岸に健康保養施設を建設するというものだった。

ところが「プロジェクト・サウス（南方プロジェクト）」と命名された二つ目のプロジェクトは、別荘のようなリゾート施設を建設するためのものだった。

しかもこのプロジェクトは、優先的に進められている。２００８年、ロシアがリーマンショックに見舞われた際には、大規模な建設プロジェクトがすべて停止している。だが「南方プロジェクト」だけは特別扱いされていた。

コレスニコフは、プーチンが別荘を建築しようとしているとピンと来たという。事実、この施設は後に「プーチン宮殿」として知られるようになる。

すべてを悟ったコレスニコフは契約を破棄し、当時、ロシアの大統領になっていたドミトリー・メドヴェージェフに公開書簡を送る（メドヴェージェフは、後にプーチンにその座を譲り、

2012年に再び大統領に就任する)。内容は次のようなものだった。

「最初に『寄付』が行われたのは2001年です。ロマン・アブラモヴィチは2億3000万ドルを供出しています。

雇用の確保、そして産業を保護するために、なんとしても必要だった契約金から100億ルーブルが転用されて、イタリアの宮殿様式を模した大邸宅の建設へと転用されてしまう。

カジノ、冬に利用される劇場、夏に使われる屋外の円形劇場、教会、プール、スポーツグラウンド、ヘリポート、美しい公園、数々のティーハウス(休息所)、スタッフの居住施設、最先端のテクノロジーを駆使した、いくつものビル。

これはまさに現代のピーターホフ宮殿、サンクトペテルブルクの近くにある、帝政ロシア時代の宮殿そのものです……私が公の場で訴えかけているのは、ロシアの人々だけでなく、世界全体があなたに公正、かつ毅然とした行動を取ることを期待しているからです。ロシアが腐敗の温床ではなくなったことを示す行動を取ってください」

しかしメドヴェージェフは、何らの対応もしなかった。建設作業はそのまま続行。コレスニコフは公開書簡を送った直後にロシアを脱出し、亡命生活を送る羽目になっている。

原子力潜水艦の沈没と、エリツィン派の反乱

プーチンの支配が強まる中、旧エリツィン派のオリガルヒたちは、ついに袂を分かつようになる。

そのきっかけとなったのが、2000年8月に起きた潜水艦の沈没事件だった。ロシア原子力艦隊の威信を体現するクルスクは、誤作動を起こして海底に沈没。118名の乗組員全員が死亡している。

ところがプーチンの反応は鈍かった。ソチで休暇を過ごしていた彼は、事件の一報が届いても、すぐにモスクワに戻ろうとしなかったのである。

これを受けて、ベレゾフスキー配下のテレビ局であるORTは、大々的に批判を展開するようになる。太陽を浴びながらジェットスキーに興じるプーチンの写真と、乗組員の遺族が悲嘆に暮れる写真を併載し、大統領としての資質を世間に問うた。

激怒したプーチンは、ベレゾフスキーをクレムリンに呼びつける。

ちなみにこの際、ベレゾフスキーは、「ネガティブな報道はプラスになる、ロシアには報道の自由があるように見えるのだから」と釈明したが、相手は耳を貸さなかったという。

「プーチンは最初、私の言い分を聞いていた。

でもこちらの話が終わると、ファイルを取り出して読み上げ始めた。正確になんと言ったのかは思い出せないが、ORTと私はどちらも腐っているというようなセリフを口にした。プーチンは私が売春婦を雇って、乗組員の未亡人や遺族に仕立て上げ、自分を批判させたとも言ってきた」

ベレゾフスキーはプーチンに呼び出された際に、ORTの株式を国家に売却するように要求されたとも主張している。

この後もプーチンは、旧エリツィン派のオリガルヒや「敵性メディア」に対する締め付けをさらに強化していく。数カ月後、フランスの『ル・フィガロ』紙に掲載されたインタビューでは、オリガルヒたちの息のかかったメディアは容認しない。たとえ誰であろうと、自分に楯突く人間は「棍棒」でぶちのめすとさえ宣言した。

プーチンは、自らの発言を実行に移した。やがてベレゾフスキーは、国営の航空会社、アエロフロートの株式を不正に所有していたという理由で刑事告訴される。これが濡れ衣であることは誰の目にも明らかだった。

プーチンのメッセンジャーとなったアブラモヴィチ

ベレゾフスキーは、尋問のために呼び出される前に既にフランスへ脱出。後にイギリスで政治亡命を求めるようになる。逆にアブラモヴィチはプーチンにさらにすり寄り、密命を受けてベレゾフスキーと交渉するようにさえなった。

事実、彼はパリの郊外にあるル・ブルジェ空港に飛び、ベレゾフスキーと面会している。その目的は、ロシアに残っている株式をすべて売り払えと説得することだった。プーチンを批判する番組を放送したテレビ局、ORTを含めてである。

ちなみに2人の会話の詳細な内容は、2011年に明らかになっている。結局、ORTは1億5000万ドルで売却されることになるが、イギリスではベレゾフスキー対アブラモヴィチという、史上最大規模の民事訴訟が行われたからだ。

裁判では、パリの空港で交わされた会話を書き起こした、詳細な資料も提出されている。

この会話は、ベレゾフスキーのビジネスパートナー、ジョージア人のオリガルヒであるバドリ・パタルカツィシビリが録音していたもので、アブラモヴィチがプーチンの歓心を買おうと躍起になっていた様子がうかがえる。レゾフスキーは次のように証言した。

「アブラモヴィチは、当初から『自分はメッセンジャーだ』『国がORTをコントロールするために、同意をとりつけにきた』と述べた。彼は他の目的があるような素振りさえしなかった」

この一件が示唆するものは明らかだ。カレン・ダウィシャは彼女の著書、『プーチンのクレプトクラシー：ロシアの持ち主は誰か？』で述べている。

「(ロシアで)新しい『ルール』が適用された。それをベレゾフスキーに伝えるために使わされたメッセンジャーが、アブラモヴィチだったという点にこそ意味がある」

一方、この民事訴訟は、アブラモヴィチが関わってきた不透明な取引に、初めてスポットライトを当てる結果となった。審理の過程では、1992年の事件に関する逮捕状も資料として提出されている。アブラモヴィチが、ウフタからカリーニングラードに向かう燃料をくすねようとして、文書を偽造したとされる一件にまつわるものだ。

アブラモヴィチ本人は、嫌疑を一貫して否定していた。ミッジリーとハッチンズが記した伝記では、彼の腹心で高い地位にあるとされる人物が匿名で登場し、「そんなことは絶対に起きていない」と証言したともされる。

だが事実は異なっている。『フィナンシャル・タイムズ』紙は、ベレゾフスキー側の弁護人が、しっかり証拠を揃えてきたと報じている。

「彼は、1992年にモスクワの検察官が出した命令書を提出してきた。アブラモヴィチは当時、石油製品のトレーダーをしていたが、ロシア北部のウフタ製油所から、貨車55台分のディーゼル燃料が行方不明になった件で手配されている。彼は、製油所の職員と結託して文書を捏造した件で告訴された。だが行方不明になっていたディーゼル燃料が回収されたということで、それ以上の措置は取られなかった」

最終的にこの裁判では、ベレゾフスキーの証言は信憑性に欠けると判断される。ORTの一件に関しては、周到に準備されたアブラモヴィチ側の証言が採用され、プーチンが売却を強制した証拠はないと認定された。判決が読み渡された瞬間、裁判を傍聴していたロシアのジャーナリストたちは、裁判所の中で大声を上げて笑っている。

ついに始まった、反プーチン派の粛清

イギリス史上、最も規模の大きな民事訴訟には、かくして決着がついた。だがベレゾフスキーとアブラモヴィチ、そしてプーチンを巡る忌まわしいストーリーは、むしろここから核心に入っていく。

裁判の1年後、ベレゾフスキーの死体がロンドンの自宅で発見される。彼は首にスカーフが巻かれた状態で、バスルームの床に倒れていた。通常ならば自殺と判断されるだろうが、警察側は自殺

説の信憑性を疑っている。検死官は、死因は不明だと結論付けた。

いわゆるエリツィンに与していたオリガルヒたちは、その後も次々に投獄されたり、謎の死を遂げていくことになる。

ベレゾフスキーと組んでいた、バドリ・パタルカツィシビリは2008年、心臓発作で帰らぬ人となる。年齢はまだ50代前半だった。さらにはベレゾフスキーのような事件を、数多く目の当たりにしてきたイギリス人弁護士、ステファン・カーティスは、2004年にヘリコプターの墜落事故で死亡している。

一方、ロシア国内で最大の資産を誇り、自らの財力でプーチン政権を覆そうとしたミハイル・ホドルコフスキーは、2003年に投獄されて財産を没収された。簡単に言うなら、プーチンの不興を買ったすべてのオリガルヒは、破滅させられたのである。

だが災禍を免れた人間が1人だけ存在する。アブラモヴィチである。抜け目のない彼は、誰が真の権力者であるのかを把握していた。それはチェルシーの買収にも絡んでくる。

なぜ、アブラモヴィチはチェルシーを買収したのか

アブラモヴィチがチェルシーを買収した際、巷では次のような説明がなされることが多かった。

子供の頃から西側の社会に憧れを抱いていた人物が、ついに長年の夢を叶えた。内気で暇をもてあました資産家が、退屈しのぎにサッカークラブを買収した、あるいは個人的な名誉欲に突き動か

された、などとする意見もあった。

だがこれら解釈は、事実とまるで異なっている。そもそもアブラモヴィチとは、好んで舞台裏に身を置こうとしてきた人物だった。彼は社交的であったことなど一度もなかったし、スポットライトを避けるための努力をしてきたからだ。

では、なぜチェルシーのオーナーに納まるなどという決断を下したのか。真相は、一連の文脈を踏まえた上で初めて理解できる。

アブラモヴィチがオーナーになったのは、まさにプーチンが権力基盤を固め、敵性メディアを粉砕し、自分の存在を脅かすオリガルヒたちを排除していった時期に重なり合う。

だからこそアブラモヴィチは、チェルシーを買収しなければならなかった。

クラブを買収すれば、ベレゾフスキーなどが確保できなかったものを入手できる。自らの存在を世界中に知らしめ、身の回りで起きることを誰の目にも見えるようにする効果である。

たしかに彼は、クレムリンにとって有用な存在になったし、プーチンが権力基盤を固めることにも貢献した。だが西側社会の「公人」になってしまえば、仮にプーチンと距離を置くようになったとしても、身に危険が及ぶ可能性を減らすことができる。チェルシーFCというクラブは、アブラモヴィチにとって「生命保険」のような役割を果たしたのである。

2005年、アブラモヴィチは自らの身を守るために、さらなる手も打っている。それがシブネフチの売却だった。これは二つの意味で理に適っていた。

プーチンに歯向かったオリガルヒたちは資産を没収されたり、市場価格には到底見合わない額で企業を売却せざるを得なかった。

だがアブラモヴィチは、シブネフチを131億ドルで売り抜けている。これは正当な評価額だったし、資産のほとんどを「流動化」する——ロシア国内に厄介な企業や工場などを構え続ける代わりに、現金に換える意味合いも持っていた。

そしてもちろん、シブネフチの売却はプーチンを喜ばせた。シブネフチを吸収したことによって、国営企業のガスプロムはその影響力をさらに揺るぎないものにしたからだ。

旧西側諸国やロシアの近隣国は、ガスプロムが供給する天然ガスに依存せざるを得ないし、天然資源の価格も右肩上がりで上昇してきた。結果、プーチンは政治と経済の両面において、さらに強大な権力を手にすることとなった。

「ロシアでは、エネルギー資源を牛耳っている人間こそが、真の意味で政治と経済の黒幕になる」

アナリストのピーター・ラベルは、かつてロシアに存在した国営の通信社『RIAノボースチ』にこのような一文を寄稿している。

アブラモヴィチは、その典型的な一人だった。しかも彼はロシア国内の風向きが変わると巧みにプーチン側に鞍替えし、何とか生き永らえたのである。

3：プーチンに異議を唱えた活動家たち

プーチンに異議を唱えようとして、命を危うくしたのはオリガルヒだけではない。民間の活動家も、当然のように粛清の対象になる。アシュルコフもその一人だ。

今となってみれば、ずいぶん変な気持ちがするだろうが、アシュルコフにも、プーチンこそがロシアに希望をもたらす人間だと、信じていた時期があったという。

「旧ソヴィエト時代の体制から資本主義へ移行するのは、一筋縄じゃいかない。当時は新たな時代を切り拓こうとする人たちと、旧体制を維持しようとする人たちが常にいた。ロシア政治とは、これら二つの勢力の争いそのものだったんだ。だから最初の頃はプーチンを支持していたし、2000年の選挙でも彼に投票したんだ」

だが2010年が終わる頃、アシュルコフは、こう確信するようになる。

もはやプーチンは、改革を目指す人間ではなくなったと。

「腐敗が増えてきていることや、自由が抑圧されていることが明らかになってきていた」

アシュルコフは、それまで政治に深入りしたことなど一度もなかったし、生活にも困っていなかった。ロシア最大の銀行、アルファ・バンクの行員として、かなりの金を稼いでいたからである。

そもそもアルファ・バンクとは、ミハイル・フリードマンによって経営されていた銀行だった。フリードマンとは1993年、カリブ海のヨット上でベレゾフスキーとアブラモヴィチが出会った際に、その場にいたオリガルヒの一人である。

政府高官のフロント企業

しかしアシュルコフは、アレクセイ・ナワリヌィのブログに目を通し始めていた。ナワリヌィは、腐敗防止キャンペーンの熱心な活動家で、凄腕の弁護士でもあった。

彼は民主主義を掲げる政党の党員となるが、後に独立して活動を展開するようになる。まずユコス・オイルのような国営企業の株を自分で買い始める。小口ながらも株主になることによって、内側から組織の腐敗を是正していこうとしたのだった。

当初、政府側はナワリヌィを危険視していなかったが、この状況は変わり始める。

プーチンは2000年から二期連続して大統領の任期を全うしている。首相という立場に身を置いた後、再び大統領選に出馬するが、ロシア全土で抗議活動が起きたからである。

ナワリヌィはここで重要な役割を担った。ブログなどで情報を組織しながら、民主改革を目指す大衆を組織化。ロシアの民主化を担うキーマンと目されたこともあった。

しかしプーチンは結局、大統領の座に返り咲いてしまう。

ナワリヌィは、プーチンが率いる「統一ロシア」が暗躍したことに激怒し、「ペテン師と泥棒が結成した政党」と呼ぶようになる。結果、2012年には濡れ衣を着せられて逮捕されるが、そこで救いの手を差し出したのがアシュルコフだった。

「彼に手紙を書いてアドバイスしたんだ。自分はコンプライアンスの問題に詳しいし、彼は国営企業の不正を追及している。だからサポートしようと」

タッグを組んだ2人は、官民一体の腐敗が、いかにロシアを蝕んでいるかをスクープしていく。

その中には、2012年の報告も含まれる。ウスマノフがコーラス・スティールという企業を買収するために、副首相であるシュワロフから5000万ドルを借りた例の一件である。

ちなみにこの取引には、アブラモヴィチも絡んでいた。そもそもアブラモヴィチは、ウスマノフとシュワロフを引き合わせるような役割を担っている。アシュルコフは語る。

「一般企業が実質的には政府職員のフロントカンパニーで、実業家たちが代理人を務めているケースも多い。彼らは政府内のパトロンのために利権を確保してやるんだ」

ナワリヌィとアシュルコフは、やがて政治の世界にも直接関わっていく。

ナワリヌィは、2013年にはモスクワの市長選挙に出馬。惜しくも次点となったが30%以上の票を集めている。これはほとんどのテレビ局や新聞が、プーチン寄りだったことを考えれば大きな成果だった。またナワリヌィは、票の買収が行われなかったならば、得票率はさらに高くなっていただろうとも主張し、決選投票の実施も求めている。

しかし、このような状況を当局が黙認しているはずがなかった。もともとナワリヌィは市長選挙に出馬した時点で、既に執行猶予の身になっていた。さらにアシュルコフのマンションにも官憲が踏み込んだのである。選挙資金法に違反したというのが罪状だった。

しかもこの模様は、テレビで生中継されていた。

「部屋にいると、朝早くドアの呼び鈴が鳴って警察が踏み込んできた。そしてもっともらしい口実を並べてパソコンから電話に至るまで一切合切を押収していった。自宅で過ごせるのか、しょっぴかれるのかはわからない。ただ尾行されているのはわかっていた……」

2回目の家宅捜査が行われた後、アシュルコフは妊娠した妻と共に国外脱出を決断する。そのままロシアにいれば、次に何が起きるかは明白だった。パートナーのナワリヌィは、既に刑務所と外を何度も行き来する羽目になっていた。

ソチ五輪という名の集金マシン

プーチンに対しては、ボリス・ネムツォフも不正を告発している。

もともと彼はエリツィン政権時代、第一副首相になったこともある人物で、プーチン政権を一貫して批判していた。ソチ五輪に関するレポートは大きな話題を呼んでいる。

ソチで行われた2014年の冬季オリンピックは、ロシアという国家が財政力とスポーツ力を披露する場になるはずだった。ネムツォフは次のように記している。

プーチンは、政治的なメッセージを発信する上で、いかにスポーツが重要かを常に認識していた。初めて大統領に当選した直後、2000年のシドニーオリンピックに向けて選手団を送り出すときには、次のように述べている。

「スポーツの勝利は、100回政治的なスローガンを掲げるよりも、国の団結心を高める」

彼自身は熱心な柔道の愛好家であり、アイスホッケー選手でもあった。またサッカーにはほとんど関わってこなかったものの、2018年のワールドカップのような国際大会を開催することを、国威の発揚という点で最重要視していた。

ところがネムツォフのレポートは、スポーツの国際大会がいかに食い物にされたのかを明らかにしている。当初、大会を招致するために提出された資料では、ソチ五輪の開催費用は140億ドルをわずかに上回る程度とされていた。ところが実際には、コストは510億ドルに膨れ上がり、オリンピック史上、かつてないほど高くついた大会になってしまう。

その過程において、特に私腹を肥やしたのが、プーチンと関係の深いサンクトペテルブルクのグループだった。プーチンの学生時代からの友人であり、柔道の乱取りの相手でもあった彼らは、プーチンが権力を増大させるにつれて、リッチになっていった。

ネムツォフによれば、競争入札を経ずに直接発注された契約は21件もある。アメリカの財務省の報告によれば、これは大会の予算全体の15％、約70億ドルに相当する。

その後もネムツォフはロシア国内で野党の一本化を訴え続けたし、後にウクライナで民主革命が起こった際には、ユーシチェンコ大統領の経済顧問にも抜擢されている。

しかし彼は55歳で不慮の死を遂げる。2015年2月、モスクワ市内、クレムリンの目と鼻の先で何者かに射殺されたのだった。アシュルコフは語る。

「ロシアで野党側に回ろうとするのは危険な賭けだ。そのことはみんなわかっている。罪をでっち上げられて刑務所に投獄されたり、自分のように国外に追い出されたりする。例の一件があった後は、国外にいても安全だとは思えなくなってしまった」

彼が言及したのは、アレクサンダー・リトヴィネンコの殺害事件だった。もともとリトヴィネンコはFSB（旧KGB）の元職員で、ベレゾフスキーの同士でもあった。彼はイギリスに亡命した後にMI5に雇われ、プーチンを批判し続けるようになる。ジャーナリストで人権活動家だったアンナ・ポリトコフスカヤが暗殺された事件に関しては、プーチンが殺害を命じたとはっきり断じている。

だが、その主張を行った数週間後、リトヴィネンコは帰らぬ人となる。紅茶に放射性元素のポロニウムを盛られ、毒殺されたのだった。イギリス側は、実行犯はFSB（旧KGB）で、プーチンの指令で動いた可能性が最も高いと結論付けている。アシュルコフは語る。

「（海外に亡命するのは）モスクワにいるよりは安全だと思う。でも同時にこうも思うんだ。その気になれば、相手はロンドンでも事を起こせる、とね。それは間違いない」

アーセナルのオーナー、ウスマノフ

話を先に進めよう。

アブラモヴィチがチェルシー買収した直後には、ロシアからやってきた別のオリガルヒが、ロンドンのサッカークラブ買収に名乗りを上げている。推定、145億ドル以上の資産を誇る、アリシェル・ウスマノフである。

1953年にウズベキスタンで生まれたウスマノフは、ロシアの資産家ランキングで1位から3位を維持してきた。彼は生粋のロシア人ではないが、アブラモヴィチと同じように、プーチンの権力を支えてきたことでも知られる。またガスプロムが規模を拡大する過程においても、決定的に重要な役割を果たしてきた。

ただし、貧しい家庭に生まれ、5歳になる前に孤児になったアブラモヴィチと異なり、ウスマノフは旧ソ連時代の特権階級の家庭で育っている。

父親はウズベキスタンの首都、タシケントで最高検察官を務めている。このおかげでウスマノフは、モスクワ国際関係大学に進学する。この大学は、旧ソ連時代から政治と外交のエリートが数多く学んできた場所として知られる。

だが外交官としてのキャリアは20代後半に頓挫してしまう。ウズベキスタンで投獄され、1980年から1986年まで刑務所で過ごす羽目になったからだ。

物議を醸しているのは、彼が塀の向こうに送られた罪状である。

ウズベキスタンで大使を務めていたクレイグ・マレーは、ウスマノフが手を染めていた大規模な汚職や猥褻な人権侵害（レイプ疑惑）を指摘。政財界の大物として、いかに我が物顔で振る舞っていたのかも明かしている。その中には、ウズベキスタンの大統領、カリモフの後釜を狙っていたというものも含まれていた。

たしかにウズベキスタンの裁判所は、彼に対する判決を後に無効としている。

またウスマノフは、『ガーディアン』紙の質問にメールで回答した際に、次のように抗弁している。

曰く。「自分は別の男と一緒に逮捕された。その人物の父親は、ウズベキスタンのＫＧＢの副議長を務めていたため、囮捜査があらぬ方向に進み、自分は巻き添えを食ったにすぎない」

とはいえ、このような経歴が人々に不安を与えないわけがない。

やがてウスマノフは復権を果たして、ロシア有数の資産家に成り上がっていく。２００７年にアーセナルの株式を買収したが、クラブの関係者は強い懸念を表明している。

「彼に謎の部分があるのは間違いない」

当時、アーセナルの会長だったピーター・ヒル・ウッドは述べている。

「ウズベキスタンで手掛けているビジネスは怪しいし、そのこと自体、アーセナルに関わることへの障害になるだろう。私なら、彼にはクラブのオーナーになってほしくない」

アーセナル側は、アメリカ人の億万長者、スタン・クロエンケに肩入れし、自分たちのクラブを守るために動き出す。ウスマノフとイギリス系イラン人のビジネスマン、ファルハド・モシリが所有する会社、いわゆる「レッド・アンド・ホワイト・ホールディングス」社がアーセナルの残りの株式を買い占め、クラブを牛耳るのを防ごうとしたのである。

ウスマノフはこれに臆せず、持ち株を増やそうと画策し続ける。結果、アメリカ人の億万長者、スタン・クロエンケとクラブの主導権争いを繰り広げるようになった。

最終的にこの争いではクロエンケが勝利し、２０１６年までにアーセナルの株式の67％を確保する。敗れたウスマノフは、アーセナルの理事会への出席を拒否されている。

プーチンに奉仕するメディア王

ウスマノフの経歴については不明瞭な部分が多い。だが疑う余地がないほど明らかな点もある。それは彼が、プーチンに最も忠誠を誓っている人物だという点だ。

プーチンは大統領に就任した直後、オリガルヒたちを呼び出し、愛国心を証明するために自らの富を還元せよと命じている。この際、アブラモヴィチと同様に、プーチンの命令に真っ先に応じた一人がウスマノフだった。

事実、ウスマノフは、自身が持っていた資産の中で最も価値が高いもの、鉄鋼や炭鉱の採掘を手掛けるメタロインベスト社と、ロシア国内で2番目の事業規模を誇る携帯電話会社、メガフォンの株式の大部分を譲り渡している。

さらにウスマノフは、メディアを通してもプーチンにすり寄っている。2000年に行われた『フォーブス』誌のインタビューでは、次のように語った。

「私はプーチンの知人であることを誇りに思っている。すべての人が彼を好いているわけではないが、プーチンはそんなことを意に介していない。(長崎に原爆を投下した)トルーマンは、世界中の人から愛されたわけではなかったと思う」

ウスマノフはプーチンに取り入るべく、別の手段も講じている。

彼はメディアの分野にも積極的に進出しており、2006年にはリベラル派の経済新聞『コメルサント』を、パタルカツィシビリというオリガルヒから買収していた(パタルカツィシビリ自身、例のベレゾフスキーからこの新聞社を買収していた)。

ちなみに『コメルサント』は、2011年にロシアの国政選挙が行われた際に、プーチンが率いる「統一ロシア」の買収疑惑を大々的に報じている。これを見たウスマノフはすぐさまCEOと編集者を解任している。「これらの報道は卑劣なフーリガニズムもどきだ」と語っている。

アーセナルの株主は、ソーシャルメディアの買収でも同じような影響を及ぼしている。

もともとウスマノフは、ロシア最大手のインターネット会社を所有していたが、2014年にはロシア版のフェイスブックともいうべき「VK」の株式も取得し始める。

当時のVKは、プーチン政権下でも表現の自由が保証された、貴重なオンラインスペースとなっていた。ロシア国内では、フェイスブックより6倍も多いユーザーを抱えており、過激な政治的な意見が投稿されたり、映画や音楽のファイルがシェアできる場となっていた。

事実VKは、2012年の大統領選でも大きな役割を果たす。反体制派の活動家たちは、このサイトを活用してプーチン批判を展開し、再選を阻もうとしたからである。アレクセイ・ナワリヌィの支持者も、このサイトで連絡を取り合っていた。

旧KGBであるFSBは、特定の活動家のページを掲載しないように要請。VFの若き設立者であるパヴェル・ドゥロフが拒否すると、サンクトペテルブルグにあったオフィスにすかさず官憲が踏み込んでいる。さらにドゥロフの自宅に、重武装した狙撃隊が派遣されるという事件も起きた。

ドゥロフは、社用車で警官の足を引いたとされていた。本人はそのような事故は一切起きていないと否定していたが、ついにロシア国外へ脱出せざるを得なくなる。

かくして参入してきたのがウスマノフだった。彼はVKの経営陣が分裂した機に乗じて、ロシア最大のVKのネットワークを全面的に掌握したのである。

プーチンはかつてインターネットを「CIAの陰謀」と呼んだことがある。国営テレビ局チャンネル・ワン（ORT）の番組は、平均して1900万人の視聴者を抱えているが、VKでは1日あたり、5000万通近くのメッセージがやりとりされている。インターネットをコントロールすることは、プロパガンダを展開する上で死活的に重要になっていた。メディア王ウスマノフは、情報統制においてもプーチン政権を援護射撃したのである。

「CIAの陰謀」からプロパガンダのツールへ

活動家のアシュルコフは、プーチンこそは「未来を切り拓く原動力だ」と信じていたというが、今やそのような日々は遠い過去になっていた。

たしかにプーチン政権の誕生は、多くのロシア人に福音をもたらした。エリツィン時代のロシアは混乱の極みに置かれていたが、プーチンは我が物顔で振る舞っていたオリガルヒたちを跪かせ、市民の生活水準を劇的に改善している。国内経済を安定させただけでなく、繁栄さえもたらした。

しかし、すべての変化には相応の代償が伴う。

ロシアの多くの人々は、生活水準が改善されていく代わりに、プーチンの権力が増大していくことを由としなければならなかった。これはアブラモヴィチやウスマノフなどが、自分の資産を守るために鳴りを潜め、政治の世界から手を引かざるを得なくなったのによく似ている。

だが安定した生活が保障されなくなれば、大衆は不満を募らせるようになる。事実、プーチンは２０１２年に再選を果たしたものの、経済成長が鈍化し始めると支持率は急速に落ち始めた。

そのときにタイミング良く起きたのが、ウクライナの内戦だった。

そもそもこの内戦は、ロシア寄りだった大統領、ヴィクトル・ヤヌコーヴィチや、国内に蔓延《はびこ》る腐敗に不満を抱く人々が立ち上がった、民主化運動（ウクライナ騒動）が発端となっている。

だがウクライナの東部で、ロシアとの併合を目指す勢力が武装蜂起すると、プーチンはロシア資産の保全を口実にウクライナに侵攻し、クリミアなどを併合してしまう。

戦争の結果、ロシア経済は破綻寸前にまで追い込まれるが、少なくともプーチンは個人的な目標を達成する。大衆の不満をガス抜きし、自らの支持率を回復させるのに成功したのだった。

これをサポートしたのが、オリガルヒに掌握されたメディアだった。テレビ局や新聞社、そしてインターネットまでがプロパガンダを展開、愛国心とプーチン人気を煽ったのである。

PART2：ウクライナ編

4：キエフ、ウクライナ、2014年8月

ウクライナの最後の輝き、EURO2012

ウクライナサッカー連盟の会長、アナトリー・コンコフのオフィスには、三つの肖像画がかけられている。

一つ目は、64歳になるコンコフが、セップ・ブラッターと握手を交わしている写真だ。写真そのものは、ごく最近、撮影されたもののように見える。グレーの髪で、がっしりした体型のコンコフは、写真を指さしながら誇らしげな笑みを浮かべた。

二つ目は、美しいキエフのオリンピスキ・スタジアムを撮影したもの。ポーランドと共同開催されたEURO2012で、メインスタジアムになった施設だ。

このスタジアムは、印象的な試合が開催されている。6月11日には、ウクライナがスウェーデンに2‐1で勝利。決勝では、スタジアムに詰めかけた6万3170人のサポーターが、スペインがイタリアを4‐0で一蹴するのを目撃している。

これは歴史的な瞬間だった。ヨーロッパ選手権をかつて連覇したチームはなかったからだ。2010年のワールドカップまで含めれば、スペイン代表は国際大会を三連覇したことになる。

試合中、スタンドの上段ではウクライナの大統領であるヴィクトル・ヤヌコーヴィチが、ブラッターの隣に立っていた。ブラッターの後継者と目されるミシェル・プラティニ、後にFIFAの会長となるジャンニ・インファンティーノ、そしてもちろんコンコフも同じ場所に居合わせた。

三つ目の写真は、金色に塗られた木製の聖母マリア像。1970年代、ソヴィエト代表としてプレーしていたコンコフ自身が、最近、頻繁に眺めるものだという。

「信仰は、私たちが生き延びるための支えになってくれています」

彼は疲れ果てた様子で写真を指す。

「我が国は、厳しい状況に置かれていますから」

ウクライナは陰惨な戦争のただ中に置かれていた。

スペイン代表のイケル・カシージャスが、優勝トロフィーを高々と掲げてから2年も経たないうちに戦争が勃発。ロシア語が使用されているウクライナの東側は、戦火に包まれた。

その意味で二つ目の写真、EURO2012で撮影されたスナップショットは、1970年代、アフガニスタンの首都、カブールの光景を写した写真や、1984年、サラエボで開催された冬季オリンピックを捉えた一コマにも似ている。これらの瞬間は、もう二度と返ってこない。

ましてやウクライナで続いている戦争が、いかなる種類のものなのかは誰もうまく説明できない。ただの内戦だとは言い切れないし、敵と味方が明確に規定された正規の戦闘でもない。

しかし、もたらされる結果は同じだ。

戦場と化した場所には、ウクライナ指折りの工業都市であり、EURO2012の会場となったドネツクも含まれる。セルゲイ・プロコフィエフ国際空港は、大会のために改装されて近代的な空港に生まれ変わったが、今や廃墟と化してしまった。

ドンバス・アリーナも然り。

もともとこのスタジアムは、ウクライナにおいて1番規模が大きく、最も成功を収めたサッカークラブ、シャフタールの本拠地にもなっていた。だが、やはり砲弾で破壊されてしまった。

戦争の発端となったもの

ウクライナで何が起きたのか。

事の発端は、EURO2012が閉幕してからわずか18カ月後、ヤヌコーヴィチ大統領が下した政治的な決定にある。

1991年に独立国家となって以来、ウクライナは二つのアイデンティティーを融和させようと試みてきた。

一つ目は、オーストリア・ハンガリー帝国の一部として築かれたアイデンティティーである。この地域は短期間、ポーランドにも併合されたが、昔から西側への志向が強かった。

もう一つのアイデンティティーは、主にロシア語を母国語とする人々の間で育まれてきたものだ。

ウクライナの東部と南部の地域は、かつてロシア帝国の一部を成していた。文化や経済、そして大衆が抱くシンパシーという点でも、ロシアへの思い入れが深い。

ある意味、ウクライナはこれら二つのアイデンティティーの狭間で、微妙にバランスを保つことによって成立していた。独立した国家ではあるものの、ロシアの同盟国になっていたし（ロシア海軍の黒海艦隊はクリミアに係留されている）、ロシアが西側に供給している天然ガスのパイプラインも、ウクライナを経由していたからだ。

このような状況にもかかわらず、ヤヌコーヴィチ大統領は欧州連合（ＥＵ）協定に署名し、西側に加盟する道を切り拓こうとした。西側との関係を深め、経済を活性化するためである。

これに激怒したのがプーチンだった。ウクライナがＥＵに加盟すれば、西側と接する国境が拡大する危険性がある。もともとロシア寄りだったヤヌコーヴィチは、結局、ＥＵとの合意文書に署名することを見送った。

ところが今度は、これに対してキエフの独立広場で大規模な抗議運動が発生する。キエフの若者たちは、西側と緊密な関係を結ぶことを望んでいたからだ。「ユーロマイダン（欧州広場）」と称された広場では、数十万人のウクライナ人が街頭デモを行った。

既に人々の間では、政府や警察の腐敗、オリガルヒたちが強い権力を握っていることに対する怒りが高まっていた。ウクライナのオリガルヒたちもソ連の崩壊後、不透明な形で国有財産が叩き売られたのに乗じて、私腹を肥やしていたからである。

ウクライナ騒乱と呼ばれる状況が続く中、最終的にヤヌコーヴィチはロシアに逃亡。

主を失った邸宅では、その実像が暴かれている。彼はかつて清廉潔白を謳って首相に就任したが、舞台裏では、常識離れした特権を享受していた。プライベートな動物園から大量の金塊、さらには純金製のゴルフクラブまで隠し持っていたのである。

ウクライナを牛耳っていたロシア寄りの大統領が国を追われると、プーチンは、ロシアの資産を保全するという名目で動き始め、黒海艦隊が拠点としていたクリミアに侵攻する。

もともとウクライナ東部では、ロシアとの関係こそ強化すべきだとする住民たちが、ひそかに独立戦争を仕掛けていた。ロシアの侵攻によって、さらに戦火は拡大している。

強奪されたサッカークラブ

コンコフはクリミアの状況、とりわけ三つのクラブのことを懸念している。

ロシアがクリミアを併合した際に、現地のサッカークラブも吸収してしまったからだ。

コンコフとウクライナのサッカー連盟は、ぞっとするような一報をロシア側から受け取っていた。

前シーズン、ウクライナのプレミアリーグで2位になったFK TSKタフリヤ・シンフェロポリ、9位のFCセヴァストポリ、そしてエムチュジナ・ヤルタといったクラブが、ことごとくロシアカップの予選に出場したというものだった。

「ウクライナの領土にある、我々ウクライナのクラブが、どうやったらロシアで試合ができたりするのか。我々には理解できない」

コンコフたちは、すぐに行動を起こす。ロシアはウクライナのクラブを「違法なやり方で、かつ勝手に」強奪しているとして、UEFAの会長だったミシェル・プラティニと、FIFAの会長を務めていたセップ・ブラッターに訴えかけた。

一方、クリミアの併合は、ロシア側にも難題を突きつけていた。まずロシア政府は西側諸国から経済制裁を受け、さらに不況に追い込まれる。ルーブルは50%近くも切り下げられ、1990年代の経済危機に近い状況が訪れていた。

窮地に立たされたのは、サッカー関係者も同様である。

たしかにロシアサッカー界の上層部は、プーチン大統領とも深くつながっている。プーチンはサッカーをはじめとする、スポーツが持つPR効果を熟知している。

だがクリミアのクラブをロシアリーグに組み込むことは、国際大会からの締め出し、実入りの多いUEFAチャンピオンズリーグへの出場禁止をもたらしかねない。2018年のワールドカップ本大会の開催も、ふいにしかねなかった。

分断されたアイデンティティー

拡大する戦禍は、コンコフに別の悩みも与えていた。国の東側に拠点を置く複数のクラブを、いかに処遇するかという問題である。その中には過去5年間、リーグチャンピオンに輝いていた名門クラブ、シャフタール・ドネツクも含まれていた。

私が訪れた日の数日後には、シャフタールとオリンピックによるドネツクダービーが予定されていた。現地は戦闘地帯になっているため、試合はキエフで行われることが決定していた。

「私はウクライナのあの地方の出身なんだ。東部のね。心の底から痛みを感じるよ」

コンコフは若かりし頃、シャフタールでプレーしていたし、1972年のヨーロッパ選手権の決勝に進出したソ連代表チームの一員としても試合に出場したことがある。彼はハンガリーとの準決勝で、唯一のゴールを決めた人物だった。

彼は明らかに二つのアイデンティティーの間で葛藤を抱えていた。彼はウクライナを愛しているが、東部で育ったが故にロシア語を母国語としている。

だが、かつてはこのような問題には悩まされなかったという。良くも悪くも、ソ連という大きな枠組みの中に、各民族が統合されていたからだ。

「ソヴィエト時代には、ベラルーシやモルドバの人々の間で対立などは起きていなかった。

私は（ソ連代表でプレーしながら、ウクライナ人として）シャフタールにも籍を置いていたが、何の違和感も覚えなかった。私はソヴィエト代表でもシャフタールでも、どちらのチームでもプレーを楽しんでいた。誰もが同じ立場だったからだ。

ソヴィエト時代、我々にはあまり自由がなかったし、サッカーも今ほど人気はなかった。

それでも当時のことは、素晴らしい記憶として心に残っている。政治は人々を分断しようとするが、サッカーは逆に人々を結び付けようとする。今はそれが我々の主な役割になっている」

5：キエフのオペラホテル

ウクライナの首都、キエフのオペラホテルは、独立広場から徒歩わずか数分のところにある。前年の冬、その場所は「ウクライナ騒乱」と呼ばれる、大規模なデモが勃発した場所になっていた。だが今では、まるで遠い国で起きた出来事でもあるかのように静かだった。

とはいえ、当時の名残は今でも感じられる。命を落とした人々の写真が花輪の中に置かれ、蝋燭で照らされている。ヤヌコーヴィチ政権の末期、この場所では数十人の人々が命を落とした。スナイパーたちが広場を取り巻く建物の屋根に陣取り、民主主義の活動家などを狙撃している。

しかし一方のオペラホテルは、革命広場とは真逆のものを象徴していた。革命のきっかけとなった富と不平等、そして権力の腐敗である。

メインロビーのインテリアには豪華な鏡と金があしらわれ、フランス様式の装飾が施されている。五つ星ホテルは、ヤヌコーヴィチ政権の下でリッチになったオリガルヒと、西側のビジネスマンが密会する機会にもなっていた。

しかし2014―15シーズンの開幕以来、この場所にはかなり毛色の違う人々が暮らすようになっていた。大理石の床の上をスリッパで行き交うのは、シャフタール・ドネックでプレーする、ウクライナ代表やブラジル代表の選手たちだった。

シャフタールの選手たちは、ドネツクを遠く離れた場所で不思議な生活を送っていた。

チームのスタッフと共にホテルに寝泊まりし、ゲストたちに交じってビュッフェスタイルの朝食をとり、狭くても豪華なホテルのジムでトレーニングをする。羽振りのいい中年のウクライナ人女性たちと一緒に、トレッドミルでランニングをするような具合だった。

理想的な環境ではないが、地元に残されている人々に比べれば、夢のような暮らしだった。たとえばウクライナ東部、近隣のルハンシクでは、住民たちが耐乏生活を余儀なくされていた。水も電気も完全に絶たれた生活が、既に5週間目を迎えていたし、市内の目抜き通りでは、戦闘で巻き添えになった市民の遺体が放置されているような有様だった。


内戦がウクライナ東部で勃発して以来、彼の地で試合をすることは不可能になっていた。事実、ドンバス・アリーナは最近の数カ月間だけでも、2回砲撃を受けていた。

そこでクラブ側は、選手やスタッフをキエフに転居させる。キエフのオペラホテルは、シャフタールの会長、リナト・アフメトフの企業グループ（ＳＣＭグループ）の所有物になっていたため、この奇妙な組み合わせが実現したのである。

アフメトフが一変させた、シャフタールの運命

かつてのシャフタールは、そこそこの成功を収めていた一クラブにすぎなかった。それを一変させたのがウクライナで最もリッチな人物、アフメトフである。

彼は「ドンバス地方」と呼ばれる国の東部で、最も多くの雇用者を抱える実業家でもあった。もともと彼は炭鉱夫の息子だったが、自らも鉄鉱や炭鉱の分野で財を成し、1995年、前任者がシャフタールのスタジアムで爆殺された後、クラブを手中に収める。

ちなみに鉄鋼業や炭鉱の採掘事業は、ウクライナ東部の基幹産業であり、シャフタールのアイデンティティーとも結び付いている。クラブの紋章には、2本の交差する石炭採掘用のハンマーが下のほうにあしらわれている。

『フォーブス』誌によれば、アフメトフは2014年の時点で125億ドルもの資産を誇るまでになる。彼がつぎ込んだ資本により、シャフタールはヨーロッパのビッグクラブに匹敵する強豪に成長。さらには南米、とりわけブラジルの若く、才能のある選手を発掘する術に長けていく。ヨーロッパに渡るルートと、チャンピオンズリーグのショーウインドウで自らアピールする機会を、ブラジルの若者に提供したのである。

たとえばマンチェスター・シティのフェルナンジーニョとチェルシーのウィリアンなどは、共にシャフタールでプレーすることにより、ヨーロッパでの経験を積んでいった選手たちだ。

シャフタールはヨーロッパのクラブに選手を売却して数百億ポンドを受け取っているが、南米では、ごくわずかな元手しかかけてこなかった。このような商売もシャフタール、ひいてはアフメトフを潤していた。

一方、アフメトフは、ヤヌコーヴィチ元大統領の盟友でもあった。アフメトフこそがキングメーカーだったと主張する人もいる。両者の関係は、ますます注目を浴びるようになってきた。

ヤヌコーヴィチはウクライナ騒乱が起きる以前にも、西側のメディアで取り上げられたことがあった。2004年の「オレンジ革命」(大統領選挙における、大掛かりな買収疑惑に対して起きた暴動)、さらには政敵のヴィクトル・ユーシチェンコが暗殺されかけた事件を通じてである。

ヴィクトル・ユーシチェンコはオレンジ革命の主役であり、民主革命の旗手と見なされていたが、毒を盛られて命を落としかける。一命をとりとめたものの、顔面は無残に腫れあがり、変形してしまう。そこで関与が疑われたのが、アフメトフの盟友、ヤヌコーヴィチだった。

当時の『ニューヨーク・タイムズ』紙によれば、シークレットサービスを務めたSBU(ウクライナ保安庁)の人間でさえも、ヤヌコーヴィチが手を下したのではないかと訝ったという。

そのヤヌコーヴィチを神輿に担いだアフメトフは、「キングメーカー」と呼ばれるほどの富と権力をいかにして手に入れたのか。

やり口は、ロシアの実業家たちがソヴィエト崩壊の混乱に乗じたのと同じだった。急速に資本主義が浸透して国が混乱に陥る中、相対立する政治勢力を手玉に取りながら、極めて疑わしい方法で私腹を肥やしていくという方法だ。

かくして富を得たアフメトフは、巨大な政治力を手に入れる。ヤヌコーヴィチに資金援助をして権力の座に押し上げただけでなく、自分も議員に納まった。

さらにアフメトフは、EURO2012でも暗躍している。大会を開催する際には、数億ポンドが国庫から供出され、ドンバス地方の得体の知れない企業グループや、海外のペーパーカンパニーに流れた。彼は自分が犯罪に関わったことや、いわゆる「ドネツク一派」――ドネツクを牛耳っていたビジネスマンや政治家、そしてマフィアとの関係を一貫して否定してきた。

だが実態は異なる。英王立国際問題研究所で、ロシアとウクライナの主任研究員を務めるオリシャ・ルツェヴィチは語っている。

「彼自身は権力の亡者であったことはなかった。一時、政治家としての生活を楽しんだ後は、舞台裏から物事を仕切ることを好んだんです」

簡単に言えば、ウクライナでも、権力と癒着したオリガルヒが、サッカーを食い物にしていたことになる。またヤヌコーヴィチがそうであったように、アフメトフはロシア側とウクライナ側、双方を手玉に取りながら渡り歩いてきた。

シャフタールのオーナーの周りに広がる、深い闇

だがアフメトフ流の処世術は、戦火が拡大するにつれて、徐々にほころびを見せていく。

ウクライナ東部で、分離独立とロシアへの併合を求める勢力が軍事行動を起こした当初、アフメトフは事態を静観。その後、キエフのウクライナ政府をサポートするために、表舞台でこれ見よがしに動き始める。

だが、そのスタンスは多くの人によって疑問視されるようになる。ロシアへの併合を目指す武装勢力から、数々の証言が出てきたからだ。事実、「ドネツク人民共和国」と呼ばれる地域には、アフメトフから資金援助を受けていたと証言する人物が複数存在する。曰く。

「活動家の3分の2が、既にオリガルヒのアフメトフに頼っていたんだ」

アフメトフ自身は、この説を断固として否定。ドネツク人民共和国と結託したロシア軍が、港湾都市のマリウポリを攻撃してきた際には、自分が労働者を組織して死守したと主張している。

とはいえ、アフメトフの説明はつじつまが合わない。

彼は内戦が激しい最中も、ウクライナで炭鉱と工場を操業し続けている。しかもこれらの工場の一部は、反ウクライナ勢力――ドネツク人民共和国側に占拠され、強制的に収容されたにもかかわらず、通常通り操業を続けていたからだ。

ルツェヴィチによれば、戦争が始まった当初にアフメトフがとった日和見主義的な態度は、ウクライナ側の人々に疑念を抱かせたという。

結果、アフメトフは自分がウクライナ寄りの人間であることを必死にアピールするようになる。自らが経営する炭鉱やエネルギー事業の従業員、25万人に対して大幅な賃上げを行い、ドンバス地方の人々の歓心を買おうとしたのも、その一環だ。

さらには戦争で荒廃したウクライナ東部に対して、ロシアが「人道支援」の部隊を送った際には、アフメトフも輸送部隊を結成し、2000トン以上の物資を支援している。

だがアフメトフは信頼を回復したわけではない。むしろウクライナの大部分の人は、不正な手段で掠め取ってきた富の大部分を、今こそ還元すべきだと主張している。ルツェヴィチは語る。

「自分のつけを払うべきだ。しかも相応の額を払うべきだ。キエフではそういう見方が支配的になっています。ウクライナ軍を直接支援すべきだという意見も根強いものがある」

それでもアフメトフは、ウクライナ国内で一定レベルの支持を得続けている。シャフタール・ドネツクが成功を収めているからだ。

アブラモヴィチ、ウスマノフ、アフメトフ。ロンドン市内の「クレプトクラシー・ツアー」で取り上げられる3人のオリガルヒは国も違えば、バックグラウンドも異なる。

だが彼らは「同じクラブ」に属している。疑わしい方法で富を蓄積し、後ろめたいエピソードを数々残す。そして最終的にはサッカークラブのオーナーになり、自らの活動を正当化していくという点では、何ら変わりはない。

「ある意味では、彼は本当にサッカーを愛しているし、純粋な興味を持っている」

ルツェヴィチはアフメトフをこう評したが、彼女の発言は他の2人にも当てはまる。

「シャフタール・ドネツクへの資金援助は、この地域のソフトパワー（文化の魅力）をアピールするために行われた。自分がいかに地元のことを気にかけているかを強調できるし、他のオリガルヒたちとのパイプをつくることができる。

ロシアのオリガルヒたちは、ウクライナのオリガルヒたちにとって、いいモデルになっている。彼らの動き方は、極めて政治的なんです」

日常化していく戦禍

キエフで行われたドネツクダービーでは、シャフタールがオリンピックを5 - 0で下している。

試合翌日、シャフタールのハードコアなサポーターグループ、「ウルトラス」のツイッターアカウントは、メンバーの多くがキエフにとどまり、「アゾフ大隊」に合流したとつぶやいた。

アゾフ大隊とは右派の民兵団体で、ウクライナ東部において新ロシア勢力を相手に戦闘を行っていた集団である。義勇兵の部隊で、後に正式にウクライナの警備隊に昇格している。

彼らを動かしているのは、祖国ウクライナの独立を守ろうとする意識だが、ネオ・ナチ的な色彩の傾向が強過ぎるとして批判も受けていた。

「ダービーマッチに来ていた何人かの連中は、今日、アゾフ大隊に忠誠を誓ったんだ。彼らは（戦場の）ドンバスに行くことになるだろうな」

ウルトラスのメンバー、大学で金融を学んでいる21歳のウラジスラフは、私にこう明かしてくれた。彼によれば、75人ものウルトラスのメンバーがアゾフ大隊で宣誓を行ったという。ウラジスラフ自身も戦闘に加わることを強く望んでいた。

「自分は軍隊に入りたかった。でも両親が許してくれなかったんだ」

そもそもドネツクのサポーターは、ウクライナ国内で微妙な立場に置かれていた。ウクライナという国家への忠誠心は、国の西側に行けば行くほど強くなる。逆に東側は歴史的にも文化的にもロシアの影響が強くなるし、ロシア語を母国語とする人も多い。

結果、シャフタールのサポーターは、ロシアへの分離独立を支持する一派なのだろうと見なされるケースが多かった。ましてやオーナーのアフメトフは、舞台裏でロシアに肩入れしているという噂が根強い。

だが実情は複雑に入り組んでいるし、白か黒かの二分法で括れるほど単純ではない。ウラジスラフも次のように証言する。ちなみに彼の母国語はロシア語である。

「ロシアの一部になりたいと思っている連中もいるけど、普通の人々はこのままウクライナに残る形でいいと思っている。僕は愛国主義者だ。ウクライナを愛しているんだ」

ウクライナの様々なクラブの過激なサポーターは、民主革命でも重要な役割を果たした。かつては暴力事件を起こす集団として悪名高かったが、各クラブ間のいさかいを乗り越えて、民主革命の活動家たちを保護したからだ。

ドネツクダービーの数週間後、ドンバス・アリーナは再び砲撃を受けた。シャフタールのオフィスも短時間、武装勢力によって占拠されている。

だが「ウルトラス」のメンバーは、クラブを応援し続けるために、毎週のように何百マイルも移動し続けた。戦闘地域を抜けてである。

戦争がある意味で「日常」になってくると、クラブも新たな環境に順応していった。

内戦が勃発する以前、シャフタールは国内リーグを五連覇していた。キエフのオペラホテルに移った当初は苦しんだが、2016―17シーズンには二冠も達成している。

とはいえ、ウクライナに日常が戻ったわけではもちろんない。これはサッカーの世界も同様だ。UEFAはロシアに強制的に収容されたクリミアの3クラブに対して、ロシアリーグへの参戦は認められないと通達している。だが代わりに提示されたのは、クリミアで独自のリーグを設立するという内容に乏しい案だった。

6：ロシア政府の道具と化したサッカー

戦争はウクライナに暗く、長い影を落としている。
泥沼と化した東部の戦線では既に1万もの人々の命が奪われている。ドネツクとルハンシクは破壊され、その周囲でも無数の町や村が瓦礫と化している。しかもこれらの地域の惨状は、ほとんど報道されることすらない。

ロシアも痛手を負った。新聞やテレビ局、公式サイトなどによるプロパガンダは続いているが、景気後退は市民の生活を直撃。巷では大規模な汚職が告発されるケースが急増している。

だが大半の政治家やオリガルヒは、被害をほとんど受けていない。彼らは権力を保持し続けているし、富を享受している。そして2018年のワールドカップも、このままロシアで開催されることになる。ウクライナ情勢を終結させる見通しなど、まるで立っていないにもかかわらずだ。

大会が開催されれば、アブラモヴィチの株はさらに上がるだろう。

2014年、イギリス議会はMI6の工作員に、ロシアのワールドカップ招致活動を内偵させていたことを報告している。密命を受けた人物は『サンデー・タイムズ』紙に述べている。

「ロマン（アブラモヴィチ）は、ロシアの招致活動において、絶対に欠かせぬ存在となっていた。彼は南アフリカで、セップ・ブラッターとのプライベートなミーティングにも出席していた。その場面を見たとき、私はこう思ったのを覚えている。

「『我々（イングランド）はあんなことはやらない。だから勝ち目はないんだ』とね」

だが皮肉なことに、アブラモヴィチは大会の招致に尽力した見返りとして、高額の請求書を手渡されることになった。

「ミスター・アブラモヴィチが、プロジェクトの一つに参加する可能性は否定しない」

ロシアでの大会開催決定を報じるテレビ番組で、プーチンはこのように回答している。彼が受けた質問は、スタジアムの建設費を誰が負担するかというものだった。

「少しだけ財布の口を開かせてやろうじゃないか。大した話じゃない……彼は困ったりしないさ。金なら山ほど持っている」

アブラモヴィチとウスマノフは、実際に「財布の口を開かせられて」いる。結局のところ、ベレゾフスキーの二の舞いになりたいとは誰も思わないからだ。

天然ガスとサッカークラブを結ぶ糸

東欧で起きている様々な出来事は、国家権力とオリガルヒ、そしてマネーがサッカーの世界でいかに深く関わっているかを示している。象徴的な例としてはガスプロムを挙げることができる。ここではサッカーと天然資源が結び付き、権力側のツールになっている。

ロシアの天然ガス資源は、世界最大の埋蔵量を誇る。ヨーロッパへ供給される天然ガスの80％はウクライナを経由。ドイツは天然ガスの46％をロシアに依存しているし、ポーランドになるとその割合は88％にも上る。

かくも重要な資源を一手に握っているガスプロムは、巨大な権力を政府に与える。いざとなれば天然ガスの供給をやめるという選択肢をちらつかせることができるし、値札の付け方ひとつで、自分たちの発言力は一気に高まる。

ちなみにガスプロムの会長であるアレクセイ・ミレルは、プーチンがサンクトペテルブルクに拠点を置いていた頃からの盟友である。エネルギー省の元大臣で、活動家であるブラジミル・ミロフは、ブルームバーグに語っている。

「プーチンは事実上、ガスプロムの最高経営責任者（CEO）として振る舞っている」

一方、『ニューヨーク・タイムズ』紙のアンドリュー・クレイマーは、ロシアの政策についてこう記している。

「旧政権時代、地政学的な便宜を図った国々は、代わりにエネルギー資源を安く提供してもらっていた。逆に便宜を図らなかった国々は、ペナルティを科されている。2006年と2009年、天然ガスを遮断されたウクライナ。ヨーロッパの西側諸国も然りだ」

この問題は、2004年のウクライナの大統領選挙でも取り上げられた。ランダル・ニューナムは、『ユーラシア研究』誌に寄稿している。

「選挙運動が白熱しているときに、クレムリンの息がかかった人物たちは、『ガス兵器』を公然と振りかざした。モスクワ寄りの、政治団体のリーダーはこう述べている。

『EUやNATOよりも、ロシアと仲良くした方がいい。そのことをウクライナの人間に納得させるのに、ガスほど効果的なものがあるかい？』」

シャルケが象徴する、ロシアパワー

ただしガスプロムは、自らが与えるイメージを変えようとも試みている。サッカーの試合に、年間に1億ドルを投資。チャンピオンズリーグのスポンサーとしてＵＥＦＡと契約を結び、ＦＩＦＡが主催するワールドカップでもメインスポンサーの一つになっている。ガスプロムは、ゼニト・サンクトペテルブルクの大半の株式も保有しているだけでなく、地政学的にメリットのあるクラブが見つかれば、積極的に支援を行っている。

好例がシャルケ04だ。ガスプロムはブンデスリーガのシャルケ04と、巨額のスポンサーシップ契約を結んでいる。

「ガスプロムは、シャルケ04の買収を計画しているわけではない。財政難を解決するのを手伝おうとしているだけだ」

プーチンは２００６年、ドイツのテレビ局ＡＲＤに語っているが、その目的は明らかだった。現在、ドイツへの天然ガスは、バルト海の底に敷設された「ノルド・ストリーム」と呼ばれるパイプラインを通じて供給されている。ガスプロムがシャルケを財政援助したのは、パイプランの建設許可を無事に得るためだった。

その仲介役を果たしたのが、当時、ドイツの首相だったゲラルド・シュローダーである。シュローダーはノルド・ストリーム計画の熱心な支持者であり、シャルケ04との契約をガスプロムに勧めた人物でもあった。１年後、彼は選挙で敗れて官邸を後にしたが、ノルド・ストリーム社の取締役会長にしっかり納まっている。

セルビアのレッドスター・ベオグラードも、２０１０年以降、ガスプロムから巨額の援助を受けてきたクラブだ。これもまた天然ガスが絡んでいる。最終的にプロジェクトは破棄されたものの、ヨーロッパ大陸の南側を経由する別のパイプラインは、セルビア領土を通る予定だった。

東欧で起きている様々な出来事は、我々に倫理的な問題を突きつける。

たとえばロシアのガスプロムについて考えてみよう。チャンピオンズリーグでは、同社の広告が表示されるが、ロシアは天然ガスを明らかに政争の道具として利用している。このような状況に、我々は目をつぶるべきなのだろうか？

チェルシーの状況も然り。彼らはプーチンに最も近い人物の支援を受け、一気に強豪クラブの仲間入りを果たした。だが世界で最もリッチなオリガルヒは、ロシアの民主主義を窒息死させようとしている。これらの現実からも目をそらすべきなのだろうか？

ロシアとオリガルヒのこれから

アシュルコフは、ロンドンを自分の故郷だと考えている。娘はイギリスで生まれたし、ロンドンにいれば祖国のロシア、さらには他の国々さえも食い物にしていくオリガルヒたちを告発するキャンペーンも、自由に続けていくことができる。

奇妙なことに、ロンドンはプーチンから逃れてきた人々の避難場所であると同時に、プーチンの息のかかった人々や、ロシアから流れ込んできた資金が集まる場所にもなってきた。

反プーチン派とプーチン派、二つのグループが同じイベントに出席することもあるし、街中ですれ違うことも珍しくない。ロマン・アブラモヴィチは、西ロンドンにあるエルメスの店舗でたまたまベレゾフスキーに出会った際に、裁判所への召喚状を受け取ったという。

「ロンドンは、この世で1番いい街だ」

アシュルコフは語る。

「もちろん、モスクワの次にだけどね」

とはいえ、ロンドンに永遠に住み続けることはないだろう。

彼はプーチン体制が、いずれ崩壊すると信じているからだ。これまでの歴史が教えるように、なりふり構わず政権を維持しようとした権力者は、いずれ支持者を失うことになる。

「ロシア政府には、ウィークポイントがたくさんあるんだ。現在の状況に幻滅した一般市民と、不満を抱えたビジネス界のエリートたちは、いずれ結託することになるだろうさ」

——現在の状況は、具体的にどうやって終わりを迎えると思う？

アシュルコフは、一瞬考えてから口を開いた。

「シナリオを予言するのは難しい。でも、これだけは確実だ。もはや時間の問題だよ」

現体制に不満を抱えたビジネス界のエリートたち。その筆頭格は、アブラモヴィチだろう。

彼は自らの保身のために、チェルシーのオーナーになるという手段まで取った。さらにはチームに20億ポンドも投資し、サッカー界の勢力図と、マネーの流れさえ不可逆的に変えてしまった。

だがライバルにとってはたまったものではない。事実、様々なクラブはチェルシーに対抗すべく、気前のいいパトロン探しに奔走する羽目になった。

アブラモヴィチに対抗できる人物とは誰なのか。

サッカー関係者の間では、新たなオリガルヒがロシアから再び現れ、アブラモヴィチと競り合うのではないかと噂されていた。

だが、そのシナリオは実現しなかった。代わりに登場したのは、大西洋の反対側にいる億万長者である。ヨーロッパのサッカー界に第二の投資の波をもたらしたのは、政治的な目的ではなく、金のために動くアメリカのビジネスマンたちだった。

2

アメリカ編

マネーを追いかけ続ける男たち

ＰＡＲＴ１：セントルイス編

１：ミズーリ州、セントルイス

ソーラードが夕闇に包まれていく。

セントルイス近郊にあるこの地区は、街の中でも最も古い、歴史を感じさせる場所だ。かつてはアンハイザー・ブッシュ醸造所（バドワイザーの製造所）に通う労働者たちの長屋が、ぎっしり立ち並んでいたことでも知られているし、ブルースやジャズ・バーが延々と軒を連ねていることでも有名だ。

またこの地域は、セントルイスの「マルディグラ（謝肉祭のカーニバル）」が発祥した地域でもある。セントルイスのマルディグラは、ニューオリンズに次いで規模が大きい。

ニューオリンズはミシシッピ川の下流、７００マイル先にある都市だが、二つの地域はフランスの植民地時代だった頃の名残を今に伝えている。

もともとセントルイスは、２人のフランス人毛皮商人によって開拓された地域だった。

「ＳＴ　ＬＯＵＩＳ」という綴りを見ればわかるように、フランスの国王、ルイ９世にちなんで命名されたし、フランスとスペインの間で領主が変わってきた土地でもある。

セントルイスには、ヨーロッパの流れを汲む文化とコミュニティが昔から息づいてきた。現にセントルイスは、アメリカにおいてサッカーが発祥した場所だともされる。

新大陸に移住してきた人々は、19世紀末からサッカーに興じるようになり、やがてリーグの体制を整備。１９０７年には、国内初のプロリーグを発足させる。

１９５０年のワールドカップに、アメリカ代表として遠征したメンバーのうち６人も、セントルイスでプレーしていた。その中にはキャプテンのハリー・キーオも含まれている。現在セントルイスは、バルカン半島を除けば、ボスニア人の１番大きなコミュニティにもなっている。

ニューオリンズから、アメフトを奪った男

ゴミが散らかったソーラードの通りでは、マルディグラのパーティーが終わりを告げようとしていた。バーの外側に設置してある巨大なスピーカーから、ダンスミュージックが大音量で流れ続け、街中では酔客同士の喧嘩が始まる。

私がセントルイスを訪れたのは、アメリカ最大のスポーツイベント、ＮＦＬのスーパーボウルが行われる週末だった。50回目の記念大会、対戦するのはカロライナ・パンサーズとデンバー・ブロンコスである。

だがマルディグラの喧騒を別にすれば、浮かれた気分になっている人間など一人も見当たらなかった。地元のチーム、セントルイス・ラムズがプレーオフに進出できなかったことだけが原因ではない。そもそもチームやＮＦＬの現状に満足している人間がいないのである。むしろ誰もが、あ

る人物に腹を立てていた。アーセナルの大株主、スタン・クロエンケである。

ミズーリで生まれたクロエンケは、アメリカで最も裕福な億万長者の一人で、セントルイス・ラムズのオーナーでもあった。

ラムズは1995年にロサンゼルスから移転。以後20年間、セントルイスに本拠を構えてきたが、この街を去ることが決まっていた。1カ月前、スタン・クロエンケは自分が育った小さな街から、より華やかでリッチな大都会、ロサンゼルスに本拠を戻すことを発表していたのである。

「クロエンケのクソ野郎。あいつはラムズをロサンゼルスに移しやがった。くたばりやがれ」

マルディグラが終わり、パーティーに加わっていた酔客が、市の手配したバスに千鳥足で向かい始める。誰もがカーニバルのパレードで山車から投げられた、派手な色のプラスチック製のビーズとネックレスを山ほど身につけている。

そんな中、大学生と思しき5人の青年が、大声で恨み節を吐いていた。グループの中で、1番機嫌が悪そうなショーンに声をかける。

――でもクロエンケは、ミズーリ州の出身だろう?

「あいつはミズーリの人間なんかじゃねえ。あいつにとっては、ミズーリなんてどうでもいいんだ！自分のことと金を稼ぐことしか考えねえ！」

ショーンは腹立たしそうに言うと、プラスチックのカップに残っていた最後のビールを飲み干す。そしてカップを放り投げながら、こう付け加えた。

「これは嘘じゃねえ！　そもそもあいつは、ずっとセントルイスから出たがっていた。俺らは本当にムカついてるんだ。セントルイスの人間は、ラムズが出て行くことに頭にきてるんだよ」

世界一リッチなＮＦＬ

セントルイスが、愛するスポーツチームを失うのは初めてではない。

１９２０年代以降は、様々なチームがこの街を後にしてきた。大抵の場合、要因になってきたのは財政難だった。金回りをよくするためには、大都市に移転するより他に手段がないとされた。

だがこの説明は、ラムズや近年のアメリカン・フットボールには当てはまらない。

ＮＦＬは現在、世界で最もリッチなスポーツのリーグに成長している。『フォーブス』誌の公式サイトによれば、２０１６年、世界で最も羽振りのいいスポーツチームの上位50には、ＮＦＬのチームが27も入っている。

この本を執筆している時点では、ダラス・カウボーイズがレアル・マドリーとマンチェスター・ユナイテッドを抜いて1位になっている。１９８９年、１億５０００万ドルで買収されたはずのクラブは、今や40億ドル以上の資産価値を誇る。

ＮＦＬ全体で見ても、チームの平均的な資産価値は20億ドルに達している。いかに実入りがいいかは、プレミアリーグと比較してもよくわかる。

テレビの放映権契約を結び、プレミアを世界で最もリッチなサッカーリーグに仕立て上げた元会長、リチャード・スクーデモアの年収は、３００万ポンド強にとどまる。ボーナスも含めてだ。しかしＮＦＬコミッショナーのロジャー・グッデルは、２０１５年に３２００万ドルを稼いだ。

いずれにしても、ＮＦＬが世界で最も金の動くスポーツになっているのは間違いない。

しかもアメリカン・フットボールには、別の大きな特徴もある。収益の額は、必ずしもフィールド上での成績に基づいていない点だ。

たとえばダラス・カウボーイズは20年近くも、スーパーボウルに駒を進めることさえできていない。だが収益は右肩上がりに伸びてきた。どんどん膨れ上がるテレビ放映権料や、賢いスポンサー契約、そして独特な形態の「保護主義」の恩恵を受けてきたからである。

基本的にＮＦＬは、32チームから構成されたカルテルのような組織になっている。昇格もなければ降格もないため、フィールド上で結果を出せなくとも、金の稼ぎ方さえ失敗しなければトラブルには巻き込まれない。

言葉を換えれば、ＮＦＬの歴史とは、ブランド力を高めるための歩みそのものだったともいえる。重要なのはあくまでもマーケティング。各クラブのアイデンティティーは、本拠地を置いている都市と深く結び付いているわけではないし、地域コミュニティーへの義務もない。

結果、チームのオーナーたちはこの都市からあの都市へ、こちらの州からあちらの州へと渡り歩きながら、チームが本拠地を構える権利を競りにかけてきた。ほとんどの場合、条件として提示されたのは、スタジアムを建設する際に税金を間引いてもらうことだった。

その意味では、クロエンケも決して特別なことをしたわけではない。むしろ彼は、他のオーナーたちと同じ行動を取ったにすぎない。金を最大に儲けるために、１番うまみのある場所を探し当てていく作業だ。

セントルイスを裏切ったクロエンケ

クロエンケがラムズを牛耳るようになったのは、チームがかつてロサンゼルスにいた頃だった。彼はまずＬＡラムズの株式の40％を買収。この持ち株は１９９５年、セントルイスにクラブを移転させ、７万人の観衆が収容できる新しいスタジアム、トランス・ワールド・ドームを自治体に建設させるための足がかりとなった。

屋根付きのこのスタジアムは当時としては最先端のもので、２億８０００万ドルの建設費用を要した。その金額はセントルイスの市民が納めた税金で賄われたが、15年後、３０００万ドルをかけて改装が行われた際にも、やはり税金が使われている。

「私はミズーリ州で生まれ育った人間なんです」

クロエンケは２０１０年、チームの残りの株式60％を買収する許可を求めていた際に、地元紙『セントルイス・ポスト・ディスパッチ』に語っている。

「私は60年間、ミズーリアン（ミズーリの人間）として生きてきた。この州の人たちは、私のことを知っているはずです。私が信頼できる人間であることも、高潔な人間であることもね」

ところが時間が経つと、クロエンケはトランス・ワールド・ドームでは物足りないと主張するようになる。かくして市側に、公的資金を投入した新スタジアム建設を持ち掛けるが、交渉は決裂。クロエンケはロサンゼルスへの移転を画策し始める。

そして2016年1月には、NFLのオーナー会議が行われ、賛成30票、反対2票とで、ラムズが再びロサンゼルスに戻ることが認められたのだった。

この一件は市民の怒りを買った。とりわけ民主党派の市長、フランシス・スレイは激怒していた。彼はラムズを引き留めるべく、セントルイスのダウンタウン、河畔に面した地域に10億ドルのスタジアムを建設する計画を立案。特別委員会まで招集していたからである。

「スタン・クロエンケがやらなかったことを、私に是非やらせてほしい。それはセントルイスに住んでいる、ラムズのファンに感謝することだ。

セントルイサン（セントルイスの人間）はチームを応援したし、勝っているときはもちろん、負けが込んでいるシーズンには、さらに熱心にチームをサポートし続けた。

NFLはこの事実を無視した。セントルイスのファンの忠実な気持ちも無視したし、新しいスタジアムを建てるという、実現可能なプランも無視している」

スレイ市長はNFLの決定を受けて述べている。

「NFLは大声で、明快なメッセージを送ってよこした。それはNFLのチームを抱えている都市や地元のファンは、リーグ側の意向に一旦そぐわなくなれば、不要になった商品のように捨てられてしまうということだ。私はもうNFLになど興味はない」

他の人々は、もっと遠慮しなかった。『リバーフロント・タイムズ』紙は、社説に辛辣な見出しを打っている。

「くたばれ、スタン・クロエンケ、おまえが被っているかつらと一緒に」

記事の内容は、もっと容赦がない。

「あんたは77億ドルの財産を持っている。あまりにリッチ過ぎるから、プロのラクロスチームまで買うようなばかな真似をするんだ。

でもスタン、これを考えてみろ。セントルイスは、あんたのせいで苦しんでいる。市（と郡）はスタジアムを維持するのに、1年間に1200万ドルを払っている。そしてこれから何年もその金を払い続けるんだ」

もっと深刻なのは、スタジアムを実際に使用して、自治体側とコストを負担するテナントが見つからなければ、この金額はさらに跳ね上がるということだった。

記事は最後に、クロエンケ流の手法が、他の地域にも悪影響を及ぼすことを指摘している。

「喜んでコインの数を数えるがいい。それがあんたの人生の1番の楽しみだ。（アイスホッケーチームのコロラド）アバランチやアーセナルのように、勝っているチームを買収して台無しにする以外はな。二つの大陸で嫌われ者になる。それがお似合いだ」

クロエンケがアーセナルに目を向けた理由

記事の内容は正しい。彼はセントルイスで最大の嫌われ者になっているが、アメリカの他の地域でも、そしてロンドン北部でもあまり好かれていない。イングランドのサッカークラブ、アーセナルも買収したからだ。

クロエンケ・スポーツ・エンタープライズ社（現在のクロエンケ・スポーツ・アンド・エンターテインメント）は２００７年、アーセナル・ホールディングスＰＬＣ（アーセナルの親会社）の株式を取得し始める。なにかと物議を醸していた例のオリガルヒ、アリシェル・ウスマノフと株の買い占めを巡ってバトルを繰り広げた。

クロエンケは２０１１年までに、億万長者同士の株式の買い占め競争に勝利。現在は、アーセナル・ホールディングが発行している株式の67・05％を所有している。

一方、ウスマノフも2番目の大株主としての立場を固めていく。長年のビジネスパートナーであるファルハド・モシリ、アーセナルの株式を所有していたイギリス系イラン人の銀行家が売却した株式を手に入れたのである（ちなみにファルハド・モシリは、これを元手に2億ポンドをエバートンＦＣにつぎ込み、チームの株式の50％弱を手に入れた）。

ちなみにクロエンケは、香港に商談に訪れた際に、イングランドサッカーに対する興味が一気に高まったと述べている。

「海岸沿いまで歩いていき、新聞を売っている店で雑誌を手に取ったんだが、中身はイングランドのプレミアリーグの記事で埋め尽くされていた」

彼は２０１１年、『スポーツ・イラストレイテッド』誌のインタビューで語っている。

「ここには、何かがあるに違いない。そうピンと来たんだ」

とはいえ、個人的に興味を持ったという説明は説得力に欠ける。

ましてや2007年当時、イングランドのプレミアリーグは一つの問題に悩まされていた。総売り上げは増えていたが、純益が目減りするという現象が起きていたのである。

監査法人のデロイテが発表した、2007年度の『アニュアル・レビュー・オブ・フットボール・ファイナンス』には、次のようにある。

「プレミアリーグのクラブの売上高は3％増加して、13億9900万ポンドに到達。ヨーロッパサッカー界の記録を再び更新した。1クラブあたりの平均では、6900万ポンドになる」

だが営業利益は、7年ぶりに減少している。減少率は15％に上ったし、利益を計上したクラブの数自体が14から9に目減りしている。

原因はどこにあったのか。実はここでも、ロマン・アブラモヴィチの名前が出てくる。

2003年、アブラモヴィチはチェルシーのオーナーに就任。数億ポンドを投資し、クラブは4シーズンで二度のリーグ制覇と一度のFAカップ優勝を果たすまでになる。ただしこのような変化は、移籍市場の相場が一気に跳ね上がることも意味した。

一方、デロイテの報告書は、クロエンケのようなアメリカ人オーナーを、自然に惹き付けていく要素についても言及している。プレミアリーグがスカイスポーツ、そしてアイルランドの放送局であるセタンタと新たに結んだ、巨大なテレビ放映権だ。

蚊帳の外に置かれたアーセナル

２００７年に発効した3年間の契約額は17億ポンド。それまでの契約より60％以上も金額は膨らんでいる。

この契約は、かつてない現象が起きることを意味していた。ほとんどのクラブにとって、試合の入場料収入は主な収益源ではなくなったのである。３年間の放映権契約が終了するまでには、マンチェスター・ユナイテッドを含むプレミアリーグのほぼすべてのクラブが、入場料収入よりも多くの額を、放映権収入から得るようになるはずだった。

ただし、このシナリオが当てはまらないクラブが一つだけあった。アーセナルである。

アーセナルは、６万人の収容人数を誇る新スタジアムの建設を計画、公的補助金を受けずに、プロジェクトを進めていこうとした。

その費用は主に借金によって賄われたし、アーセナルはありとあらゆる手段を講じている。金策の手段には、昔のハイバリー・スタジアムの跡地の売却から、ドバイのエミレーツ航空に対する、スタジアムのネーミングライツの売却、そして主力選手を放出するという、最も物議を醸した方法まで含まれていた。

そもそもクラブの資金は、チームの強化にこそ使われるべきだというのが、プレミアの不文律になっている。資金をケチれば、試合の結果に直接跳ね返ってくるからだ。

だがアーセナルが抱えた負債は大きかった。他のクラブが新たな放映権収入で大きく潤ったのに対して、放映権収入が入場料収入を上回るようになる分岐点は、2014年まで訪れない計算になっていた。

しかもアーセナルの場合は、金回りが良くなった後も成績は好転しなかった。

2016年には2億6250万ポンドの余剰資金まで確保しているが、クロエンケがクラブに投資をするようになってからは、三度FAカップを制したにすぎない。ライバルのチェルシー、マンチェスター・ユナイテッド、マンチェスター・シティ、なんとレスター・シティまでもがプレミアリーグを制覇したのとは対照的だ。

クロエンケにとっては誤算だっただろうが、彼はファンの人気という点でも、投資を回収できていない。アーセナルのファンからは、ケチでよそよそしい人間と見なされている。BBCが明かした一件も、追い風にはならなかった。クロエンケはテキサス州において、敷地面積が86万5000エーカー、値段が5億ポンドという巨大な牧場を購入している。全米で9番目に広大な土地を所有する地主となったが、これも不興を買った。クラブに金を使えというのが本音だろう。

さらにアーセナルのファンは、クロエンケの発言にも不快感を覚えた。彼はタイトルを取るためにアーセナルを買ったのではないと発言したからだ。

「チャンピオンになりたいと思うなら（クラブの経営に）決して関わったりしないだろう」

2016年、ボストンで開催されたスポーツ分析学会では、こんなふうに述べている。

「理想的なオーナーというのは（経営面とビジネスの）両面に、少しずつ関わる人間だと思う」

いずれにしても、プレミアリーグにおける飛躍的な放映権料の伸びは、これまでと違った種類の投資家を惹き付けるようになった。NFL、MLB、NBAでうまい汁を吸う方法を学んだ、多くのアメリカ人実業家である。中でもクロエンケは、最も抜け目がないやり手の一人だ。

2：ウォルマートの娘と結婚した男

イーノス・スタンレー・クロエンケは、ミズーリ州の中央にあるモーラという小さな村で生まれた。この場所はカンザスシティ、イリノイ州のスプリングフィールド、サウスカロライナ州のコロンビアという3都市から等距離にある。

クロエンケはミズーリ大学でMBAを取得し、国際貿易に興味を持つようになった。

彼は大学時代、バスケットに親しんだが、小さい頃から祖父が愛した野球チーム、セントルイス・カージナルスを応援してきた。実際、クロエンエはカージナルスの名誉殿堂入りした2人の選手、イーノス・スローターとスタン・ミュージアルにちなんで名付けられている。

だがクロエンケは決して裕福な家庭で育ったわけではない。

クロエンケがアーセナルを完全に買収する直前の2010年、『ニューヨーク・タイムズ』紙が説明したように、もともとクロエンケの父親は、材木置き場を経営している人間だった。そこでクロエンケは本を片手に学びながら、木くずの掃除を手伝っていた。

「陳腐なセリフに聞こえるだろうが」

クロエンケは2012年、『スポーツ・イラストレイテッド』誌に語っている。

「私は本当に、教室が一つしかない（小さな学校の）校舎まで通っていた。片道、2・5マイルを歩いてね」

だが彼の人生は、アスペンにスキー旅行に出かけたのを機に一変する。そこでアン・ウォルトンに出会ったのである。アン・ウォルトンとは世界最大のスーパーマーケット・チェーン、ウォルマートの創業者であるサム・ウォルトンの姪であり、財産の相続人でもあった。

ウォルトン一族は、アメリカで最も裕福なファミリーだ。アンを含む7人の相続人は、1300億ドルもの資産を持っており、妻のアンはクロエンケとは別個に『フォーブス』誌の億万長者リストでランキング入りしている。

ちなみにクロエンケと彼の代理人は、自力でのし上がってきたと強調し続けてきた。ウォルトン・ファミリーの一員になる前に、不動産のデベロッパーとして成功を収めていたと語る。

興味深いことに、彼は様々なスポーツチームのオーナーとして活動するようになった今も、不動産業者だと名乗っている。名前の由来を考えれば、野球のチームを一つも持っていないというのも興味深いが、彼が経営する不動産会社は、セントルイスの周辺、そしてミズーリ州の残りの地域で商業施設を展開してきた。

だが彼の事業は、実はウォルマートの開発事業に結び付いている。クロエンケが手掛けた小さなショッピングセンターの多くは、ウォルマートの敷地に建っている。ウォルマートがメインのショップとしてテナントを構えるパターンが多い。

ウォルマート一族のロビー活動

いずれにしても、ウォルマート家との出会いが、クロエンケの運命を大きく変えたのは間違いないだろう。彼はウォルマート絡みの様々な事業を通して、別の教訓も学んでいる。政府の金を使って、自分が手にする利益をさらに増やすノウハウだ。

ウォルトン家は長年、共和党を支持してきた。また、最低賃金を引き上げる法案に反対したり、不動産税の撤廃を主張するような、反リベラル派の政治団体にも数百万ドルを寄付してきた。

アメリカのシンクタンク、デモスが作成した2014年のレポートによれば、ウォルトン家は2000年から2014年にかけて、これらの共和党への献金や議会でのロビー活動に8000万ドルを費やしている。クロエンケ自身も、2000年から2013年までの間に、30万ドル近い額の圧倒的大部分を共和党に集中的に寄付している。

普通に考えれば、実業家たちが経済的な自由主義に肩入れしてきたということになるのだろう。共和党やアメリカの保守層は「小さな政府の実現」――社会保障などの支出を抑え、市場の原理を浸透させるべきだと主張し続けてきた。

だが、ウォルトン家やクロエンケの政治活動を、額面通りに受け取るのは早計だ。彼らは「小さな政府の実現」を主張する一方、政府が支出している莫大な補助金、「企業福祉」と呼ばれる予算を、間接的に受け取っているに等しいからだ。

たとえばウォルマートは従業員に、最低限の賃金しか支払っていない。

このため政府は、ウォルマートで働く140万人もの人々に、（生活保護の受給者に対する）食品の配給権や、住宅手当などを支払い続けている。簡単に言えば、政府は公的資金でウォルマートの従業員を救済せざるを得なくなっている。

その額も半端ではない。「アメリカの税制を公平にする会」という団体が2014年に発表した計算によれば、政府がウォルマートの従業員を救済するために支払っている額は、驚くべきことに62億ドルにも上るという。

実際問題、ウォルマートの雇用問題は2016年、アメリカ大統領選挙の予備選挙の際にも争点となった。上院議員のバーニー・サンダースは、2016年1月、アイオワ州で演説している。

「ウォルマートは福祉政策の最大の受益者だ。ウォルマートで働く多くの人々が、メディケイド（医療費の補助）を受けている。これは、おかしなことではないだろうか？

費用を負担しているのはあなたがた（納税者）だ。ウォルマートの従業員が受け取っているフードスタンプ（食費の補助）も、負担しているのはあなたたちだ。ウォルマートの従業員は、政府の補助を受けた家に住んでいるが、これもあなたたちが負担している。

これはウォルトン一族が、本来、支払うべき賃金を従業員にきちんと支払い、福利厚生を図るのを拒否しているからだ」

前述のシンクタンク、デモスのレポートによれば、このような歪んだ構造は、「アメリカで最も貧しい人々から、最も裕福な人々に富を還元する」という異様な状況をもたらしている。

ウォルマート、そしてクロエンケがアメリカで行ってきたことは、一つの事実を示唆している。

それはアメリカでスポーツチームを運営するオーナーたちは「企業福祉」、すなわち政府から労働者に対して支給される福祉予算も、自分たちの懐に入れてしまうということに他ならない。こうしてアメリカにおける持てるものと持たざる者の格差は拡大してきたのである。

アメリカのスポーツ界を一変させたレーガノミクス

クロエンケのような人物が、我が物顔で振る舞うようになったのは、アメリカ社会で起きた巨大な変化も関係している。

今日では、スポーツクラブが本拠地を移転させるケースは珍しくない。だがかつてはそうではなかった。たとえばＮＦＬの場合は、１９８０年代末の時点でも、チームが他の都市に鞍替えするようなパターンは稀だった。１９６０年代から１９７０年代にかけての20年間、ＮＦＬが最も輝いていた時期には、クラブの移転はリーグ側から承認されなかったのである。事実、１９６０年にシカゴ・カージナルスがセントルイスに移ったのを最後に、ＮＦＬチームの移転は起きていなかった。

ところが１９８０年初頭に、アメリカ社会は変わり始める。

原因となったのは「政治の陰」、ロナルド・レーガン政権の誕生だった。

ロナルド・レーガンは、いわゆる「サプライサイド・エコノミー」、規制緩和による、小さな政府の実現を掲げて大統領に当選。他にも大減税をしながら軍事費を増大させ、財政赤字を海外からの資金流入でまかなうという、奇怪な経済政策を採用する。このような方針は、持てる者と持たざる者の格差を広げ、アメリカ社会の不平等を加速させている。

一方、このような流れの中でNFLは一挙に影響力と富を増していく。その要因となったのがケーブルテレビだった。

規制緩和は、スポーツ界に別の影響ももたらした。価格競争が起きたために航空券の価格は低下し、多くの人々は温暖な南部や西部へ大量に移動し始めるようになる。アメリカでは新たな市場が誕生し、スポーツチームのオーナーやテレビ局にビジネスチャンスを提供した。

かくして活性化したスポーツビジネス界では、ショービズ時代に対応したスタジアムの必要性が、オーナーたちによってまことしやかに主張されるようになる。

人気チームを所有する億万長者のオーナーたちが、自分のチームを移転させない代わりに、州政府に巨額の補助金を要求するという悪しき前例が生まれたのだった。

『フィールド・オブ・スキームス：巨大なスタジアムを巡るペテンは、公的資金をいかに個人の利益に変えていくか』という本の共著者、ニール・デマウーズによれば、このようなやり口は恫喝とほとんど変わらないという。

「連中はこういう言い方をする。『補助金を出すのは、経済発展のために効果的だ』とね」

だがそのような主張は、ひいき目に見ても実証されていない、最悪の場合はでたらめに近い。

「1試合あたり、どれだけの人が試合を見に来られるようになるか。経済学者たちが分析したが、経済効果はごくわずかだった。何人かの計算ではゼロ、（他の計算では）おそらく1000万ドル程度。どちらにしても、オーナーたちが主張するように何億ドルなどという数字にはならない」

彼の推定によれば、アメリカの納税者はスポーツチームに年間20億ドル以上を提供している。そのほとんどは最も裕福な1%の人々のうち、さらに裕福な1%の人に渡る。スタン・クロエンケは、この歪んだ構造を最大限に活用したオーナーの一人だった。

史上最悪の条件交渉

デマウーズによれば、1995年、セントルイス市側がLAラムズを誘致するために行った交渉は、「スタジアムを巡る交渉の中で、史上最悪の例の一つ」だったという。

セントルイス市側は、7万人収容できる多目的スタジアムの建設費用、3億1000万ドルを丸々引き受けたからだ。しかもセントルイス市側は、実際には10億7000万ドルを負担する羽目になっている。

デマウーズによれば、チーム側が支払う使用料は、1年あたりわずか25万ドルに設定されていた。それればかりか、ラムズ側は豪華なボックス席や売店から得られる収益に関しては全額、スタジアムの命名権とスポンサー契約は75%を受け取れることになっていた。さらには「移転料」という名目で。4600万ドルも手にしている。

スタジアムは、チームオーナーたちにとって金のなる木だった。実入りの多い、高級な観客ボックスだけで、2010年にラムズの株式を完全に手に入れたクロエンケは、特に恩恵を受けていた。

既に初年から収入は1000万ドルも増えていたのである。

ラムズとセントルイス市が結んだ契約には、「最新スタジアム条項」も盛り込まれていた。

これはNFLが行うスタジアムの格付けランキングで、25位以内を死守するというものだった。この条件がクリアできない場合、チームはスタジアムのレンタル契約を解除し、お咎めや罰金を一切科されずに、本拠地を移転できるとされていた。

実際問題、2008年にセントルイス市側が新しいスタジアムの建設を健闘し始めたのも、この条項のためだった。他の地域でも公的資金を投入してスタジアムが建設され始めた結果、セントルイス市はランキングの25位以内をキープするだけのために、古いスタジアムを改修するのではなく、新しいスタジアムを建設しなければならなくなったのである。

セントルイス・ラムズとMKドンズ、そしてアーセナル

クロエンケがチームをセントルイスに移転させた10年後、クラブは年間に1億900万ドルの収入を稼ぎ出すまでになっていた。1995年当時は、7600万ドルにすぎなかったことを考えれば、大幅な伸びである。またチームの資産価値も、1億9300万ドルから7億5700万ドルにまで膨れ上がっている。

だが、それでもクロエンケは満足しなかった。デマウーズは語る。

「15年後、彼らはこう言い出した。『ああ、自分たちのスタジアムはリーグで最新のものではなくなっ

てしまった。数億ドルかけて改修してくれ。さもなければ契約を打ち切るぞ』とね」

彼らはその後5年間、分かれる、分かれないという話を繰り返したが、結局クロエンケは勝手に踵を返してしまった。後に残ったのは請求書だけである。

この手のやり方――クラブが本拠地を転々とするようなパターンは、ヨーロッパのほとんどのリーグで禁じ手となっている。

イングランドの場合、これに唯一匹敵するのはウィンブルドンFCだろう。

ウィンブルドンは、もともとはロンドンの南西部のチームで、10年ほど細々と運営されていた。ヨーロッパのサッカー界では、典型的な負け犬クラブの一つだった。

たしかに坊主頭のブルドッグ、ヴィニー・ジョーンズが中盤にいた頃には、世界最強だったリヴァプールを、1988年のFAカップ決勝で破ったこともある。

だが1990年代初めにはマネージメントが機能しなくなり、ホームレスのチームに転落。クリスタル・パレスのセルハースト・パークを間借りするような有様になっていた。

最終的にイングランドのサッカー協会は、クラブがミルトン・キーンズ、ウィンブルドンの80マイル北にある、第二次世界大戦後に創られた新しい街に移転することに同意する。クラブはMKドンズと改名され、リーグに再び加わることになった。

だが地元を見限ったということで、MKドンズは永遠に毛嫌いされることになる。

これと対照的な存在がAFCウィンブルドンだ。

自分たちの愛するチームが地元から、そして代々受け継がれてきたホームから、体よく奪われたことに腹を立てた人々は、コンソーシアムを結成。AFCウィンブルドンというクラブを誕生させ、イングランドのリーグピラミッドの最下層で活動し始める。最初はロンドン市内の南西部にあるクラッパム・コモンという公園で一般参加のトライアルが行われ、選手が選ばれたほどだった。

だがチームは昇格を重ねていき、ついに2011年にはプロリーグ入りを実現。2016年には、イングランドの3部リーグに加盟するまでになった。

ところがMKドンズは、2部のチャンピオンシップから降格。皮肉なことに、移転によって無理矢理創られたクラブと、地元の有志によって設立された二つのクラブが同じリーグでプレーすることになった。

このようなドラマは、今日のアメリカのスポーツ界ではそもそも成立し得ない。モラルの点でも、クラブの所有形態という点においてもである。デマウーズは語る。

「君たちがいるヨーロッパのサッカーでは、昇格や降格という制度がある。イングランドでも、各都市が入札してチームを引き抜くような慣習はない。これは大きな美徳だ。

だが（アメリカでは）NFLやすべてのスポーツリーグでは、そんな制度は存在しない。チームオーナーがすべてを独占してしまっている」

しかしヨーロッパでも、今のような状況が永遠に続く保証はどこにもない。

いわゆる「名門クラブ」に特権を与えようとする動きは顕著になってきているし、ヨーロッパでは、「スーパーリーグ構想」が定期的に話題に上る。これらの事実は、アメリカ型のスポーツビジネスモデルが、ヨーロッパにも浸透する可能性を示唆する。

その延長線上にあるのは、金のために本拠地を変えていくシナリオだろう。たとえば20年後、クロエンケの主導によって、アーセナルが他の都市に移転しないと、どうして言い切れるだろうか？極端な場合には、他の国に移転させる計画が持ち上がる危険性さえある。

3：マンチェスター・ユナイテッドに降りかかった災禍

マルコム・グレイザーという男

スタン・クロエンケがLAラムズをセントルイスに移転させるために奔走していた頃、別のリッチなアメリカ人ファミリーもNFLと契約交渉をしていた。マルコム・グレイザーが率いる、グレイザー一族である。

グレイザーは、1995年にタンパ・ベイ・バッカニアーズを買収。クラブの創設者兼オーナーが亡くなった際に、1億9200万ドルでという当時の基準では記録的な額を提示してクラブを引き継いだ。

だが当時は、金をどぶに捨てるようなものだと酷評されていた。

「バッカニアーズは負けばかりのシーズンが続いていたし、この先、クラブは一体どうなるんだろうと、世間の人々は本気で不安に感じていた。私も含めてね」

元ジェネラル・マネージャーのリッチ・マッケイは、『タンパ・ベイ・トリビューン』紙に語っている。グレイザーは、無数の事業を立ち上げることによって富を築き上げた、頭の切れる実業家だった。彼が手掛けてきたビジネスには、ヘルスケア事業から放送事業、石油事業まで含まれる。この石油の採掘事業は、もともとはアメリカ合衆国の第41代大統領、ジョージ・H・W・ブッシュが設立したものの一つだった。

一族の資産は不動産（主にショッピングモールなど）を中核としているが、マルコム・グレイザー本人が昔から手に入れようとしてきたのは、スポーツのフランチャイズチームだった。スポーツ業界のことなど何一つわからないにもかかわらず、NFLのクラブ経営に手を染めようとして、3回も失敗していた。

しかし4回目の挑戦で、ついに金の鉱脈を探し当てる。それがバッカニアーズだった。

グレイザーはクラブを買収すると、まず息子のジョエル、ブライアン、エドワードを取締役会に据え、ビジネスモデルを検討させる。そこで導き出した答えは、新しいスタジアムを建設して、チームの売り上げを伸ばすというものだった。

この方針に基づいて、グレイザー一族は早速、地域自治体と交渉を開始、自分たちが建設費用の半額を負担するが、市側も残りの費用を捻出しなければならない、例によって、さもなければ他の街に移転しなければならないだろうと主張したのである。

市側はこれを真剣に受け止め、スタジアムの建設費用を折半するための財源を探すようになる。検討されたアイディアはバラエティに富んでいた。年間シートの契約、債券の発行、タバコとアルコールへの課税、すべての方法が検討されている。

だがこれらの方法が決め手にならないことがわかると、市側は独創的な解決策をひねり出す。「コミュニティ投資税」を、スタジアム建設に当てることを思いついたのである。

もともと「コミュニティ投資税」とは、消費税として0・5セントを市民から徴収。今後30年間、インフラ整備や教育サービスの充実、警察組織の拡充などを行うために導入されたものだった。だが資金源として頼るなら中身は問わないということで、そのうちの6％がバッカニアーズのスタジアム建設に充てられることになったのである。

地元の政治家や活動家は、当然のように激怒した。そもそも消費税という形態を取っている以上、税金の負担は貧困層に重くのしかかる。さらに悪いことには、かくして徴収された税金は、実質的には民間企業のポケットに入る。ロビン・フッドが貧しい人、弱い人たちを救うのとは真逆の状況だと、猛反対したのである。

かくしてこの問題は1996年、フロリダ州全域を対象とした住民投票にかけられることになる。ところが法案は賛成53％、反対47％で通過してしまう。

ちなみにタンパの元市長であるビル・ポーは、法案に強く反対。75万ドルの自腹を切って裁判を起こし、フロリダ州の最高裁判所にまで上告したが、裁判所は税金の法案を承認した。

（そもそもこの最高裁判所は、アル・ゴアとブッシュが2000年の大統領選挙で対決した際に、投票の再集計を巡る審理が行われた場所だった。裁判所はゴア側の訴えを退けて、再集計の停止を命令。アメリカの第43代大統領の座をジョージ・W・ブッシュに与えたが、またもや似たような判

決が下される形になった）

結果、1998年にはレイモンド・ジェームス・スタジアムなる施設がオープンしてしまう。このスタジアムには「バッカニアーズ（海賊）」というクラブの名前にちなんで、103フィート43トンの海賊船まで設置される。チームが得点を挙げるごとに、海賊船が大砲を鳴らすという仕掛けまで凝らしてあった。

「納税者全員にとって、このスタジアムは割に合わない」

前市長のビル・ポーは2001年、『セントピーターズバーグ・タイムズ』紙に語っている。

「一般の人たちが全部負担したんだ。ばかげている」

彼のコメントは当を得ている。マルコム・グレイザーはスタジアムを建築する際に、1セントも支払わなかったからだ。そうする必要に迫られなかったのである。

「タンパ・スポーツ・オーソリティ」と呼ばれる運営団体と結んだ契約は、非常に実入りのいいものだった。スタジアムのレンタル料という名目で、クラブ側が支払うのは490万ドル。

だがこの額は、運営団体側が実際にスタジアムを維持するために支払っている額よりも低い。それどころかグレイザー一族は、スタジアムの命名権の料金、そしてホットドッグから駐車場に至るまで、売り上げの大部分を受け取れるようにもなっていた。

例のコミュニティ税をスタジアムに回す法案は、現在も発効し続けている。結果、バックスは今18億ドルの資産価値を誇り、3億4100万ドルの売り上げを誇るまでに成長している。

にもかかわらず運営団体は、さらに便宜を図り続けている。クラブ側が豪華なゲスト席を改修し、名誉殿堂を新たに建設し、NFLで3番目に大きいスクリーンを2面設置するために1億ドルが必要だと主張した際には、またもや2900万ドル分を供出することに同意した。

「しかもグレイザーたちは、スタジアムを建設するためにさらに金を引っ張ろうとしている」

ニール・デマウーズは指摘する。

「彼らは既にタンパの自治体から支援を受けた。そして今はフロリダ州に対して、自分たちは追加で補助金をもらう資格があると主張しているんだ」

赤い悪魔とメディアの抗争

グレイザーたちの野望はこれだけでは収まらなかった。

NFLのチームを買収した10年後、マルコム・グレイザーはイングランドサッカーに目を向ける。現に彼らは、イングランドのクラブチームを買収した、最初のアメリカ人実業家になっていく。

グレイザー自身は、イングランドのサッカーについてほとんど何も知らなかった。かつてバッカニアーズを買収した際、NFLがまるで明るくなかったのと同じである。

だが三男のアブラムは、イングランドのサッカーの熱心なファンだったし、一族全体はスポーツクラブの経営で、金を稼ぐ方法も既に学んでいた。またNFLに進出したときとは異なり、サッカーの世界では評価が低く、リスクが大きく、運に見放されたチームに手を出そうとはしなかった。

それどころか彼らが選んだのは、真逆のチームだった。サッカー界の頂点に立ち、クラブやスタジアムの所有権もしっかりと確立されており、商業的にも堅調なクラブ、マンチェスター・ユナイテッドである。買収の実現可能性はともかく、これ以上に魅力的な投資案件はなかった。

「赤い悪魔」の異名を持つユナイテッドは、1970年代から1980年代にかけての20年間は長い冬の時代を過ごしていたが、イングランドサッカーの転換点、プレミアリーグの発足によって一気に飛躍したクラブだった。

もともとユナイテッドは、20世紀初めに結成された他の多くのイングランドのクラブと同じように、1907年に有限会社の形態に移行している。

だが1980年にルイス・エドワーズが死亡したことで状況は変わり始めた。

ルイス・エドワーズは、マンチェスターで精肉店を営んでいた人物で、生前はクラブの株式を持っている人々の家を、文字通り一軒一軒訪問しながら株式を買い集めていた。

ルイス・エドワーズが亡くなると、クラブの会長には、息子のマーティン・エドワーズが就任。さらにスコットランド人のアレックス・ファーガソンを監督に迎えたことで、一気に生まれ変わっていく。監督に就任した当初、ファーガソンは成績不振でクビにもなりかかったが、やがてはチームを完全に復活させたからである。

と同時にマーティン・エドワーズは、クラブの運営においても遺憾なく才覚をふるっていく。1991年には証券取引所に株式を上場し、金を持っている人間と、金を儲ける才能を持った人に門戸を開いた。

このような状況の中、新たに設立されたプレミアリーグは、サッカー界における金の流れも一気に変える。ＢｓｋｙＢが参入し、試合の放映権料が一気に膨れ上がったのである。その仕掛け人がルパート・マードックだった。

彼が仕掛けたペイ・パー・ビュー方式は、プレミアの中継形態として定着。タイトルをほしいままにしていたユナイテッドは、ショービズ時代のアイコンとして不可欠の存在になる。ユナイテッドが収めた成功は、マードックの成功と表裏になっていた。

それを考えれば、マードックが１９９８年に買収を試みたのは、さほど驚きではなかった。たしかにオファーそのものは６億２３４０万ポンドと、当時としては桁外れだった。

だがイタリアの首相になる億万長者、メディア王のシルヴィオ・ベルルスコーニは１９８６年、複雑に絡み合った持ち株会社を使ってＡＣミランを買収している。既にメディアの実力者が、クラブを買収するスタイルは確立されていたし、マードックの動き方はそれによく似ていた。

しかもＡＣミランの買収は、クラブ側とベルルスコーニの双方にとって吉と出ている。ミランは10年にわたりイタリアのサッカーを圧倒し、スクデットを5回、ヨーロッパのカップ戦は2回、２年目には新たに「チャンピオンズリーグ」と改称された大会も制した。ベルルスコーニも自身の知名度を一気に上げることに成功した。

同じような動きはフランスでも見られた。１９９1年にはパリ・サンジェルマン（ＰＳＧ）が、大手のメディア企業、「キャナル・プラス」によって買収。国内で最もリッチなクラブになっている。

だがイングランドは、この手の動きに対する根深い不信感があった。

サッカー界の根底に流れる労働者階級のカルチャーと、費用対効果を重視するコマーシャリズムが激しく激突。チケットの値上げ、全席着座型のスタジアムの建設、毎月、高額な料金でテレビ受信料の支払いを求められる状況に至るまで、ファンはことごとく反発していたのである。

しかもファンは、当時の労働党政権にも強い不信感を抱いていた。

労働党党首のトニー・ブレアは、1997年の総選挙に先立ち、ルパート・マードックに支援を仰いでいた。これを受けてマードック傘下の各メディアは、ブレアを応援するキャンペーンを展開。労働党は地滑り的な大勝利を収め、18年間にわたる保守党支配に終止符を打った。

だが労働党の国会議員たちは、マードックが大きな権力を持ち過ぎる状況を危惧。ブレアの意向に反して、ユナイテッドの買収を「独占・合併審査委員会」に委ねる。マードック率いるBskyBによる買収は、政府側の判断とファンの猛抗議によって、最終的に回避された。

グレイザーによる買収の謎

ところが7年後の2005年、ユナイテッドはアメリカ人の実業家、マルコム・グレイザーの手に渡ってしまう。

これはある意味、大きな謎だった。

たしかにグレイザーは、マードックほどファンに嫌われていなかったかもしれない。そもそもユナイテッドのファンの間では、マルコム・グレイザーなる人物の名前を知らない人間が圧倒的に多かった。またグレイザーとマードックでは、国籍も手掛けていた事業も大きく異なるが、見知らぬ人間に愛するクラブが牛耳られるようになる点では、二つの買収劇には何ら違いはない。

ならば、グレイザーによる買収はなぜ成功してしまったのか？

謎を解く鍵は、ユナイテッドの内部で起きていた生臭い人間模様にある。

当時、ユナイテッドの周辺ではアレックス・ファーガソンが所有する高名な競走馬を巡って強欲と不信感、復讐の念に満ちた法廷闘争が繰り広げられていた。泥沼の醜聞といってもいい。グレイザーはこの状況に付け込み、まんまと漁夫の利を得たのである。

監督のファーガソンは、2000年代の中頃を迎える頃には、事実上、ユナイテッドの内部でアンタッチャブルな存在になっていた。プレミアリーグを8回、FAカップは5回、リーグカップとUEFAカップ・ウィナーズ・カップはそれぞれ1回ずつ制覇。さらに1999年にはチャンピオンズリーグでも優勝を収めていた。試合終了直前に2点をもぎ取り、バイエルン・ミュンヘン相手にドラマチックな勝利を飾った、あの有名な試合である。しかもイングランドのクラブがヨーロッパ頂点に立つのは、実に15年ぶりのことだった。

だが好事魔多し。ファーガソンは、本業とは別のところでトラブルを抱えていた。

もともと彼は競馬の大ファンで、自ら馬主にもなるほどの熱の入れようだった。やがて彼は競馬史上に残る名馬に出会う。それが「ロック・オブ・ジブラルタル」である。

2001年にデビューしたロック・オブ・ジブラルタルは、G1と呼ばれるカテゴリーで新記録となる7連勝を記録するなど、文字通り世界最強の名馬に成長。ファーガソンの名前は競馬ファンの間でも知れ渡るようになった。

だがロック・オブ・ジブラルタルは、厄介な問題を抱えていた。

もともとこの馬は、「クールモア・スタッド」（アイルランドに拠点を置く、世界有数の厩舎）を率いるジョン・マグナーという人物と、ファーガソンの共同所有になっていた。マグナーはパートナーのJPマクマナスと共に、ユナイテッドの株式の約29％を保有。その縁でファーガソンとも親しくなり、馬主としての権利を半分提供するようになる。かくしてファーガソンはマグナーの妻と、馬主の権利を共同所有するようになる。ファーガソンが競馬に関心を持っていたように、マグナーもクラブ経営に関心を示していたのである。

ロック・オブ・ジブラルタルは2003年に現役を引退。以降は種馬としても金を稼ぎ出し始めるが、ここで問題は起きた。ファーガソンはロック・オブ・ブラジルの種付け料を受け取っていないとして、マグナーを告訴したのである。

マグナー側も当然のように反論。ファーガソンが譲り受けたのは、あくまでも競走馬としての権利であって、種付け馬としての権利ではないと主張した。それどころかユナイテッドの筆頭株主になっていたマグナーたちは、ファーガソンの解任を求めてクラブ側に臨時総会の開催まで要求するなど、骨肉の争いが演じられるようになった。

マグナーたちには、他にも付け込む材料があった。ファーガソンの周辺では、選手の移籍を巡ってよからぬ噂が度々流れていた。息子が選手のエージェントを務めていたために、恣意的に選手の移籍をコントロールし、私腹を肥やしていると噂されていたのである。

これに目をつけたマグナーたちは、99もの質問状をクラブの役員会に送りつけた。質問状への回答は拒否されたが、わざわざ私立探偵を雇ってファーガソンの周辺を調査したとさえいわれる。

最終的にファーガソンとマグナーは妥協。ファーガソンが種付け料の一部として250万ポンドを受け取る代わりに、馬の保有権を主張しないという形で手を打つ。

また公平な目で見れば、マグナー側には最初から勝ち目はなかった。ファンはクラブ史上最高の監督を全面的に支持したし、いかにユナイテッドの大株主になっていようとも、マグナーたちはクラブと縁の薄い存在でしかなかったからだ。

ファーガソンを追放し、ユナイテッドを掌握するという企てに失敗したマグナーたちは、最終的にはクラブの株式をすべて売却し、経営から一切手を引く形になる。

だがこの騒動は、思わぬ形で飛び火していくことになる。

ロック・オブ・ジブラルタルを巡って、クラブまで巻き込んだ骨肉の争いが繰り広げられていた頃、その様子を虎視眈々と眺めていた人物がいた。マルコム・グレイザーである。グレイザーはサッカーファンの三男のアドバイスに従って、クラブの株式を買い占められるチャンスが来るのを、2003年から鳴りを潜めて待っていた。

一文も使わずに、ユナイテッドを買収する方法

そしてついにグレイザーは動き出す。

マグナーと彼のパートナーであるマクマナスが株を放出するやいなや、グレイザーはこれを買収。

グレイザーが設立したレッド・フットボール・リミテッドという会社は、残りの株主にも売却を迫り、1カ月以内に全株式の98％を手に入れたのだった。

かくしてグレイザーは、漁夫の利を得る形でマンチェスター・ユナイテッドを完全に掌握する。と同時に、証券取引所で取引されていた株式も買い占めたため、クラブを再び（株式を公開していない）私企業に変質させることに成功した。

ただし、この買収劇には裏があった。

たしかにグレイザーはユナイテッドの株式を買い占めたが、原資となったのはグレイザーの身銭ではなく、買収の対象となるユナイテッドを担保にして借り入れた資金だった。このような方法は「レバレッジド・バイアウト」と称される。

結果、ユナイテッドは75年間、一切借金を抱えずに健全経営を続けてきたにもかかわらず、突然、数億ポンドもの負債を背負うはめになる。逆にグレイザーは、ほとんど身銭を切らずにクラブを手に入れた。

そもそも「レバレッジド・バイアウト」は、1950年代に考案された手法で、実態がよくわからないということもあり、かつてはそれほど一般的に用いられなかった。

ところが1980年代に急速に普及し始める。原因となったのは、やはりレーガン政権の下で、規制緩和が急激に進んだことだった。金利が下がり、しかも簡単に資金を調達できるということで、買収に盛んに利用されるようになったのである。

しかし「レバレッジド・バイアウト」は多くの識者から、ハゲタカ的な手法だと目されていた。

投資家たちは、狙いをつけた企業が成功を収めているのを逆手に取り、勝手に担保を設定する。資金を調達して敵対的な買収を行った後は、その企業が保有していた資産を分割して、売り払うのに用いられたからだ。

金融工学の観点から述べれば、これは実に巧妙でよく考えられた手法だった。

買収した会社は操業を続けるので収益を出し続けるし、借り入れた資金の利息も自動的に支払っていける。そして最終的には、手元にかなりの利益も残るからだ。

事実、グレイザーに買収された後も、ユナイテッド自体は健全経営を維持。自分たちが買収されるために借り入れられた負債を返済し、黒字を出し続けていった。

だがサッカー界の常識からすれば、これは異様な事態だ。

一方的に借金を背負わされるだけでなく、どんなに利益を上げても現場のチームには還元されない。クラブを買収する際の負債の利払いに雲散霧消してしまうからである。

「グレイザーは、現ナマが詰まったスーツケースを持って乗り込んできたわけではない。実際にはユナイテッドのファンに、自分がクラブを手に入れるために背負った借金を支払わせようとしている。チケット価格や商品の値段を吊り上げることによってだ」

有志団体「シェアホルダー・ユナイテッド」の広報担当であるオリバー・ヒューストンは、当時BBCに語っている。彼は核心を突くコメントも残した。

「要するにグレイザーは、（マンチェスター・ユナイテッド版の）ロマン・アブラモヴィチではなかったんだ」

ベッカムも巻き込んだ抗議行動

「スポーツクラブのオーナーになる……そのためにあらかじめ準備できることなど何もない。私たちはそのことを学んだと思う。試行錯誤を重ねながら、学んでいくしかないんだ」

マルコム・グレイザーの息子であるジョエルは、ユナイテッドの公式チャンネル、MUTVのインタビューで述べている。これは唯一の公式インタビューとなった。

「私たちのことを長い目で見てほしい。たった1日、あるいは数カ月に起きたことだけで判断しないでほしい……時計の針を先に進めることはできないが、タンパでも最初は誰もが懐疑的だった。だが時の流れが、そういう状況を変えていった」

たしかに状況は少しずつ変わっていた。クラブが抱えた負債は膨らみ続け、ある時点では8億ポンドにまで達したが、それでもクラブは帳尻を合わせた。アレックス・ファーガソンが率いるチームは、ピッチ上で成功を収め続けたからである。

事実、グレイザー一族による買収の後、ファーガソンが指揮するユナイテッドは、プレミアリーグを5回、リーグカップを3回制覇。さらにはFIFAクラブワールドカップを制し、2個目のチャンピオンズリーグのトロフィーも獲得している。

ファーガソンは2013年に辞任。後継者探しが行われた末に、デイヴィッド・モイーズが監督の座を引き継ぎ、結局は失敗に終わってしまうが、この頃にはユナイテッドの財政事情ははるかに改善されていた。

また2015年までには、借金の借り換えが行われたために、クラブの債務はるかに少なくなり、もっと管理レベルに収まるようになっていた。それどころか、テレビの放映権収入が増え続けていたため、クラブ側は借金から解放される未来さえ、夢見ることができるようになったのである。

　とはいえファンは、この間も一貫して怒りを露わにし続けていた。

クラブの買収が発表されたときには、オールド・トラフォードの周りで抗議デモが行われたし、クラブの将来に危機が迫っていることを察知した一部のファンは、グレイザーによる買収を防ぐために、有志団体を結成。クラブの株式の17％を買収する。また分派した一部のファンは「FCユナイテッド・オブ・マンチェスター」というクラブまで独自に設立した。

　このクラブは、サッカーのコマーシャリズムに真っ向から反対するもので、ユニフォームにスポンサーをつけるような行為は絶対にしないという方針を明言している。

　ちなみにFCユナイテッド・オブ・マンチェスターは、イングランドのサッカー界では10部に相当する、ノース・ウェスト・カントリーリーグの2部に加入。以降、4回の昇格を果たした。このまま上位リーグに昇格を続けていけば、あと2シーズンでフットボールリーグ入りを狙えるところにまでこぎ付けている。

　買収に異議を唱える活動は、スタジアム内でも展開される。オールド・トラフォードで行われる試合では、サポーターが緑と金色のスカーフを身につける場面も見られるようになった。このチームカラーは、マンチェスター・ユナイテッドの前身となる「ニュートン・ヒース」というクラブに由来するものだった。

ニュートン・ヒースは1902年にマンチェスター・ユナイテッドに改称され、チームカラーも赤に変更されるが、ファンたちは自分たちの原点に戻ろうということで、あえて古いチームカラーをまとったのだった。

この動きは、ユナイテッドのOB、デイヴィッド・ベッカムの関心も引き付けるようになる。当時ベッカムは既にACミランに移籍していたが、チャンピオンズリーグの試合でオールド・トラフォードに凱旋した際、試合後にわざわざ緑と金色のスカーフを巻いて、ピッチ上から去っていった。

後にベッカムは、スカーフの色に込められた意味を十分にわかっていなかったと釈明したが、彼の行動は強烈なアピールとなった。事実、ピッチ上では成功を収め、財政状況は徐々に改善されていたにもかかわらず、ユナイテッドのサポーターはグレイザーを決して認めようとしなかった。

「ビタ一文払わずに、クラブのオーナーになる。

このような行為は、どのクラブのファンからも『犯罪行為』だと見なされるだろう。それよりもはるかに質が悪いのは、彼らが実際にかなりの額をマンチェスター・ユナイテッドから搾り取っている点だ」

グレイザーによる買収からちょうど10年が経った2015年、マンチェスター・ユナイテッド・サポーターズ・トラストという団体は、このような声明を出している。

「(グレイザー一族が仕掛けた)買収の利子と手数料の全額、クラブがいまだに抱えている負債などを合計すると、彼らは10億ポンド以上を手にしたことになる。

しかもその額は今も増え続けている。サッカー史上、クラブのオーナーがこれほど多くの金を掠め取ったケースはない」

それでも成功を収め続けるビジネスモデル

マルコム・グレイザーは、2006年から度重なる発作に見舞われ、2014年についに帰らぬ人となる。

晩年の8年間は、彼の息子たちが主に舵を取っていた。ジョエルとアブラムは、現在も共同チェアマンを務めているし、他の4人もディレクターに収まっている。

そしてユナイテッドは、相も変わらず右肩上がりの成長を続けている。『フォーブス』誌の推定によれば、ユナイテッドの資産価値は33・2億ドルでは世界で5番目にリッチなスポーツクラブだという。

たしかに資産価値が高い上位25のスポーツクラブの中では、最も多額の負債を抱えているが、事実、2015―16シーズンの収入は7億7400万ドル。これはダラス・カウボーイズさえ抜いている。2016年には、単年度で5億ポンド以上の売り上げを記録したイングランド初のクラブとなる。利益も6800万ポンドとなり、新記録を塗り替えた。

グレイザーたちは、クラブの要職につくようになって以来、収入を2倍に増やしている。その要因となったのが、スポンサー契約の大幅な拡大であり（たとえば、日本の関西ペイントはマンチェスター・ユナイテッドの公式塗料パートナーに収まっている)、放映権料の上昇だった。

アメリカの識者に言わせれば、グレイザーによるユナイテッドの買収は、特段、目新しいものではなかった。むしろ自分たちが最も得意とすること——21世紀型のアメリカ資本主義のえげつないやり方で利益を生み出す作業を、イングランドでも再現しただけなのだという。

4：リヴァプールの死と再生

ヒックス&ジレットのコンビ

マンチェスター・ユナイテッドは、グレイザー一族に買収されたが、イングランドサッカー界のもう一つの名門チーム、リヴァプールFCも、アメリカ人ビジネスマンの心を射止めている。そしてクラブのオーナーに納まった人物も、やはり敵対的な買収やスポーツクラブの買収を通して富を築き上げた人物だった。

とはいえ、借金を前提にしたクラブの買収が、いつも計画通りに運ぶとは限らない。その道の専門家が契約を取りまとめたとしてもである。

そもそもリヴァプールは、プレミアリーグの発足と、テレビの放映権が高騰する前の時代に、イングランドサッカー界を圧倒。ヨーロッパのカップ戦を五度も制覇し、国内のリーグのタイトルを

18回獲得したクラブだった。

だが1990年以降は、一度もリーグ優勝を果たしていない。その意味では、1970年代から1980年代にかけて、世界のサッカー界で最も恐れられた存在だった頃のような輝きは取り戻していないが、イングランドでは熱烈に支持されてきた。労働者階級のファンベースと太い絆を維持してきたためである。

とはいえ、昔のネームバリューだけに頼っていくことはできない。マンチェスター・ユナイテッドがタイトルを独占し、ロマン・アブラモヴィチのようなスーパーリッチなオーナーが、チェルシーを一夜にして強豪に仕立て上げたような状況に対抗しようとするならば、やはりリヴァプールでも億万長者を迎える必要が出てくる。

2007年、リヴァプールはついに念願の人物を探し当てる。アメリカ人のビジネスマン、トム・ヒックスとジョージ・ジレットである。

当時のリヴァプールに対しては、UAEを構成する首長国の一つ、ドバイを支配するシェイク・モハメドの投資会社が買収を試みていた。ヒックス&ジレットの2人組、そしてシェイク・モハメドのいずれも胡散臭いと思われていたが、最終的に入札競争で勝利したのはアメリカ人だった。

この過程では、壮大な公約が掲げられている。

買収から60日以内に、スタジアムの建設に着手するとした計画もその一つだ。現在のホームであるアンフィールドの隣、スタンレー・パーク内に、クラブが長年計画していた新しいスタジアムを建設するというものである。

とはいえ一部の人々は、実現可能性を疑問視していた。ジレットとヒックスの素性はよくわからないにせよ、アメリカには悪しき前例が残っていたからである。

もともとジョージ・ジレットは、マッキンゼーで訓練を受けた元経営コンサルタントで、1960年代にはマイアミ・ドルフィンズの株式を少し所有していたこともある。彼はこの株式を100万ポンドで購入し、数年後に300万ドルで売却した。

彼はこれを元手に、破産状態にあった「ハーレム・グローブ・トロッターズ（アメリカのショーバスケットボールのチーム）」を建て直すことに成功。世界的に有名なブランドに仕立て上げる。さらに1980年代には、メディアのグループ企業を一気に拡大すべく、当時、流行していたレバレッジド・バイアウトに関わるようになった。

ところが1991年には経営に行き詰まり、破産保護を申請する羽目になる。彼が手を出していたジャンク債の金利が、一気に跳ね上がったのが原因だった。

結局、ジレットが所有していたテレビ局のほとんどは、ルパート・マードックが所有するフォックス・ニュースと提携せざるを得なくなった。

だがジレットは諦めなかった。手元に残った数百万ドルの資金を元手に、今度は食品加工業に進出して成功を収める。そして再びスポーツチームのオーナーになることを試みた。

デンバー・ナゲッツとコロラド・アバランチを買収しようとした際には、例のスタン・クロエンケに敗れてしまったため、ジレットは方針を転換。アイスホッケーのモントリオール・カナディアンズと、NASCARいうカテゴリーに所属する、カーレースのチームを買収している。

対照的にトム・ヒックスは、レバレッジド・バイアウトを成功させて資産を築き上げた人物だった。ヒックスは、ラジオ局を複数経営しているテキサスの家庭で生を受ける。

やがて専門的な金融の取引に精通するようになり、1980年代半ばに自ら会社を設立。レバレッジド・バイアウトに特化していく。

このレバレッジド・バイアウトで、2004年までには総額で500億ドル以上の資産を築くとスポーツクラブの経営にも乗り出し、アイスホッケーチームのダラス・スターズを買収した。

ジョージ・ブッシュを支えた男

だがヒックスを最も有名にしたのは、MLBのチーム、テキサス・レンジャーズを買収した一件だった。このチーム買収劇は、ある人物が財産をこしらえるのに一役買っている。後に43代の大統領として、2001年から2009年までアメリカに君臨する人物、ジョージ・W・ブッシュである。

若い頃のジョージ・W・ブッシュは自堕落な生活を送っていた。事業経営に手を出しては失敗したり、1976年に飲酒運転で逮捕されたことを除けば、ほとんど話題にもならなかった。

彼の父親、ブッシュ・シニアことジョージ・H・W・ブッシュが41代大統領に当選すると、自分も政治の道に進むことを考えるようになるが、当時の彼は大きな問題を抱えていた。何をしていたのかわからない、空白期間があったのである。

「テキサスで最も困ったのは、こう尋ねられることだった。『あの倅は何をしていたんだ？　父親の名前に便乗していただけじゃないか？』とね」

1989年、彼は『タイム』誌のインタビューで語っている。

そこで名案を思いついたのが、共和党の選挙参謀カール・ローブだった。

ローブは、ブッシュを二度も大統領に当選させ、「ブッシュのブレイン」というニックネームで呼ばれることになる。彼はブッシュに対して、将来的にテキサス州知事になりたいのなら、売却に出されたレンジャーズを買収すべきだと強く主張したのである。ローブは述べている。

「（レンジャーズを買収すれば）自分を露出させられるし、世間の人から簡単に（名前を）思い出してもらえるような実績を手にできる」

その後のキャリアを考えれば明らかなように、レンジャーズの買収はブッシュの運命を大きく変えている。スポーツが持つ影響力の強さが証明されたわけだが、話はそれほど簡単ではない。

ピューリッツァー賞を受賞したアメリカのNGO、様々な不正などを調査・報道する『センター・フォー・パブリック・インテグリティ』のレポートによれば、ブッシュによるチームの買収は、ネポティズム（身内や親しい人物への利益供与）の典型的なパターンだという。

当時、ブッシュの父親は、アメリカの大統領を務めていた。その息子に便宜を図り、テキサスで最も影響力のある一族のご機嫌を取るのは、長い目で見ればマイナスにならない。そう考えた複数の人物たちが過度に便宜を図り、財政的な支援をしたからだ。

ブッシュを経営陣に加えたテキサス・レンジャーズは、パッとした成績こそ収められなかったが、少なくとも新しいスタジアムを建設することに成功している。アーリントン市側に対して、消費税の半額を建設費に回してほしいと、巨額の助成を迫ったのである。

この動議は住民投票にかけられるが、最終的には賛成2、反対1の割合で通過した。

新スタジアムへの移転計画を軌道に乗せたブッシュは、知事選で再選を果たすようになる。

ヒックスは、選挙キャンペーンに数十万ドルを寄付。さらに1998年には、レンジャーズを2億5000万ドルで譲り受けている。

ブッシュはこの買収劇でも潤った。彼がチームを買収したときに借り入れた費用は50万ドル。他の費用を含めても、個人的に負担したのは60万ドルにすぎない。にもかかわらず最終的には、1490万ドルもの利ざやを手にした。

そしてヒックスも、しっかりともとを取っている。

先に述べた調査組織、『センター・フォー・パブリック・インテグリティ』の推定によれば、テキサス州の納税者は、総額で2億ドルもの援助をチームに行った形になっている。これに対してヒックスは、スタジアム周辺の土地を収用するために、1100万ドルの和解金を払っただけだった。やはりレンジャーズにおいても、市民の血税がチームオーナーの私財として消えていったのである。

雲散霧消していく再建案

2007年、アメリカでの成功に味をしめたヒックスはジレットとコンビを組み、リヴァプールの買収に乗り出すようになっていた。グレイザーがマンチェスター・ユナイテッドを買収したことは、アメリカでも大きな注目を集めていたからである。

ただし、ユナイテッドの買収とリヴァプールの買収には、いくつかの違いがあった。

まずグレイザーが、レバレッジド・バイアウトを利用したのに対して、ジレットとヒックスは、「グレイザーのような真似はしない」と断言。クラブ側が負債を負うことはないと説明している。

そもそもクラブチームのオーナーになるというのは、買収費用の利息を自分で支払えることを前提としている。グレイザーが仕掛けたアメリカ型の買収のように、利息まで支払わせるというのは、サッカー界では極めて異例だった。当時のイングランドでは、「グレイザー」という単語は、クラブの未来を危うくする危険な借金経営と同じ響きを持っていた。

またグレイザーたちは、2億1900万ポンドでリヴァプールを購入している。これはまさにバーゲン価格だった。その上で、クラブ側やサポーターに対しては、新スタジアムの建設計画もぶち上げている。

無借金経営、そして新スタジアムの建設、ジレットとヒックスは、様々な公約を掲げながらオーナーに納まる。だが、これらの壮大な計画は、程なくして雲散霧消していく。

待望の新スタジアム建設計画はまったく実現しない。それどころか1年後、ヒックスとジレットは、グレイザーの轍は踏まないという公約を覆し、3億5000万ポンドもの借金をする羽目になる。リヴァプールのファンは知る由もなかったが、2008年、リーマンショックに端を発した金融危機は、ヒックスとジレットに大きな打撃を与えていたのである。

現にジレットは、5億ドルでモントリオール・カナディアンズの株式を放出したし、ヒックスもテキサス・レンジャーズを売却しようと試みている。だがリヴァプールはユナイテッドと同じように、巨額の負債を抱え込むようになった。

両者は破産寸前になっても、リヴァプールに必死ですがりつこうとしたが、リヴァプールのファンからは既に見切りをつけられていた。高い人気を誇っていた監督、2005年のチャンピオンズリーグでチームを優勝に導いたラファエル・ベニテスを解任したことも不興を買った一因だった。ついには当人同士も、袂を分かつようになる。事実、インタビューでは関係が悪化したことをお互いに認めていたし、相手が持っている株式をどうやって買い占めるかといった話題まで口にしている。

このような状況では、チームの運営などまともにできるわけがない。

やがて両者に対しては、退陣を要求するメッセージが、ファンから掲げられるようになる。ヒックスとジレット、そして双方の家族は、殺人の脅迫を受けていると主張。ヒックスの息子が、リヴァプールFCの発祥の地とされているパブを訪ねたときには、暴言を浴びせられてビールを頭から浴びせられるという事件も起きた。

「リヴァプールのオーナーたちは、イングランドのサッカーカルチャーを理解するのにまたしても失敗した。自分たちがいかに人望を失っているのかを理解し損ねている」

パブでの一件を目撃した『リヴァプール・エコー』紙のトニー・バレットは書いている。

「一つだけ確実なことがある。しばらくの間、トム・ヒックス・ジュニアが、再び、サンドンのパブにビールを飲みに行く可能性は低いだろう」

とはいえ大西洋の向こう側の感覚からすると、このような振る舞いは珍しくないという。

デイヴ・ジリンは著書、『バッドスポーツ』に記している。

「この事件は、オーナーに関するアメリカ式の発想が、ヨーロッパにそのまま持ち込まれたために起きたものだ。アメリカのスポーツ界では、オーナーたちは偉大な勝ち組として見なされる。彼らは、ファンに喜んで迎え入れられることを期待している」

やがてヒックスの息子は、再びファンと揉めることになる。二度目の舞台はパブではなく、オンラインでのやりとりだった。

クラブのサポーターグループ、「スピリット・オブ・シャンクリー」のステファン・ホーナーは、監督に与える補強の予算が少ないと、不満のメッセージをクラブ側に送る。これに対してヒックスの息子は、まるで礼を逸した返事したのである。

「俺のチンポでもしゃぶってろ。おめえにはうんざりだ」

マネーボールとサッカー

ヒックスは、リヴァプールの役員メンバーからすぐに息子を外しているが、結局はヒックスたちもクラブ側から排除される。あまりにも多くの借金を突然抱えてしまったために、予算がまったくないのと同じ状況になり、他のオーナーを探すしかないという結論になったのだった。

売却話はロンドンの高等裁判所までもつれ込み、やはりアメリカの野球チームを所有する持ち株会社に売却される。ヒックスとジレットは激怒したが、売却を止める手立てはなかった。こうしてリヴァプールはジョン・W・ヘンリーが経営するフェンウェイ・スポーツ・グループ（FSG）の手に渡った。

ジョン・ヘンリーはアメリカのスポーツ界において、クラブチームのオーナーとして一躍名を馳せた人物だった。ボストンのように規模が小さく、人気もさほどないクラブでは極めて稀な存在だったし、ファンの受けも悪くはなかった。

ボストン・レッドソックスのオーナーになる際には、クラブのアイコンになっていたフェンウェイ・パークスタジアムの維持を掲げている。クラブを担保に入れたり、収入を増やすために他の地域に移転させたりするような素振りも見せなかった。

２００２年にレッドソックスを引き継いだヘンリーは、まず「バンビーノの呪い」（最後にワールドシリーズで優勝してから、86年間も栄冠から遠ざかっていた宿命）を解くと公約。事実、２年後には見事にワールドシリーズ制覇を成し遂げている。

「ジョン・ヘンリーは、理想的なオーナーであり続けてきた」

ニール・デマウーズは語る。

「彼はフェンウェイ・パークを解体するための補助金など求めなかったし、逆にチームにたくさんの金を投資した。そして自らも大きな収益を得てきた」

またジョン・ヘンリーは、画期的な手法を採用したことでも注目を浴びた。

その手法とは、マイケル・ルイスが記した『マネーボール』という著書で有名になったものだ。

もともとこの本は、オークランド・アスレチックスの監督、ビリー・ビーンと、野球界に統計分析を持ち込んだビル・ジェームズについて記されている。

ビリー・ビーンとビル・ジェームズの下、オークランドは「セイバー・メトリクス」と呼ばれる統計分析を活用して、信じられないような成功を収める。他のチームを放出されたり、戦力外になっていた選手が大半を占めていたにもかかわらず、選手たちの能力を引き出す方法を掘り当てたのだった。

ルイスは著書の中で、野球の世界では、選手の給料に支払われた額が直接、成績に相関していることを指摘。この原理はサッカー界と同じだが、オークランドはライバルチームに比べて数分の1の費用しか使わずに、毎シーズン、実際の投資額をはるかに上回るような成績を残していた。ジョン・ヘンリーはビル・ジェームズの手腕にほれ込み、レッドソックスに迎えたのだった。

ちなみに『マネーボール』は、映画にもなった。映画の中ではブラッド・ピットがビリー・ビーンを演じ、アーリス・ハワードがジョン・ヘンリーを演じている。

現にフェンウェイ・パークのスタジアムツアーでは、ブラッド・ピットが映画の中で座っていたのと同じプレスボックスに座れるというのが、目玉企画になっている。

いずれにしてもジョン・ヘンリーは、レッドソックスというクラブの遺産を継承。フェンウェイ・パークを昔ながらの素晴らしい球場の一つとして維持し続けた。そして彼は、同じことをリヴァプールの聖地であるアンフィールドでも行っていきたいと述べた。

ヒックスとジレットの一件、とりわけ新スタジアムの建設計画が絵に描いた餅に終わっていただけに、この計画はサポーターから諸手を挙げて歓迎されている。

ジョン・ヘンリーがアンフィールドで味わった屈辱

とはいえジョン・ヘンリーを、聖人君主のように捉えるのは適切さを欠く。現にフロリダ・マーリンズやレッドソックスなどを買収する際には物議を醸したし、リヴァプールの運営も、すんでのところで頓挫しそうになった。原因となったのは、FSGがチケットの価格を引き上げようとしたことである。

たしかにジョン・ヘンリーはアンフィールドを維持していく方針を打ち出したが、彼が率いるFSGグループは、1億2000万ポンドかけてメインスタンドを改装し、座席を増やす計画をリヴァプール側に提示している。結果、クラブ側が2016―17シーズンに向けてチケットの価格を発表した際には、いくつかのシートの値段が77ポンドに跳ね上がっているという事件が起きた。

ファンはこれに猛反発し、シーズンチケットの所有者は抗議行動を計画する。具体的には2016年2月に行われるプレミアリーグのホームゲーム、サンダーランド戦において、ちょうど77分になったときに退席するというものだった。

ファンはこれを決行。チームは2‐0でリードしていたにもかかわらず、続々とスタジアムを後にした。空席が目立つスタジアムで、チームは2失点を喫し2‐2の引き分けを演じてしまう。

「この問題に関する私の答えははっきりしている。今日は途中で席を立ったせいで、チームは（引き分けに持ち込まれ）２ポイントを取り損ねた。だが次の世代のファンが搾取されないようになることを考えれば、気にすることはないと思う」

クリス・ウィリアムズは著書、『ディス・イズ・アンフィールド』で書いている。

結局、ジョン・ヘンリーと彼が率いるフェンウェイ・スポーツ・グループは、譲歩を迫られている。チケット価格の上限は59ポンドとされ、試合ごとに値段が変わる制度も廃止された。このため、どの試合も同じ値段で観戦できるし、シーズンチケットの値段も据え置かれている。

ところがフェンウェイ・パークに行くと、また一味違った光景が見えてくる。

たとえば先ほど述べたスタジアムツアーでは「グリーンモンスター」、レフトスタンドの手前にそびえ立つ、緑色の壁に行くのもセールスポイントになっている。お目当ての場所にたどり着いた瞬間、ツアーの参加者は、こんな説明を聞かされることになる。

「私たちは（マーケットの動きに応じて）ダイナミックにチケットが購入できるシステムを導入しました。チケットは、誰でも購入できるようになりました！　それがダイナミック・チケッティングなんです。欲しいシートは、どこでも手に入れることができるんですよ！」

ガイドは20人ほどの観光客のグループに、あたかも人類への新たな贈り物でもあるかのように説明する。これは需要と供給に応じて値段が変わる制度で、飛行機のチケットを販売するシステムに似ている。グリーンモンスターのところでどうしても試合を見たい観客は、一種の入札のような形でチケットを購入するのである。

しかし誰もが恩恵に与れるわけではない。お目当てのチケットを手に入れるためには、それだけの金を支払わなければならない。市場の論理は、こんなところにも適用されている。

5：アメリカ人オーナーたちの明暗

イングランドのサッカー界には、他にも様々なアメリカ人の投資家もやってくるようになった。だが明暗はそれぞれ分かれている。

たとえばエリス・ショートは、銀行で財産を築き上げてから、サンダーランドを買収した人物だ。スポーツ畑の経験はまったくなかったが、サンダーランドが毎シーズン、降格脱出争いに巻き込まれていた6年間、総額で2億ポンド近くの額をウェアサイドのクラブにつぎ込んでいる。

２０１６年、プレミアリーグは新たなテレビ放映権を結び、巨額の収入を手にすることになったが、このおこぼれに預かり損ねたのがランディ・ラーナーである。

クリーブランド・ブラウンズのオーナーだったラーナーは、２００６年にアストン・ヴィラを買収。そこから悲惨な目に遭っている。もともとアストン・ヴィラは長い歴史を持つクラブで、時折、大きな成功を収めてきた。黄金時代を迎えたのは１９８０年代の序盤。クラブはノーマークだったにもかかわらず、ＵＥＦＡチャンピオンズリーグで優勝している。これは今日ではほとんど考えられないような偉業である。

ラーナーが、かくもヴィラに深く関わるようになったのは、個人的な思い入れによるものだった。彼は20代の頃に1年間、イギリスに留学。その際にヴィラのファンになり、以降、クラブを応援し続けてきた。ある意味、一般のファンと同じように金をつぎ込み続けたわけだが、見返りはほとんど得られなかった。クラブは9年連続で損失を計上し、ラーナーは信じられないほどの額を失うことになる。

しかも毎年、プレミア残留に苦労した挙げ句、2016年にはとうとう降格してしまう。結果、プレミアリーグが新たに結んだ巨額の放映権収入をつかみ損ね、放映権収入だけでも6100万もの損失を被ることになった。

最終的にラーナーは、中国人のビジネスマンであるトニー・シャーに、6000万ポンドでクラブを売却する。この額は、クラブの買収額とさほど変わらなかったが、損失を免れたわけではない。それどころか『フォーブス』誌の試算によれば、彼は総額で4億ドルも失ったという。

金が儲かってしまうリーグ

アメリカ人のオーナーたちは、ヨーロッパのサッカー界でジェットコースターのような体験を味わっている。だがアメリカからは新たな投資家たちが参入し続けている。

たとえばスウォンジー・シティは、2015―16シーズンの終わりに、スティーブン・カプランとジェイソン・レヴィエンと交渉を開始。カプランはかつて、NBAのメンフィス・グリズリーズに関わっていた人物であり、レヴィエンはMLSのクラブ、DCユナイテッドのジェネラル・マネージャーである。最終的に両社はクラブの株式68%を、1億ポンドで買い付ける交渉をまとめあげた。

最近では、より本格的にクラブを買収しようとする一派も登場してきた。投資ファンドである。

たとえばボーンマスの株式25％は、シカゴに本拠を置く投資グループに売却されている。この投資会社の創業者は、ＮＨＬのミネソタ・ワイルドの株式を持っていた人物である。

かと思えばクリスタル・パレスは、アポロ・グローバル・マネージメントに、株式の36％を売却している。このグループの共同創設者であるジョシュ・ハリスは、ニュージャージー・デビルズとフィラデルフィア76サーズも配下に収めている。

ボーンマスやスウォンジーの売却は、アメリカ人資本の進出が、次の段階にステップアップしたことを示唆している。投資ファンドが夢やロマンではなく、正規の事業としてプレミアに出資する。サッカーは、利益を上げるための本格的なビジネスに成長しつつある。

監査法人、デロイテでスポーツ部門の分析を行う、ダン・ジョーンズは、『フィナンシャル・タイムズ』紙に語っている。

「サッカー界は一つの節目を迎えた。現在のプレミアリーグでは、金を稼がない方が難しいのだ」

6：セントルイスの「それから」

エレベーターが壊れたままの保健所

ミズーリ州のセントルイス。

ジャネット・モット・オックスフォードが車から降りてくる。彼女は誰の手を借りることも拒否し、おそるおそる杖をつきながらカフェに向かっていく。日曜の早朝、この地域で開いているカフェは1軒しかない。

「つい最近、股関節の手術を受けたのよ」

彼女はガラガラのカフェに座りながら説明する。リハビリ中でも、彼女は以前と同じように、早くからカフェに通ってくる。

「教会の礼拝が始まる前にいつも来るの。自分では通えない年上の人を、何人か連れて行くのよ」

モット・オックスフォードは最近、人工股関節の手術を受けたが、それでボランティア活動をやめるような女性ではなかった。またこの数年間、彼女はセントルイス市の市長にとって、目の上のたんこぶのような存在になってきた。

彼女は「エンパワー・ミズーリ（ミズーリ州を元気に）」というNGOを運営していた。この団体は病院や学校への財政支援の強化、移民問題や公衆衛生の問題を改善するようにキャンペーンを行っている。

だが、様々な社会問題にも増して彼女が腹を立てたのは、スポーツスタジアムの問題、とりわけ納税者の補助金がスタジアムの建設に流用されたことだった。

「プロのスポーツチームに、税金を投入すべきかどうかという問題に関わるようになったのは、ラムズからではないの。セントルイス・カージナルスの時代から始まっているの」

彼女が口にしたのはNFLのチームではなく、MLBの高名なチームの名前だった。

「2001年、彼らはスタジアムを建設するために4億3100万ドルを要求したわ。私は激怒した。税金が使われなければならない問題は、他に山ほどあったんだから」

あれから15年が経っても、日曜日の朝7時でも、まだ怒りは収まっていなかった。

「たとえば保健所にあるエレベーターは、壊れたままだった。こんな状況はまさにばかげてる。保健所にあるたった1台のエレベーターさえ直せないのに、カージナルスのオーナーになっていた17人の白人、そのうちの何人かは億単位の財産を持っているような人間のためなら、スタジアムを建ててあげられると言うんだから」

以降、彼女はスタジアムに公的資金を補助する案に反対すべく、キャンペーンを展開。2002年にはセントルイス市側に申し立てを行い、新たなスタジアムが建設される場合には、公的資金を投入するか否かに関して、市民が決定するという条例を通過させる。

やがてセントルイス市側は、ある事実に気が付き愕然とする。

後に彼らは、NFLのセントルイス・ラムズを引き留めておくために、スタン・クロエンケと交渉を行うようになる。クロエンケ側はその条件として、新スタジアムの建設を要求。市側はミズーリ川（ミシシッピ川の支流）沿いの地域を新たに開発し、最新のスタジアムを建設することを検討し始める。「最新スタジアム条項」（ＮＦＬの上位25位にランキングされるスタジアムを維持しなければならないとするもの）を結んでいたからだ。

そこで立ちはだかったのが、モット・オクスフォードたちが通過させた法案だった。新スタジアムを建設し、ラムズをつなぎとめるためには、住民の直接投票を経なければならなくなっていたのである。

第三世界よりもひどい環境

タイムリミットが刻々と迫る中、セントルイス市側は辛うじて市民投票を切り抜ける。２０１５年11月には、新スタジアムの建設計画の是非を巡って、公聴会も行われた。

公聴会ではモット・オックスフォードも、壇上に立ってスピーチを行っている。ラムズのファンからは猛烈なブーイングが浴びせられたというが、本人はスタジアムの問題を、ラムズファン対一般市民という枠組みでは捉えていなかった。

「この問題に関しては、私と極右の保守的な共和党議員が同じ立場になったわ」

セントルイスは、スタジアムの建設よりも、さらに切迫した問題を抱えていたからだ。乳幼児の死亡率の高さなどは、その一つだった。

「第三世界の多くの国々よりも、状況は深刻なの」

さらにセントルイスでは、交通網などのインフラの整備も急務になっていた。

「私たちの税金は、そういうところに使われるべきだわ。私企業のスポーツチームに便宜を図ったり、一部の人達の利益のために、リスクを冒してスタジアムを建設したりするよりもね」

近年のセントルイスは、明らかに衰退しつつある。

企業は移転し、人口は伸び悩んでいる。相対所得と同様にである。アメリカの経済誌『フォーチュン』誌は年に一度、全米で上位500にランキングされる企業を発表している。セントルイスに本社を置く企業もランキングに入っていたが、このうちの半数が移転してしまった。

クロエンケがNFLに対して、ロサンゼルスへの移転を申請した際、彼が理由に挙げたのもセントルイスの経済の低迷だった。提出された書類には、次のようにある。

「最近提出されたある研究によれば、セントルイスにおける近年の経済成長率は、全米にある515の都市の中で490位。64の大都市の中では61位に低迷している」

ミズーリ州のこの地域では、最近、全米に衝撃を与えるような事件も起きた。2014年には、セントルイスからわずか数マイルしか離れていないファーガソン市で、白人の警官が武器を持っていない10代の黒人少年を射殺。大規模な抗議デモが行われている。

デモに参加した一部の人々は暴徒化したが、黒人少年の射殺事件は、州の垣根を越えて高まっていた、警官や当局側への強い反感を暴発させた。

さらにデモが暴徒化して収拾がつかなくなったために、州兵までかり出されて逮捕者を出している。モット・オックスフォードは、この一件もまた、税金はスタジアムの建設ではなく、他の分野に使われるべきであることを示していると考えていた。

MLSチームの誘致を阻止せよ

ただしオックスフォードは、ラムズがセントルイスを去った後も、市を相手取って法廷闘争を続けていくことになる。彼女が死守しようとしたのは、納税者はスタジアムに公的資金を投入するかどうかを決定できる、投票権を持つべきだという原則だった。

セントルイスに住む裕福な投資家たちが、今度はMLSを舞台に、おなじみの手口で再び罠を仕掛けようとしたからだ。

地元のビジネスマンたちは、「MLS2STL」（MLSのチームをセントルイスに）という団体を結成。メンバーにはブルース（NHL）、カージナルス（MLB）、NFLの幹部、そして10億ドルをかけた、例の川岸再開発プロジェクトに関わっていたメンバーも含まれる。

後にこのグループは「SC STL」（セントルイス・サッカークラブ）と改称し、MLSのフランチャイズチームをセントルイスに誘致しようという動きを本格化させる。

これに対して市側は、8000万ドルの補助金の提供を申し出たが、今度はミズーリ州の新たな知事に選ばれた人物が歯止めをかけた。

「このプロジェクトは、裕福な人々を利するものでしかない」

元ネイビーシールズで、民主党員ながら共和党支持者の票も集めて当選したエリック・グライテンズは、当選直後に行われた記者会見で述べている。

「現時点では、キャリア官僚が無謀な支出を行ったために、自治体は重要な機能を果たすことさえできていない。サッカースタジアムに、多額の金を使うなど論外だ」

アメリカのサッカーファンの葛藤

モット・オックスフォードに話を聞き終えた後、カフェの数マイル先にあるパブに向かう。セントルイスで最も有名なサッカーパブ、アムステルダム・タバーンは既に営業していた。このパブはつい最近、日曜日の早朝も営業するようになった。イングランドで土曜のランチタイム、プレミアリーグの試合がスタートするのは、アメリカの中部では午前7時頃にあたる。この客をつかもうというのが狙いだった。

そもそもセントルイスは、昔からサッカーの街だった。その歴史は、アメリカで最初のプロサッカーリーグが結成された時代に遡る。近年、サッカーへの人気が世界的に爆発した結果、このパブにも様々な試合を目当てに、ファンが押しかけるようになった。

パブの壁は、世界中のサッカージャージで覆われており、セルティックのユニフォームがバーカウンターの上に広がっている。そしてほとんど毎日、午後から夜にかけては酔客やサポーターでひしめき合う。ちょうどこのときには、アーセナルがボーンマスとの午後の中頃の試合、ミシシッピの時間帯では、早朝の試合がスタートしたばかりだった。

これは重要な一戦だった。レスターはいまだにリーグで首位に立っていたからだ。アーセナルはボーンマスに勝ち、レスターにプレッシャーをかけなければならなかった。

しかしこの日の朝、店内には2人のアーセナルファンしかいなかった。代わりに店内には、トッテナムのファンが山ほどいた。

もちろん多くのアメリカ人選手がスパーズでプレーしてきたことも、理由の一つだ。だがアーセナルのファンが減り、スパーズのファンが増えてきた理由は別にある。セントルイスに生まれ育った人間ならば、クロエンケがオーナーを務めるチームなど応援するはずがない。むしろ彼が率いているチームのライバル、トッテナムを選ぶことになる。

王族かマフィアか、アメリカで突きつけられる究極の選択

貴重なアーセナルファンは、どちらもマイクという名前だった。片方は胸にセガのロゴが入った、レトロな黄色のアウェイジャージを身にまとい、もう1人はエミレーツのスポンサー名がついた、伝統的な赤いユニフォームを着ている。

「俺の人生はスタン・クロエンケに振り回されている。アーセナルだけじゃなくて、ラムズに関してもだ。本当に頭にくる」

セガを着たマイクが語る。

「この億万長者相手に、俺たちは何もできない。それがムカつくんだ」

セガのマイクは、20年近く、アーセナルを応援してきた。テレビの放映権や全席着座型のスタジアムの導入など、時代の変化を目の当たりにしてきたわけだが、新たなオーナーたちがもたらしている、壊滅的な影響をひしひしと感じている。

「イギリスの連中の多くは、こういうやり方に慣れていない。グレイザーが（マンチェスター・ユナイテッドを）乗っ取ったときには、多くの人がショックを受けたけど、それがまさにアメリカのやり方なんだ。イングランドのサッカーも、こういう新しい時代に入っていくんだろうな。一部の個人だけがリッチになっていくんだ」

このような状況は、アメリカのサッカーファンに倫理的な問題を突きつけている。

イングランドの場合、人々がサポートするクラブは昔から住んでいる地域や、家族との絆によって決まってきた。だがアメリカのサッカーファンは、地縁や血縁に左右されるのではなく、自らの意志でチームを選ぶ形になる。結果、そのクラブを選ぶのが道義的に正しいのかという問題も考えざるを得ない。セガのマイクは語り続ける。

「奴隷をこき使っている王族と、マフィアと結び付いたロシアの億万長者、妥協できるのはどっちだと思う？　それでもこいつらは、ましなんだ。金を使って自分たちのクラブに結果を出させようとしているからな。ウォルマートでアメリカをずたずたにした奴は、自分のクラブのために何もしていない」

「クロエンケが持っている、他のチームを見るといいさ」

エミレーツのマイクが会話に割って入る。

「アバランチ、ナゲッツ、(MLSの) ラピッズ……」

「畜生」

セガのマイクが頭を振る。それも無理はない。これらのチームは、クロエンケの傘下になって以来、大した成功を収めていないからだ。

「それを考えても、あいつは最悪なんだ。

昔のイングランド人のオーナーたちは、名誉のために金をつぎ込んだ。ところがどうだ。今、オーナーになっているアメリカの連中は、まず自分がリッチになることを考える。それがアメリカ流のビジネスのやり口なんだ。グレイザーも、どいつもこいつもさ」

奪われた愛情と募る憎しみ

バーカウンターの向こう側では、デイヴが働いていた。彼はあまりサッカーに興味がない。愛情の対象はNFLのラムズだからだ。彼はシーズンチケットを持っている。6歳のとき、父親と一緒に初めて試合を見に行ったのが、チームとの出会いだった。

デイヴの一家は、成績がいいときも悪いときも、数千ドルもの金と、数千時間もの余暇をチームに捧げた口だった。だが最近ではサッカーを話題にするという。

「うちのオヤジは、サッカーはあんまり好きじゃない。古いタイプの人間なんだ。

それでもアーセナルが負けたりしたらオヤジは叫ぶよ。『やったぜ！　クロエンケのチームなんて全部負ければいい』ってね。アーセナルが負けると心底喜ぶんだ」

デイブの父親は、ラムズを応援するのを止めてしまったという。それどころかアメリカン・フットボールそのものからも縁遠くなってしまった。デイヴも然りである。

「俺もオヤジも、スーパーボウルを見るつもりはねえんだ。俺たちの心の中じゃ、もう（アメリカン）フットボールは終わったんだよ。

ラムズはこの街に20年もいた。最近の10年間は、史上最悪のチームにもなっていた。

それでも俺たちは試合を見に行ったんだ。なのに20年の歴史が、一瞬にして終わってしまった。こんな辛いことはねえよ。セントルイスはアメリカの中で、スーパーボウルを見ない、ただ一つの街になるだろうな」

気が付くと、パブで中継されていた試合は終わっていた。アーセナルは2-0でボーンマスに勝利を収めていた。その途端に、パブの中では怒声が飛び交い始める。

酔客の間では、MLSが拡大し、セントルイスに新たなチームが来るかもしれないという話も出た。そうなれば、主のいなくなったスタジアムのリース料だけは受け取れることになる。

「MLSのチームが来てもいいと思うんだ」

セガのユニフォームを着たマイクが言う。

「クロエンケがあたりをうろうろしなければ」

だが、このシナリオを実現させるためには、まずはセントルイスに本拠を構えるメリットをアピールしなければならない。モット・オクスフォードが反対しているようなやり方、スタジアムを建設し、格安でチームに使用させることも必要になるだろう。

その上でさらに、金持ちのクラブの仲間入りをしなければならない。だが、この方式は絶対的な矛盾を孕んでいる。ラムズを奪ったクロエンケと同じ穴の貉になってしまう。

6：アメリカン・フットボールを愛さない、全米で唯一の街

数時間後、私はセントルイスのダウンタウン、有名なゲートウェイ・アーチのそばにある別のバーに来ていた。街の中心部は死んだように静まり返っている。店内もガラガラだ。私の隣では、酔客がカウンターに突っ伏して寝ている。

やがてスーパーボウルが始まる。ハーフタイムになると、テリー・クロウペンという弁護士がテレビに登場した。セントルイスで弁護士業を営む彼は、自腹を切ってテレビCMの枠を買い取り、クロエンケに抗議をしようとしていた。テレビの画面には、#SLAMスタン（クロエンケを叩け）というツイッターのハッシュタグがある。

「私はテリー・クロウペンです。私のホームタウンを知っていますか。セントルイスです。

私たちはチームを熱心に応援してきました。チケットを買い、ジャージを着て、値段の高いビールを買ってやった。そして毎年、負け続けても応援し続けた。それに対して彼がやったのが、私たちを見捨てることだった。

スタン、あんたは80億ドルの資産を持っている。それじゃ、まだ足りないのか？　無料でアドバイスをしてやろう。たとえ法律に反していなくて、そんなことをやるだけの金があるとしても、正しいってことにはならないんだ」

「そうだ！」

バーの後ろで誰かが叫んだ。

だが後半戦が始まると、またあたりは葬式のように静まり返った。結局、デンバー・ブロンコスはカロライナ・パンサーズに24－10で勝利した。

アメリカン・フットボールとは、もう何の関わり合いも持ちたくない。

誰もがそう思っている街でスーパーボウルを見届けた翌日、ランバート・セントルイス国際空港に向かった。静まり返った空港では、ラムズのグッズをテーブルに積み、バーゲンセールをしている店があった。

「思い出をありがとう。アパレルは50％オフ！　お土産は75％オフ！」

パーカー、Tシャツ、野球帽、ビールクーラーが山と積まれた隣には、こんな文句を書いた看板が立てられている。

私は話のネタに、ジャンパーを一着買うことにした。恥ずかしくなるくらいレトロなデザインのものだが、スーパーボウルで名を馳せた時代の名残を感じさせるものだった。

「どれくらい売れたんだい？」

レジのカウンターの後ろにいた10代の少年に尋ねてみる。彼はビニール袋を手渡しながら、こう言って笑った。

「僕から買ってくれたお客さんは、あなたが1人目です」

PART2：ニューヨーク編

アメリカのダビド・ビジャ

年を取れば取るほど、語学を学ぶのは難しくなる。巷ではよくこんなふうに言われるが、ダビド・ビジャには当てはまらない。ビジャは34歳にして、自分自身も驚くような進歩を見せたという。

「去年は一言も話せなかった。でも今はたくさんレッスンを受けているんだ」

彼は驚くほど流暢な英語で説明してみせた。

そもそも以前のビジャには、英語を学ぶ理由などあまりなかった、だが今、彼が座っているのは、フロリダの西海岸にある、高級なリゾート都市、サラソタのリッツ・カールトンホテルにあるプライベートルーム。彼は否応なしに英語をマスターしなければならなくなった。

ビジャは現在、新天地となるニューヨーク・シティFC（NYCFC）でキャプテンを務めている。メジャーリーグ・サッカーで、最も新しいフランチャイズチームだ。

彼はデビューシーズンに18ゴールを記録。1年目は、もっぱらゴールを決めることで、チームメイトとコミュニケーションを取っていた。以降も得点を量産し続けてきたが、さすがに英語を学ばなければならなくなった。

そもそもビジャという選手は、サッカー界で事実上、すべてを手にしてきた。

バルセロナでは二度のスペインリーグ制覇と、チャンピオンズリーグ優勝を経験している。特にチャンピオンズリーグのファイナルでは、マンチェスター・ユナイテッド相手にゴールも決めた。さらにはアトレティコ・マドリーでも、国内リーグを一度制している。

ビジャは、ワールドカップとヨーロッパ選手権を連覇し、世界の頂点に君臨したスペイン代表のメンバーでもあった。事実、2014年のワールドカップを最後に代表から退いた際には、代表で歴代最多ゴールを記録した選手にもなっていた。

ただし、私がビジャのプレーを初めて見たのは、アメリカにおいてではなかった。彼を目撃したのはオーストラリアだった。NYCFCへの移籍が発表された直後、ビジャはアメリカではなく南半球に飛び、メルボルン・シティFCに参加したのである。

この複雑な動きは、ビジャがNYCFCと契約したのではなく、「シティ・フットボール・グループ」のメンバーとなったことを意味していた。

シティ・フットボール・グループの異質性

シティ・フットボール・グループは、世界中のサッカー界の新興国で複数のクラブを所有している持ち株会社である。UAEで最も大きく、かつ最も影響力の強い王国、アブダビの王族の一員であるシェイク・マンスールが所有している。

シェイク・マンスールは、地球上で最も裕福な人間の一人だが、単なる資産家ではない。UAEの副首相であり、国務補佐省で大臣も務めている。

彼が一躍注目を集めたのは2008年だった。当時38歳だったマンスールは、数百万ポンドを費やして、マンチェスター・シティを買収。クラブ史上初となるプレミアリーグのタイトルをもたらしただけでなく、チャンピオンズリーグの出場枠にも食い込ませた。

だがマンスールとシティは、さらに大きな野望を抱いていた。両者は2014年にはシティ・フットボール・グループを設立し、世界各国のサッカークラブを傘下に収め始める。

事実、シティ・フットボール・グループは現在、マンチェスター・シティとメルボルン・シティFCに関しては株式の100%を所有している。Jリーグの横浜F・マリノスでは株式の20%を所有し、中国とシンガポールのクラブにも触手を伸ばしている。

そしてもちろん、NYCFCの株式も80%所有している。残りの20%はヤンキー・グローバル・エンタープライズ社が所有している。ニューヨーク・ヤンキースのオーナー、ジョージ・スタインブレナー一家が率いているグループだ。

ビジャに話を戻そう。

サッカーの歴史においては、彼のような選手がキャリアの晩年に海外リーグに移籍するのは決して珍しくない。最後の一稼ぎをするためだ。

コロンビア、イングランド、カタール、最近では中国などが、大金を積んでネームバリューのある選手を呼び寄せ、母国リーグのレベルと知名度をできるだけ早く高めようとしてきた。MLSの場合は、デイヴィッド・ベッカムをLAギャラクシーに入団させている。

だがダビド・ビジャのケースは、これまでの移籍とはかなり異なっている。

彼は特定のチームではなく、様々なチームから構成されるグループ企業に加入したからだ。ニューヨークでプレーし始める前に、オーストラリアでプレーしたことなどは象徴的だろう。

MLSとヒュンダイAリーグの開催時期は重ならないし、NYCFCとメルボルン・シティFCは同じグループの傘下にあるために、選手は新たに契約を交わしたりせずに、二つのクラブの間を行き来することができる。

「僕はシティ・グループと契約することができた。つまり特定のクラブ、マンチェスター・ユナイテッド……」

彼はすぐに話を止めて、言い直した。

「いや、(マンチェスター・)シティとだけ契約したわけじゃないんだ。メルボルン、日本、そして、もっと他の国でもプレーできると思う。これはすごくよかった。(メルボルンでも)1カ月だけプレーすることができたし」

ニューヨークにやってきたビジャは、サッカーがアメリカでも人気スポーツになったことを、すぐに気が付いたという。

「うちのチームには、もう2万人もシーズンチケットホルダーがいるんだ。まるでクラブは10年も前からあるような感じだよ。（これまでには）4万5000人のファンがスタジアムに来たことも3回ある。今シーズンに限ってもだ」

MLSは歴史が浅い。ましてやNYCFCはリーグの中でも最後発組だ。にもかかわらず一気に存在感と集客力を高めているのは、目玉選手を獲得してきたからに他ならない。事実、NYCFCにはビジャ以外にも外国人選手が名を連ねてきた。

たとえばパトリック・ヴィエラは、マンチェスター・シティで現役を引退した後にコーチングスタッフに転身し、NYCFCで監督を務めるようになった。

ブーイングを浴びたランパード

フランク・ランパードもNYCFCにやってきた目玉選手の一人だが、彼の加入はビジャのケースよりもはるかに物議を醸す結果となった。

もともとランパードは、チェルシーを長年支え続けた選手で、クラブ史上、最多ゴールを決めたレジェンドにもなっている。チェルシーを去ることが発表された際には、そのまま新天地のニューヨークに向かうのだろうと思われていた。

だが、そうではなかった。彼は大西洋を渡る代わりにブリテン島を北上。まずローン契約で、マンチェスター・シティに加入したのである。

シティ・グループはその後、NYCFCがすぐにランパードを獲得すると発表したのは誤りだったと述べたが、この一件は非常に大きな波紋を呼ぶこととなった。

そもそもランパードは、自分はプレミアリーグの他のクラブでは絶対にプレーするつもりはないと述べて、チェルシーを去ったはずだった。その言葉を信じていたチェルシーファンが、不満を持ったことは言うまでもない。ランパードの身の振り方は、アメリカのサッカーファンの間でも不興を買った。アメリカのファンたちは、自分たちのリーグ、そしてアメリカそのものが、鼻であしらわれたと受け止めたからである。

「上層部から、マンチェスターにいてほしいと言われたんだ」

ランパードは、アメリカに到着した際にこう弁明したが、NYCFCのファンは、初端からブーイングを浴びせている。

いずれにしても、この一件はシティ・グループの独特な手法に光を当てることになった。シティ・グループは、様々なクラブから構成されるネットワークを構築。傘下のクラブ間で、選手やスタッフが自由に交換できるような、かつてなかったシステムを創り上げたのである。

しかも理論的には、これらのクラブや人材は、移籍金を支払わずに移籍できるという、制度上の抜け道にもなっていた。

1人のオーナーが、複数のクラブを牛耳る。サッカー界では、このシナリオが長らく懸念されてきた。そのためUEFAは、1人のオーナーが他のクラブの株式を50・1%以上、保有することを禁じるルールを導入しようとした。

だがシティ・グループの場合は、クラブを所有しているのは個人オーナーではなく、グループ企業となる。その組織構造は我々が想像するよりもはるかに複雑だし、傘下に収めているクラブも、複数の国々にわたっている。このような仕組みはかつて存在しなかった。

同時に、アメリカのサッカー界で起きている現象は、マネーの流れがサッカーだけに向かっているわけではないことも示唆している。

たとえばロバート・クラフト。彼はアメリカで最もリッチな人物の一人であり、NFLで2番目に資産価値の高いチーム、ニューイングランド・ペイトリオッツのオーナーだ。しかし同時に、MLSのクラブ、ニューイングランド・レヴォリューションを支援していることでも知られる。

マイクロソフトの共同設立者、ポール・アレンも然り。彼は186億ドル相当の資産を持ち、NBAのポートランド・トレイル・ブレイザーズとNFLのシアトル・シーホークスを所有しているが、MLSのシアトル・サウンダーズFCのオーナーにも名を連ねている。

そしてフィリップ・アンスチャッツ。彼は「アンスチャッツ・エンターテイメント・グループ」を通じてLAギャラクシーを所有しつつ、NBAのLAレイカーズとNHLのLAキングスの株式を持っている。公式サイトによれば、この企業は所有しているスポーツチームの数の多さと、手掛けているスポーツイベントの規模において、世界最大手だという。

競技と国境の垣根は、限りなく低くなりつつあるし、スポーツ界に流れ込む金はかつてないほど複雑で大量になってきている。それを象徴するのがサッカーであり、NYCFCなのである。

ニューヨークのクラブの未来

ビジャの隣には、NYCFCのスポーツディレクター、元アメリカ代表のクラウディオ・レイナが座っていた。ビジャと同様に、サッカーそのものについてはあまり語らなかったが、シティ・グループについては能弁だった。

「『クラブを創る』と言われたときには、どこから手をつけていいのかもわからなかった。スタッフを雇って、トレーニング施設を作って、ロゴを考えて、サポーターにも対応する。何から何まで担当したし、ここまで来たのは本当にすごいことだよ」

そもそもレイナは、アメリカではいい思いをしていない。かつてはプレーするリーグさえなかったため、ドイツとスコットランド、イングランドを渡り歩いた。プレミアではサンダーランドとマンチェスター・シティでプレーしたし、アメリカ代表ではキャプテンを務め、ワールドカップにも3回出場している。

「僕が若かった頃は、ヨーロッパに行ってプレーするか、そうでなければ（サッカー選手になるのを諦めて）他の仕事を始めるかしかなかった」

だが今日、アメリカという国は、サッカーにも強い関心を示すようになった。

「サッカーはメジャーなニュース番組や、スポーツ専門チャンネルで取り上げられている。アメリカの子供たちは、国内のサッカーも海外のサッカーも熱心に追いかけているんだ。サッカーは最も大きく成長している分野だ。

今の状況は信じられないよ。サッカー専用スタジアムなんて、想像したことさえなかった！僕たちはアメリカン・フットボール用のスタジアムでプレーしていたのに」

とはいえレイナが所属しているこの新たなクラブは、大きな問題を抱えている。人気や資金、観客の獲得ではない。まさにスタジアムに関してである。

ブロンクス、ハドソン川のほとり、フラッシング・メドウズにある有名なテニスコートのそば。彼らはあらゆる候補地に打診してきたが、賛同は得られなかった。各地域の自治体は、様々な理由を挙げて、計画に難色を示したのである。

先方が挙げた理由の中には、シティ・グループの母体であるＵＡＥは人権問題を抱えているとするものから、既存のスタジアムから観客が奪われるという意見まであった。

「新しいスタジアムは、公共の交通機関でアクセスできる場所、しかもニューヨーク市内、五つある区のどこかに造る必要があるんだ。それに僕たちはスタジアムを建てるだけじゃなくて、『ホーム』を見つけなきゃならない。自分たちが必要されている地域にね」

ただし未来は見えている。そもそもアメリカでは、失敗しようがないほど大量の金が投資されているからだ。

「このリーグは10年経てば、世界最高のリーグの一つになる。

アメリカには大きな都市がいくつもあるし、ＭＬＳを受け入れる巨大なマーケットもある。

だからチームの数もさらに増えていく。今はまだ表面を撫でただけさ。アメリカほど（サッカーが）早く発展した国はないと思うね」

アメリカで実現した、新たなチャンピオンズリーグ

ヨーロッパで生まれたサッカーは、新大陸アメリカに確実に根を下ろしつつある。

NYCFCでは、既にいくつかのサポーターズ・グループも設立された。ファンたちは公式サイトでサポーターズ・ソングを発表し、歌詞カードも配っている。試合当日、ヤンキー・スタジアムの観客席で歌ってもらうためのものだ。

だが大西洋の向こう側とこちら側では、決定的に大きな違いが一つある。

そもそもアメリカのスポーツ界は、昇格や降格というシステム、成績に応じて所属リーグが入れ替わるようになっていない。結果、アメリカのプロスポーツ、たとえばNFLなどは好成績を残すことよりも、クラブ全体のブランド（商品価値）を維持しておくことが最優先課題になってきた。だからこそダラス・カウボーイズは、スーパーボウルで何年も優勝していないにもかかわらず、スポーツ界で最高の資産価値を保持してきたのである。

逆にヨーロッパの場合は、あくまでも実際の試合で好成績を収めることで、収益が上がる仕組みにもなっている。この点で、アメリカとは根本的な発想が異なる。

アメリカ人のクラブオーナーたちは、降格や昇格という制度に昔から反対してきた。万が一、ク

ラブが降格したとすれば、自らが注いだ金がふいになる危険性がある。

しかしアメリカのファンは、ヨーロッパ型の制度を導入することを望んでいる。降格という罠が仕掛けられていた方がリーグ戦は盛り上がるし、チームの実力が台所事情にきちんと反映されていくというのが理由だ。

ところが、この問題に関しては、サッカーの本場であるヨーロッパ側も、従来の方針とは異なる考え方をし始めている。

2016年5月、真夏を思わせる暑さの中、ニューヨークではダービーマッチが行われた。NYCFCは、地元のニューヨーク・レッドブルズに0-7で完敗を喫している。

ちょうどこの頃、カタールが所有するパリ・サンジェルマン、アメリカ人が所有するリヴァプール、ロシア人が所有するチェルシー、そしてタイ人が所有するレスター・シティは、2016年の「インターナショナル・チャンピオンズカップ」のためにニューヨークを訪れていた。さらにこの大会には、バルセロナとレアル・マドリー、インテル・ミラノとACミランも参加する。

大会を運営したのは、アメリカのサッカーラジオ中継のアナウンサーとして高名な、チャーリー・スティリターノが運営する会社だった。スティリターノによれば、彼が各クラブと交渉を行う前から、先方は「新たなリーグを発足させる計画を議論していた」という。

具体的には、高い人気を誇るトップクラブには、国内リーグの成績いかんにかかわらず「レガシー枠」が設けられるというものだ。これはヨーロッパで幾度となく浮上してきた「スーパーリーグの設立構想」に重なってくる。

「彼らはヨーロッパ中で、この問題を議論している。最低でも、大会のフォーマットを変更しなければならないと」

スティリターノは、自分が仕掛けたトーナメントが、その基盤になると考えていた。彼はラジオ番組でも喧伝している。

「もともとチャンピオンズリーグというアイディアが生まれたのは、PSVとゲンクを決勝トーナメントで戦わせるためではなかった。ヨーロッパのトップクラブには、チャンピオンズリーグの賞金を、もっとフェアに受け取りたいと考えているグループがいくつもある。今回、招待したチームのリストを見れば、あなただって大会を見たいと思うはずだ」

ヨーロッパ側は、このコメントに当然のように激怒した。各クラブはチャンピオンズリーグからの離脱など考えていないと、すぐに火消しに躍起になっている。

果たして、アメリカのサッカーはどこに向かうのか。

私がまず思い出したのはスタン・クロエンケのことだった。そしてセントルイスで出会った若者たち、スーパーボウルで抗議した弁護士の姿も思い出した。

彼らはクロエンケの名前を口に出すたびに、怒りを露わにしていた。

一方、ニューヨークでは、サッカー人気が確実に定着しつつある。NYCFCがホームゲームを行う際に、ファンに渡される歌詞カードのことも考えた。

サッカーは新天地アメリカにもホームグラウンドを見つけつつある。と同時にアメリカ型のビジネスも、サッカーの本場であるヨーロッパに拠点を築き始めた。

ただし世界のサッカー界では、巨大な資金力と壮大な野望を背景に、他の地域からも新たなスーパーパワー（超大国）が参入してきている。その一つが中国だった。

3

アジア編

東方の夜明け

ＰＡＲＴ１：中国編

１：ハーグ、オランダ

オランダのハーグに北海の寒風が吹き付ける。夜はどっぷり暮れていて、雨が肌に刺さる。だが街の郊外にある京セラスタジアムは、煌々と明かりが灯っている。エールディビジのクラブ、ＡＤＯデン・ハーグのサポーターは、足早に試合会場に向かっていた。ヴィレムⅡとの試合は、ウィンターブレークの前に行われる最後の試合になる。

彼らの多くは、中身がぎっしり詰まったビニール袋を抱えており、スタジアムに入る前に緑色と黄色のバスに立ち寄る。緑と黄色は、創設１１１周年を迎えるクラブのイメージカラーだ。

バスの中ではヤッコと呼ばれるサポーターが待っていた。彼は一人ひとりをファーストネームで呼びながら出迎え、受け取ったビニール袋の中身を開けていく。机の上には、パスタ、クッキー、スープ、砂糖、マシュマロ、粉ミルクの山があっという間にできた。

ヤッコは、40代半ばの長身の男性。頭はツルツルに剃り上げ、ボマージャケットにジーンズ、重厚感のあるブーツという出で立ちだ。見ようによっては、強面の人物に映るだろう。

だが彼は子供のようにはしゃいでいる。

「ＡＤＯは毎年、貧乏な人たちや病気の人たちのために、たくさんの支援活動をしてるんだ」

ヤッコは、支給物資の入ったビニール袋を集めながら、ぶっきらぼうな英語で説明する。

クリスマスが近づくこの時期、クラブのサポーターは、地元の貧しい人々に食料を配るために「フードバンク」と呼ばれる寄付を募っていた。ヤッコはサポータークラブの会長としてバスを手配し、食料の回収を仕切っていた。

ヤッコは451個分のパッケージが準備できたと発表した。これまでで最も多い。

「この国は豊かなのに、フードバンクを使わなければならない連中がものすごく多い。これは正しい状況じゃねえ」

ハーグは、インターナショナルな街として名高い。

この街にはオランダの政府機関があるし、国際刑事裁判所も設けられている。北海に面した北西部には、裕福な中産階級の人たちも住んでいる。

だが市内の南東部には、労働者階級の大きなコミュニティがある。デン・ハーグのサポーターも、このコミュニティの人間が大部分を占める。

デン・ハーグはサッカー界では、ファンが荒っぽいということで恐れられてきた。ファンの素行の悪さで上回るのは、イングランドのミルウォールFCだけだろう。ヤッコは語る。

「それは昔の話さ。クラブで起きた事件は、『ニューヨーク・タイムズ』紙の記事にもなったんだ。だけど今は、ここが俺たちの場所だ」

ヤッコはこう言いながら、真新しいスタジアムを眺めた。収容観客数は1万5000人。銀色に輝く、オールシーター（全席着座型）のスタジアムは、通信事業からセラミックまで手掛ける日本発の国際企業、京セラにネーミングライツが売却された。

２００７年、新しいスタジアムがこけら落としされた際に、当時のハーグ市長は世界で最も安全な場所だと宣言している。フーリガニズムは、過去のものになるだろうとも断言した。

事実、スタジアムにはトラブルを避けるための仕組みが張り巡らされている。

ＣＣＴＶカメラは、スタジアムの外側の歩道と、内部の客席を余すところなくカバーしている。人間の顔を認識して「好ましからざる人物」が入場するのを防いだり、場内でトラブルを起こした人間を特定する、「ハッピー・クラウド・コントロール」なるシステムも導入されている。

「俺は昔のスタジアムが懐かしいよ」

ヤッコは、有名なオールドファンを指さしながら、切ない声を漏らした。

「彼はいつも試合に来ていたんだ。昔はな」

年の頃なら70代。頭の禿げ上がった、そして小柄でがっちりとした体つきの男性が、黒いボマージャケットに身を包んでいた。ジャケットの背中には、ＡＤＯデン・ハーグのエンブレムと共に、「ＯＰＡ　ＨＯＯＬＩＧＡＮ」という文字が並ぶ。オランダ語で「フーリガンのゴッドファーザー」という意味だ。

ヨーロッパを爆買いし続ける、チャイナマネー

1980年代、デン・ハーグでは「フーリガンのゴッドファーザー」のような人物が闊歩していた。だが暗黒の歴史は、今や遠い過去となった。市長が断言したように暴力沙汰は減り、オランダのサッカー界そのものが新たな時代を迎えている。

だがサポーターたちが新たな時代の波に乗るのに手こずったように、クラブも時流に翻弄される。突然、思いもかけぬ出来事が起きたからだ。デン・ハーグを、ヨーロッパで最強のクラブの一つに仕立て上げる。そんな構想を抱いた億万長者が、投資を計画していたからである。

そもそもデン・ハーグは、成功らしい成功など収めたことがない。1950年代、プロ化が始まる前にKNVBカップを2回、リーグで数回優勝したことがあるだけだ。クラブは2部リーグで足踏みを続けてきたし、ファンの評判もすこぶる悪い。

ところが中国人のビジネスマンはそんなクラブに目をつけた。その名は王輝。北京出身の53歳になる弁護士で、特許の分野からスポーツ・マーケティングに鞍替えしてきた人物だった。

王輝が率いる「北京合力万盛国際体育発展有限公司」は、2008年の北京オリンピックの閉会式を始めとして、高名なサッカーの大会をサポートしてきた。彼が手掛けたイベントの中には、イタリアのスーパーカップも含まれる。シーズン開幕前、セリエAの優勝チームとコッパ・イタリアを制したチームが対戦するスペシャルマッチは、巨大な市場を開拓するために、中国で開催されるようになっていた。

2014年、王輝はデン・ハーグの株式の98%を680万ポンドで取得する。

この動きはハーグの多くの人々を困惑させた。王輝とハーグを結び付けるものは何なのか？ヨーロッパ各地で多くのクラブが売りに出されているにもかかわらず、なぜADOに投資しようなどと思ったのか？　誰もが真意を測りかねたし、そもそもクラブの関係者は、王輝という名前など聞いたこともなかった。

だが、いわゆる「チャイナマネー」の話は既に耳にしていた。ヨーロッパ全域で様々なクラブを買い占め、サッカー界に膨大な金を投資し始めた中国人ビジネスマンたちの噂である。

まず2015年の初めには、不動産業を経営する大連万達グループが、スペインのアトレティコ・マドリーの株式20%を5200万ドルで購入している。『フォーブス』誌によれば、オーナーは中国で最も裕福な人間で、132億ドルの資産を誇るという。

チャイナマネーはバルセロナで2番目に有名なチーム、クラブ・エスパニョールにも手を伸ばした。玩具メーカーの「ラスター・グループ」は、深刻な財政難に陥っていたクラブの株式54%を、5000万ユーロで購入している。

その数カ月前にはフランスのクラブチームであるFCソショーが、香港に拠点を置く中国企業、LEDUSによって700万ユーロで買収されていた。ソショーは国内リーグの2部に所属していたが、フランスでは最も伝統あるクラブの一つとなっている。1部リーグで66シーズン連続で活動したこともあるし、このクラブはフランスの自動車メーカー、プジョーが設立したことでも知られる。プジョーはもともと、従業員のためにクラブを設立した。

チャイナマネーの進出はこれだけにとどまらない。

チェコでは、石油、ガス、金融サービスを手掛ける巨大なコングロマリット、「中国華信能源有限公司」がスラヴィア・プラハの株式59・97％を手中に収めている。

ポルトガルも然り。チャイナマネーは長年にわたって、主にリーグの下のクラブに注がれてきた。ただしポルトガルでは一悶着起きている。照明器具を製造するLEDMANは、2部リーグとスポンサーシップを締結。上位10チームは、少なくとも1人、中国人選手を雇わなければならないとするルールを課そうと試みた。

むろん、このような動きは大問題となった。第三者がチーム側に対して不当に圧力をかけることを禁じた、UEFAとFIFAのレギュレーションに反する恐れがある。

「一つの企業が、クラブや監督に選手を押し付ける。なぜリーグ側がこんなことを許すのか、我々には理解できない」

ポルトガルの選手協会会長はAFPに語った。結局、この件に関しては、中国企業側が誤解を招いたという理由で退いている。

だが彼らは諦めたわけではなかった。数カ月後、LEDMANはオーストラリアのAリーグで「ニューカッスル・ジェッツ」を買収。サッカービジネスの規模を拡大したのである。

ジョージ・ベストに肩を並べる中国人選手

イングランドでは、これらの契約よりもはるかに規模が大きく、さらに政治的な意味合いを持つ商談が結ばれていた。

2015年秋、習近平はイギリスを訪問したが、その際にマンチェスターにまで足を伸ばし、マンチェスター・シティを訪問している。エティハド・スタジアムを訪れ、イギリスのデイヴィッド・キャメロン首相、そしてアルゼンチン人のストライカー、セルヒオ・アグエロと携帯電話で写真まで撮っていた。

習近平は、マンチェスター市内にあるナショナル・フットボール・ミュージアム（国立サッカーミュージアム）にも、キャメロン首相や、マンチェスター・シティのCEO、カルドゥーン・アル・ムバラクと姿を現した。元中国代表で、イングランドのプレミアリーグでゴールも決めた選手、孫継海（スン・ジー・ハイ）が名誉殿堂入りするということで、わざわざ向かったのである。

この一件は、サッカー関係者やファンの間で物議を醸した。

たしかにアジアの選手が、ヨーロッパのクラブにステップアップするのは容易ではない。道のりの険しさを考えれば、孫継海の功績は、ある程度認められて然るべきだろう。

だが彼は、どんなに好意的に評価しても、中堅クラブを転々とする「並」以上の選手ではなかった。孫継海は知る人ぞ知る選手だったし、一種のカルトヒーローだった。名誉殿堂入りさせるなどというのは、ばかげているという意見が大半を占めた。

それも無理はない。そもそも名誉殿堂に名を連ねているのは、わずかに36人。ジョージ・ベストやエリック・カントナ、ボビー・ムーアといったエリート中のエリートである。孫継海を除けば、外国人選手で選ばれた人間は6人しかいなかった。

「今回の一件は、名誉殿堂そのものの価値を貶めることになる。セップ・ブラッターのスキャンダルに匹敵する出来事だ」

イギリスの野党、労働党のクライブ・エフォードは語っている。

「孫継海が自分たちと同じところに祀《まつ》られている。それを見たら、他の選手たちはどう思うだろうか？　金の力で名声の殿堂入りできるのなら、すべての選考過程が歪んでしまう」

タブロイドの『ミラー』紙は、皮肉を込めてこう報じている。

「（キャメロン）首相は、中国人に媚を売った」

しかし6週間後、さらに驚くべきニュースが報じられる。

シェイク・マンスールが率いる「シティ・フットボール・グループ」が、「華人文化産業投資基金」（チャイナ・メディア・キャピタル、通称ＣＭＣ）に、クラブの株式13％を4億ドルで売却したと発表されたからだ。

チャイナ・メディア・キャピタルは国営のメディア投資グループで、サッカーとハリウッドの映像制作会社に何十億ドルもの金をつぎ込んできた。また、中国スーパーリーグの独占放映権を13億ドルで買収したばかりだった。

この額がいかに桁外れだったかは、契約額が20倍以上に跳ね上がっていることからも理解できる。

過去2シーズン、放映権料は2シーズンの合計でも2100万ドルにすぎなかった。

いずれにしても、シティ・フットボール・グループと契約を結んだことにより、中国メディアの支配者、CMCの会長はシティの役員会に名を連ねることになる。

ちなみにこの契約は、イギリスの保守党政権によって自画自賛されている。イギリスの市場が中国ビジネスに開かれた、さらにはチャイナマネーが持つパワーが証明されたというのが、彼らの主張だった。

デン・ハーグはチャンピオンズリーグで優勝する

オランダのハーグに話を戻そう。

ヨーロッパ各地では、チャイナマネーのサッカー界への流入が大きな問題となっていた。だがサポーターのヤッコは、オランダサッカー界とデン・ハーグへの中国企業の進出は、全体的には好ましい現象だと考えていた。オランダでは景気が悪化し、失業率が増えていたからだ。ヤッコ自身、会社のIT部門の職を失ったのを最後に、1年近くも失業していた。

そこにやってきたのが中国だった。新たな金の流れはクラブ、そしてハーグの貧しい地域にも、新たな息吹を吹き込むだろうと期待された。

ファンにとってさらに重要なのは、アヤックスの陰に隠れたような状況から脱出できるかもしれないという点だった。クライフ、リヌス・ミケルス、そしてトータル・フットボールで知られるアムステルダムのクラブは、デン・ハーグにとって昔から憎悪の対象だった。

王輝はハーグに英雄として迎えられたし、本人もすぐにファンと打ち解けようとした。

2014年3月に契約が締結されると、王輝は自分がサッカーとクラブにいかに情熱を持っているのかを、自治体側とファンにアピールしようとした。実際には、まだクラブに契約金を支払っていなかったにもかかわらずである。

実際問題、6月、7月、そして8月になっても支払いは行われなかった。だがクラブ側は精力的に補強を続ける。資金の投入が約束されていたからだ。

そして約束の期日から6カ月後、契約金がついに支払われる日がやってくる。

王輝はトレーニンググラウンドに姿を現し、ビーニーハットとスパイクという格好で、練習に加わる写真を撮影させた。

「ミスター・ワン（王）は、かなりサッカーがうまいことがわかったよ」

監督の、ヘンク・フレーザーは、練習が終わった後、ジョークを口にした。

「（オランダ人のストライカーの）ミシェル・クラーメルは、軽い負傷をずっと抱えている。（王輝が）出場しないなんて、誰がわかる？」

デン・ハーグのファンはぶっきらぼうな態度と、金を持っている人間は誰であろうとバカにしたような態度を取ることで評判が悪い。だが彼らもすぐに王輝に心を許した。

サポーターは京セラスタジアムに掲げるために、大きなバナーまで準備している。そこには中国の大きな龍の上に「Welcome Wang」と書かれていた。

シーズンが始まると、王輝はクラブのユニフォームとスカーフを身につけて、試合に姿を現すようになる。地元のテレビ局は、チームが得点したときにシートから飛び上がる様子、そして失点したときに、がっくりと座り込む姿だけを追い続けるためにカメラを向けた。

「このクラブには大した金があるわけでも、成功を収めたわけでもない。だからこそ、サポーターたちは興奮しているんだ」

地元のテレビ局とラジオ局で調査報道を行ってきたジャーナリストは証言する。夏に王輝と会った際には、こんなことまで言われたという。

「ADOはオランダで1番ビッグなクラブになる。アヤックスよりもビッグになるんだ。我々はチャンピオンズリーグでも優勝するようになる」

新しいオーナーは、経営面においても希望に満ちたビジョンを掲げた。中国には14億もの潜在的なサッカーファンがいる。そのドアを開け放ったというのである。ビッグクラブへの脱皮を目指すなら、これはデン・ハーグも必ず通らなければならない道だった。

事実、中国人の新オーナーは、オランダの首相、マルク・ルッテと面会さえしている。ルッテ首相は、経済の使節団を率いて中国を訪問していたが、その際に王輝はユニフォームをプレゼントしたのである。背中には、中国では縁起がいいとされる8番の背番号、そして名前がプリントされていた。綴りが間違っていたが、首相はユーモアだと受け止めた。

突如、姿をくらました中国人オーナー

19世紀後半から20世紀初頭にかけて育まれた、労働者階級のカルチャーと、中国から突如として持ち込まれたビッグマネーはまるで異なる。

重要なのは成功を収めることなのか、あるいは伝統を受け継ぐことなのか。そもそも二つの要素は摩擦を起こさないのか。

ヨーロッパの多くのクラブでは、この根本的な問題に直面する。

だがデン・ハーグのファンは気にしていなかった。王輝がオーナーに就任したことでクラブの財政は好転したし、海外のビッグネームも獲得されるようになったからだ。

これらの選手の中には、日本代表のストライカー、マイク・ハーフナーも含まれる。ハーフナーの父親であるディド・ハーフナーは1979年から1985年の間、デン・ハーグでプレー。それから日本に渡っている。

新しいオーナー、新しいマネー、そして新しいスター選手たち。2015―16シーズンの開幕に向けて、ファンは希望を大きく膨らませていた。

ところが、そこで予想外の出来事が起きる。中国からのマネーが、またしてもピタリと流れてこなくなったのである。

さらに2回も支払いが滞り、クラブは410万ユーロの借金を抱えてしまう。

オランダのサッカー協会、KNVBは、クラブの財務に関する厳しい規則を定めている。この基

準は、イングランドのFAよりもはるかに厳格だ。

シーズンが開幕する前、各クラブは財政状態を申告して、認可を受けなければならない。これを行わなければライセンスは発給されないが、査定基準は最高が3、最低が1という三つのカテゴリーに分かれていた。最低となるカテゴリー1に分類されたクラブに対しては、KNVBが介入して財政状態を正常化。クラブを直々に管轄することになっていた。デン・ハーグは、そのような不名誉な立場に置かれようとしていた。

夏の時期にはあれだけ楽観的なムードが漂っていたが、クラブの運命は年末にかけて暗転。ピッチ上でも、いつものようにリーグの中位を彷徨う状況になっていた。ADOデン・ハーグには、約束されていたものとはまるで違う未来が待ち構えていたのである。

しかもクラブ側は、中国人オーナーと連絡を取ることさえできなくなっていた。このような状況の中、クラブの会長は公の場で釈明する羽目になるが、オーナーとは音信不通で、相手の居場所や金が振り込まれるタイミングも見当がつかないと述べて、ファンを当惑させただけだった。

王輝はどこにいるのか、なぜ金は支払わないのか。誰にも真相はわからない。ただ忽然と姿を消してしまったのである。

2：変貌するアジアのマーケット

世界一巨大なユニフォーム売り場

21世紀の初め、サッカーが本当に金になる商品だと認知され、世界中でマーケットが爆発的に拡大していった頃でも、アジアに対する認識は低かった。ほとんどのクラブのファンや役員は、アジアを、遠方にあるユニフォームの販売ストア程度にしか見ていなかった。

だが20世紀後半、急速にグローバル化が進んでいた時代に、アジア大陸は目覚ましい経済発展を遂げていた。いわゆる「タイガー経済圏」、韓国、台湾、シンガポール、香港などは、1950年代の貧困を脱し、高度な産業化に成功。輸出主導型の経済成長を遂げて、西側社会に匹敵するような生活水準に到達した。

急激な成長を遂げた国々は他にもある。

インドネシアやフィリピンなど、人口の多い国は将来的に「アジアの虎」になる可能性があると見られていたし、中国の巨大な市場が秘めた可能性は昔から人々の関心を集めていた。

アジアが急速に経済成長を遂げるにつれ、ヨーロッパのクラブチームは新たに登場してきた中産階級を我が物にしようと、マーケティングに力を注ぐようになっていく。なかでもイングランドのクラブは中国やシンガポール、タイへのツアーを精力的に実施するようになり、アジア地域では人気を不動のものにした。

マンチェスター・ユナイテッドは、特に成功を収めた。ユナイテッドは早い段階からアジアのマーケットのポテンシャルを見抜き、2001年と2005年にはツアーを敢行。スタジアムを観客で満員にしている。

ユナイテッドは2005年にグレイザーによって買収されたが、この頃には既にアジアで最も有名なクラブとしての地位を確立していたと言っていい。香港、中国、そしてマレーシアには、ユナイテッド絡みのレストラン、レジャー施設、博物館もオープンしていた。

さらに2005年に行われたアジアツアーでは、マレーシアで試合を行っている際に、格安航空会社のエア・アジアと契約を結んでいる。エア・アジアのオーナーは、自分たちの会社が所有する飛行機の尾翼に、クラブのエンブレムをあしらう効果を認識していたからだ。またクラブの商品をライセンス生産する契約は、タイ、マレーシア、香港、フィリピンの業者とも結ばれた。

イングランドのクラブは、定期的にアジアを訪問する目的が商売にあることを隠そうとさえしなかった。また各国のテレビ局、企業、さらには政府も、イングランドの人気クラブを招こうと、激しい入札競争を展開するようになった。

2009年の夏を迎える頃には、プレシーズンに行われるアジアへの巡礼は、恒例になっていた。この年、マンチェスター・ユナイテッドは中国、韓国、マレーシア、インドネシアへのツアーを計画する。インドネシアにツアーを行うのは初めてだった。

「我々が行うアジアへのツアーは、いつも特別なものだ」

ユナイテッドのＣＥＯ、デイヴィッド・ギルは中国に到着する直前に語っている。ギルは、このツアーでの儲けはほとんど出なかったと主張したが、ユナイテッドはツアーを通じて、将来的により大きな取引契約を結ぶことができるようになる。

「我々の存在感は、多国籍企業と契約を結び、関係を築くことも可能にしている。存在感の大きさは、さらなる収入につながる。それがクラブに再び投資されるのだ」

体力の消耗が激しいツアーは、新たに迎えるシーズンのことを考えれば、決して理想的ではない。だが歯に衣着せぬ発言で知られるアレックス・ファーガソンでさえもが、クラブの方針に同調しているようだった。

「行く先々で熱狂的に歓迎されることはわかっている。我々は現地にいる数百万人のファンのためにいい試合を見せる予定だ」

タクシン・シナワット

経済成長を続けるアジアで、ヨーロッパのクラブは巨大な成功を手にした。だがこのような状況は、自らに跳ね返ってくる。アジアのビジネスマンが、サッカークラブの経営に興味を示すようになったからだ。代表格としては、タイの元首相、タクシン・シナワットが挙げられる。

イングランドに住む人間が、タクシン・シナワットという名前を初めて聞いたのは２００４年、彼がリヴァプールＦＣの買収を試みたときだった。

タクシンは、極めて異例な形で権力の座に上った人間だった。

第二次世界大戦以来、タイでは民主主義政権の誕生と軍事クーデターが、定期的に繰り返される状況が続いていた。とはいえ基本的な構造は変わっていなかった。政治の中心地は首都のバンコクになっていたし、国王のプーミポン・アドゥンヤデート（ラーマ9世）は、いついかなるときにも存在感を示してきた。民主政権の指導者であろうと独裁政権の将軍であろうとを問わず、国王を頂点とするパワーバランスそのものを覆そうとする人間はいなかった。

だがタクシンは異なっていた。彼は典型的なポピュリスト（大衆に訴えかける政治家）だったし、首都のバンコクを遠く離れたタイ北部の農村、故郷のチェンマイを基盤にしていたからだ。

タクシンは、自営業を営む華僑の息子として誕生。タイ王立警察の軍隊に入隊した後、草創期のコンピューター産業でキャリアを重ね始める。やがて携帯電話会社の経営者として大きな成功を収め、一気に億万長者に成り上がる。

しかしタクシンは、さらに大きな野望を抱いていた。政治の世界に足を踏み入れ、「タイ愛国党」を結成。2001年には地滑り的な圧勝を収めたのである。

タクシンが勝利した要因は二つある。まずは地方の農村部において、人々の心を捉えたことだ。彼らはバンコクの政治的なエリートが、自分たちをしばしば無視してきたと感じていた。もう一つは軍部の干渉を排除したことだった。

首相に就任したタクシンは、農村部の人々を貧困から開放することと、限定された形ながらも国民皆保険制度の導入を試み、大衆の支持を獲得している。

だが再選挙の前には、自分の人気を一挙に高める策が必要だと判断する。そこで思いついたのが、プレミアリーグのクラブを買収するというプランだった。

そもそもタクシンは、マンチェスター・ユナイテッドが2001年にバンコクを訪れた際に、絶大な人気を目の当たりにしていた。ユナイテッドがタイ代表を2‐1で退けた試合には、6万5000人ものファンが集っている。またこの際には、アレックス・ファーガソンと面会し、自分の名前と「52」という背番号のついたユニフォームをプレゼントされている。奇しくもその日は、タクシンの52歳の誕生日だった。

リヴァプールを買収せよ

タクシンは大衆の気持ちに訴えかけるのがうまい。それを考えれば首相としての人気を維持するツールとして、サッカーに手を出そうとしたのは自然な流れだった。

だが3年後の2004年、リヴァプールの株式30%を買収しようとしていたことが明らかになった際には、イングランドの人々は当然のように戸惑いを覚えた。

タクシン・シナワットとは何者なのか？　どうしてサッカーに投資をしようなどと思ったのか？　そもそもサッカービジネスは、ほとんどのオーナーにとっては資金が吸い込まれていくだけの、ブラックホールになってきたはずである。

この際には、様々な理由付けがなされた。

まずはリヴァプールと関係を結び、タイ代表を強化するつもりなのだという説があった。クラブを買収して、リヴァプールのコーチたちをタイに招待する。そして母国選手の指導に当たらせ、悲願のワールドカップ本大会出場を実現させるというシナリオだ。

その一方では、麻薬を撲滅するためだという、おかしな説明がなされたこともある。事実、タクシンのアドバイザーの一人は、リヴァプールを買収すれば、農村地区の若者は体を動かそうとするようになる。結果、麻薬にも手を出さなくなるはずだと示唆した。

当初、タクシンはリヴァプールの買収費用を支払うために、自腹を切るだろうと予想されていた。『フォーブス』誌の億万長者リストに名前が載るほどの、資産家だったからである。

ところが買収計画には、国庫を使うシナリオが含まれていることが明らかになる。別の計画には宝くじを発行し、2億5000万ドルを調達することも提案されていた。

簡単に言うならば、これは世界で最も貧しい人々から金を集めて、世界で最も裕福な人々の懐に入れてやるのに等しい。リヴァプールの役員会は交渉をまとめようとして入札を承認するが、結局、タクシンによるクラブ買収は批判を浴びて頓挫してしまうことになる。

命取りになった人権問題

ところが2007年夏、タクシンは再びサッカーに手を出す。今度は8160万ポンド近くの額で、マンチェスター・シティの株式の大半を取得することに成功したのだった。

ただし、タクシンを取り巻く状況は一変していた。

たしかに彼はリヴァプールの買収に失敗したにもかかわらず、選挙で再選を果たしていた。だが既にこの時点では、軍事クーデターによって首相の座を追われていたからである。

タクシンがマンチェスター・シティを買収する際にも、様々な方面から疑問の声が上がっている。プレミアリーグ側は、タクシンが「オーナー適正テスト」を通過したと発表。

これに対して猛抗議したのが、「ヒューマン・ライツ・ウォッチ」(人権監視委員会)というNGOだった。ヒューマン・ライツ・ウォッチは、当時のプレミアリーグの会長、リチャード・スクーデモアに書簡を送り、遺憾の意を表明した。

「私たちの調査、ならびに他の信頼できる機関の調査によれば、彼が政権を取った2001年から2006年の間は、無数の超法規的な処刑、失踪、違法な拉致、恣意的な拘禁、拘留者の拷問やその他の虐待、メディアの報道の自由に対する弾圧が記録されています。政府側が集計しただけでも、(麻薬撲滅運動では)2275人以上が処刑されました」

たしかにタイは、メタンフェタミン(ヒロポン)中毒に、幾度となく蝕まれてきた。あまりにも問題が悪化したために、国王が首相に対して対策を講じるようにと公の場で求めたこともある。事実タクシンも、麻薬の撲滅を権力の座についたときから掲げていた。

しかしタクシンが取った措置は、あまりにも極端だったと言わざるを得ない。事実、ヒューマン・ライツ・ウォッチは2003年の時点でも、「墓の数が足りない:麻薬撲滅運動、HIV・エイズ問題、人権の蹂躙」と題したレポートを発表。麻薬撲滅の名の下に、異様な政策が取られていたことを明らかにしている。

ちなみにタクシン政権は、似たような弾圧をタイの南部、イスラム教徒が大多数を占める地域でも治安維持の名目で行ったとされる。またタクシンを巡っては腐敗の噂も絶えなかった。

ところがプレミアリーグ側は、マンチェスター・シティの買収をそのまま承認。かくしてタクシンは2007年、アジア人として初めてプレミアリーグのオーナーに納まる。

しかし、マンチェスター・シティのオーナーとしての日々は、長くは続かなかった。

クーデターが起きた当初は、国民が軍部に抗議を行い、タクシンが祖国に戻れるようになるのではないかという見方もあった。だが実際には亡命生活を余儀なくされ、モンテネグロのパスポートを片手に様々な国を転々とすることになる。

結果、マンチェスター・シティとの関係もわずか1シーズン、喧騒と混乱の中で終わりを迎える。クラブは2008年8月、別のオーナーに売却される。その人物こそ、アブダビの王族、シェイク・マンスールだった。

ひそかに増え続ける、アジアのクラブオーナーたち

アジアからプレミアリーグにやってきた資産家は、タクシンだけではない。

バーミンガム・シティの元オーナー、香港出身の楊家誠（カーソン・ヤン）もその一人だ。

もともと楊家誠は野菜を扱う商人の息子で、九龍市の公営住宅で育った人物だった。その意味で

恵まれた家庭に育ったわけではないが、ペニー株（価格が1ドルに満たない、ペニー単位のような安い株）を取引する傍らで、高級なヘアサロンのチェーン店を経営して成功。2009年には、イングランドのクラブを配下に収めるまでになる。

楊家誠はバーミンガム・シティを買収する際に、一つの目標を掲げている。彼は2010年、『インディペンデント』紙に次のように述べた。

「私はアジア、そして中国本土から（プレミアリーグに）関わった最初の人間です。アジア（のマーケット）でスタートダッシュが切れる」

中国では、姚明（ヤオ・ミン）がヒューストン・ロケッツに移籍したのをきっかけに、NBAが大ブームになっていた。楊家誠は中国のトップクラスの選手をバーミンガムに移籍させることによって、サッカーブームに火をつけようとしたのである。

「もちろん、平凡な中国人選手を連れてくるつもりはありません。いずれは、中国で最高の選手を連れてくる。選手探しも既に始めています」

中国のトップクラスの選手を加入させるというプランは一度も実現しなかったが、楊家誠をオーナーに迎えたバーミンガム・シティは、いくつかの成功も手にした。クラブはプレミアリーグに自力で残留したし、2010─11シーズンにはリーグカップも制したからだ。

だが同シーズン、チームは18位に終わり、2部への降格を余儀なくされる。さらに2014年の6月には、楊家誠がマネーロンダリングで有罪判決を受け、6億6500万ポンドの罰金と6年間の懲役が申し渡されるという事件も起きた。現在、彼は香港の刑務所で服役している。

このような状況の中、バーミンガム・シティ側は移籍市場における選手の売買を禁じられただけでなく、存続の危機にも立たされることになる。

幸い、2016年には新たなオーナーが見つかるが、クラブ関係者には、清水の舞台から飛び降りるような覚悟が求められた。クラブを買収したのは、これまた香港に拠点を置く「トリリオン・トロフィー・アジア」という会社だったからである。

「トリリオン・トロフィー・アジア」とは何者であるのか、そして新たにクラブをコントロールするようになった中国のビジネスマン、ポール・スン・チョンがどんな人物であるのかは、誰も完全には把握していなかった。

「スン・チョンは60％強の株式を所有している。バーミンガム・シティの過去数十年間の歴史において、単独の株主としては最大手の一人となった」

『バーミンガム・メール』紙のブライアン・ディックは解説している。

「だが私たちは、彼のことがよくわかっていない。この買収の経緯についても、確認しなければならない点が残っている……ただ少なくとも次の数年間は、彼ら（トリリオン・トロフィー・アジアとポール・スン・チョン）が、セント・アンドリュースタジアムの責任者になるだろう」

青から赤に変わったカーディフ・シティ

アジアからやってきた、その他の裕福なオーナーたちは、明暗が分かれている。

まずはマレーシア人の億万長者、ヴィンセント・タン。彼は不動産やギャンブルで金を稼ぎ、2010年、カーディフ・シティの株式の35％を600万ポンドで買収した。

ウェールズのクラブは、クラブ史上初めてプレミアリーグに昇格を果たしたが、その代償は高くついた。タンはクラブ側に対して、歴史のある青いユニフォームを、中国では縁起のいい色だとされる赤に変更することを要求。自分の希望が叶えられなければ、金を引き上げると脅したのである。

さらにタンは、クラブのエンブレムをデザインし直すことも求めた。ウェールズと中国では、もともと龍にまつわる神話が国民に広く浸透している。このため、龍をもっと大々的にアピールしろというのがタンの言い分だった。

サポーターたちは当然のように激怒したが、結局、タンの改革案は進められてしまう。その後、クラブもすぐに昇格を果たしたが、次のシーズンに降格を味わった。さらに2015年には、イングランドの2部リーグで不振が続いていたことを受け、チームのシャツは青に戻されることになる。タンが母親からアドバイスを受けたというのが理由だった。タンは声明で述べている。

「私の敬虔な仏教徒でもある母親は、カーディフ・シティに試合を見に来た。そこで一体感や団結心、そして幸福感の大切さについて語ってくれた。

カーディフ・シティは私にとって大切な存在だ。自分はクラブが団結し、幸せになる姿を見たい」

タンはカーディフ・シティに1億4000万ポンド以上をつぎ込んできた。

だがクラブが2部リーグに滑り落ちても、サッカーに対する情熱は冷めなかったらしい。2013年にはボスニアのクラブ、FKサラエボを買収したからである。

タンをオーナーに迎えた1年目、FKサラエボはボスニア・カップで優勝。タンはバルカン半島のサポーターから、はるかに好意的に迎えられた。さらに2015年には、ベルギーのKVコルトレイクも買収しただけでなく、アメリカのMLSにも投資を行う。新設されたフランチャイズチーム、ロサンゼルス・フットボールクラブ（LAFC）に出資し、ウィル・ファレル、ミア・ハム、そしてマジック・ジョンソンと共同オーナーに納まった。

QPRとブラックバーンのはかない夢

このLAFCのオーナーには、タンと同郷のマレーシア人、港湾運営会社を経営するルーベン・グナナリンガムも名を連ねている。

彼は、かつてマンチェスター・ユナイテッドのスポンサーだった航空会社「エア・アジア」のCEO、マレーシアのトニー・フェルナンデスと共に、クイーンズパーク・レンジャーズ（QPR）の共同チェアマンも務めている。

フェルナンデスは、ウェストハムのファンだと名乗っていたが、買収に失敗。そこで方針を転換し、プレミアリーグに昇格したばかりのQPRに目をつけた。

もともとQPRは、F1のボスとして君臨してきたバーニー・エクレストンが、やはりF1界の大物である元ベネトンのフラヴィオ・ブリアトーレと組んで、運営に参画したクラブだった。

後には世界の鉄鋼業界を動かしていたインド人の実業家、ラクシュミー・ミッタルも名を連ねたため、QPRは錚々たるオーナーが名を連ねたクラブとして知られるようになる。

2011年、フェルナンデスは、エクレストンとミッタルから株式の66%を取得。さらに精力的な補強を行っていく。この結果、QPRはUEFAが新たに導入した「フィナンシャル・フェアプレー（クラブは収益以上の補強は行えないとする規定）」に抵触するまでになる。

だが投資は実らなかった。QPRは2015年にプレミアから降格。カーディフと同様に、それ以来は、イングランドの2部リーグから脱出できずにいる。

アジア資本によるクラブ買収の中で、最も世間を驚かせたのは2010年、ヴェンキーズがブラックバーン・ローヴァーズを買収したケースだろう。

ヴェンキーズはインド大企業で、ケンタッキー・フライド・チキンやマクドナルドに鶏肉を収める業者に対して、配合飼料などを販売している。同社は2300万ポンドでクラブを買収しつつ、2000万ポンドの負債も解消したのである。

「我が社はプレミアリーグのチームを買収した初のインド企業になりますが、買収できたチームがブラックバーン・ローヴァーズであったことを、特に嬉しく感じております。ブラックバーンとは多くの価値や目標を共有していると信じております」

ヴェンキーズの女性チェアパーソンは、買収の際にこのような談話を発表している。

そもそもブラックバーンという地域には、インド系移民の第2世代、および第3世代の大きなコミュニティがある。その意味でもクラブを買収するのは理に適っていたし、ヴェンキーズにとっては世界的なレベルで自社のブランドを高める効果も期待できる。またクラブ側にとっては、慢性的な財政危機から脱却する道も拓けることになる。

ちなみにブラックバーンは、クラブを愛してやまない地元の資産家、ジャック・ウォーカーが私財をつぎ込み、ついにはチャンピオンの座にまで押し上げるという、ドラマチックなストーリーを抱えたクラブでもあった。アラン・シアラーとクリス・サットンという点取り屋を揃え、誕生間もないプレミアリーグを制したことはよく知られている。

ヴェンキーズによるブラックバーンの買収は、そのような意味でも、時代の流れを象徴する出来事として捉えられた。だが残念ながら、インド資本の注入は古豪を復活させるカンフル剤とはならなかった。それどころかクラブは迷走。今や3部リーグを彷徨っている。

肖像権にまで目をつけ始めたアジアマネー

アジアの投資家は、イングランド以外のサッカー界にも目を向けてきた。

たとえばシンガポールの富豪、ピーター・リム。株式の元仲買人であり、『フォーブス』誌の億万長者リストで854位にランキングされているリムは、23億ドルの資産があると目されている。彼もまたサッカーの世界で「オーナー」になったが、リムが目をつけたのはクラブではなかった。選手の肖像権である。

2015年、リムが経営するミント・メディアは、クリスティアーノ・ロナウドの肖像権の50%を取得している。残りの50%を所有しているのは、レアル・マドリーになる。

リムはまた、クラブのオーナーとしても活動している。前年の2014年にはリーガの名門、バレンシアの株式の70・4%を1億ユーロで取得。バレンシアは外国人オーナーの手に渡ったことがなかったが、意欲的な補強が裏目に出て深刻な財政難に悩まされていた。スペインのサッカー界を代表するスタジアムの一つ、メスタージャを新たに建て直すというプランも、凍結されたままになっていた。

一方、リムはマンチェスター近郊のノンリーグ（セミプロ）に所属するクラブ、サルフォード・シティFCの株式も50%取得した。そのビジネスパートナーとなったのは、元マンチェスター・ユナイテッドの選手だった。ギャリーとフィルのネヴィル兄弟、ニッキー・バット、ポール・スコールズ、ライアン・ギグスは残りの株式50%をそれぞれ10%ずつ分け合っている。

このコネクションを活かして、リムは予想外の行動に出る。自身がオーナーとなったバレンシアの監督に、ギャリー・ネヴィルを起用したのである。

だが、サッカーというものが持つ魔力は、リムのような一流ビジネスマンの目も曇らせてしまうらしい。結局のところ、ネヴィルは監督としてはものにならなかったからだ。

ネヴィルは2015年12月に監督に就任している。この時点でバレンシアはラ・リーガの順位こそ9位だったが、チャンピオンズリーグの出場枠からは5ポイントしか離れていなかった。

ところが4カ月後、ネヴィルはコパ・デル・レイの準決勝で、バルセロナに0-7で敗れたのを最後に解雇される。なんと監督就任にしてからの戦績は3勝5分け8敗。最後は10試合、白星から見放されるという有様だった。

ついに手に入れた、ヨーロッパの名門クラブ

これらの例が示すように、アジアのマネーはヨーロッパにおいて急激に存在感を増していた。だが彼らには一つ欠けていたものがある。真のエリートクラブ、ヨーロッパのトップレベルに位置し、サッカー界の至宝に数えられるようなクラブを手中に収めることだった。

その壁は2013年についに破られる。インドネシアの富豪、エリック・トヒルがインテル・ミラノを買収したからだ。

トヒルはメディアの世界で成功を収め、スポーツ事業に乗り出したという点でも、他のオーナーと毛色が違っている。事実、彼が国内で経営していた事業には、マンチェスター・ユナイテッドの買収を仕掛けたメディア王、ルパート・マードックも出資していた。

トヒルはまず、自分が好きだったバスケットボールの世界に進出。アジア人のビジネスマンとして初めて、NBAチームの共同オーナーに納まった。俳優のウィル・スミスなどと共に、2億8000万ドルで76サーズを買収したグループに名を連ねたのである。

次にコレクションに加えたのは、MLSのクラブ、DCユナイテッドだった。

そして2013年には、ついにサッカーの本場、ヨーロッパに進出する。76サーズの持ち株を売却すると、セリエAの名門インテル・ミラノが発行している株式の70%を、3億5000万ユーロで取得したのである。

トヒルは、他のアジア人オーナーたちとは異なる視点でクラブ経営を捉えていた。

サッカーの世界で重要なのは、クラブやスタジアム、あるいは選手やファンですらない。鍵を握るのはテレビドラマのように毎シーズン提供され続ける、「コンテンツ」としての魅力だということを認識していたのである。

「サッカーは変わり続けているんだ」

彼は『フィナンシャル・タイムズ』紙のインタビューで述べている。

「私はアメリカのビジネスモデルを当てはめたい。アメリカではスポーツが、メディアビジネスのように展開されている。広告やコンテンツの収入を得るだけでなく、小売業界と結び付いてジャージやライセンス商品が展開されている」

クラブの運営で純利を上げたり、トロフィーの獲得を目指すのではなく、あくまでも一つの有料コンテンツとしてサッカーを活用し、アジア市場向けのマーケティングに活用していく。

このトヒルの考え方は、スタッフの起用法でも明らかになった。マンチェスター・ユナイテッドのマイケル・ボーリングブロークを迎えて、エンターテインメントやマーケティングをてこ入れしただけでなく、ネマニャ・ヴィディッチも獲得したからである。

現にトヒルは、ヴィディッチを「アジア市場向けの商品」と呼んで憚《はばか》らなかったし、マーケティングの観点から選手補強を行うと明言している。彼は『フィナンシャル・タイムズ』紙のインタビューで、次のようにも述べている。

「私はクラブの経営陣に質問するんだ。『この選手は戦力になるだろうか？　じゃあ、マーケティング的にはどうだい？』とね」

ただしトヒルは、インテルのオーナーという立場に固執したわけではない。

現に2016年には、中国の家電販売店のグループ、スーパーリーグの江蘇蘇寧も支援している「蘇寧雲商集団」に、2億7000万ユーロで株式の70%を売却している。自身は株式の30%を保持し、新たな会長に納まった。

中国資本を迎えたインテルは、その後苦しむことになる。オランダ人監督のフランク・デ・ブールは成績不振で解任。クラブは、ヨーロッパリーグでも屈辱的な敗退を喫する。

それでもチャイナマネーの勢いはとどまらなかった。各オーナーの背後には、中国そのものが控えていたからである。

かつてアジアの富豪たちをサッカー界に向かわせたのは、個人の名誉欲であり自己顕示欲だった。タクシン・シナワットのケースに象徴されるように、将来襲ってくるであろう政変に備えて、退避できる「港」を探すようなケースも存在した。

とはいえ、これらのオーナーたちは、サッカー界全体として見れば、吹けば飛ぶような存在にすぎない。その意味でも、チャイナマネーの進出は異質だった。サッカークラブの買収と運営は、今やグローバルな戦略の一環、国家の威信を懸けた一大事となったからである。

3：習近平と中国の野望

2013年の大晦日も押し迫った頃、習近平は北京にある自宅でテレビカメラに向かっていた。

中国国民に、毎年恒例の方針演説を行うためである。

「2013年は我が国と、我が人民にとって、特別な1年となった」

彼はこう切り出した。たしかに2013年は特別な年だった。習近平自身にとってもだ。

彼はちょうど60歳になったばかりだったし、中華人民共和国の国家主席に就任して以来、新年のスピーチを行うのはこれが初めてだった。

このスピーチはある意味、新鮮でもあった。中国共産党が全権を掌握した1949年の革命以来、国家主席は壇上でスピーチを行うものだと相場が決まっていたからだ。

だが習近平は自宅の書斎で、はるかに親しげな様子で国民に語りかけた。

後方の壁には金色に輝く万里の長城の絵がかけられ、本棚には分厚い本がぎっしりと並べられているのが見える。そして部屋の至る所には、写真が飾られていた。

2013年に国家主席に就任した習近平は、10年に及ぶ任期の1年目を、まず自分の存在感を示すことに費やした。世界で最も多くの人口を抱え、最も急速に成長を続ける超大国の舵取りをすべく、公務員の間で顕著になっていた職権濫用や腐敗の一掃に着手。経済改革をさらに推し進めることにも着手している。

「2014年には、改革に向けて新たな一歩を踏み出します」

習近平は、さらなる変化を公約した。

「改革こそは、我々全員が追求すべき大きな目的です。そのためには大変な努力が必要になる。畑を耕さなければ、収穫は得られない」

そもそも習近平が中国の最高権力に昇り詰めたのは、驚くべきことだった。彼は30年以上にわたって様々な官庁に籍を置いてきたが、詳細な情報はほとんど知られていなかった。

だが彼は、自らのバックグラウンドを探るヒントも提供している。それが自室に飾られた古い写真だった。3枚の写真は意図的に置かれていたものである。

まず1枚目は若い頃の彼が、妻の彭麗媛と共にフレームに収まった写真。

これは1987年、新婚旅行で訪れた東山島の寺院で撮られたものだが、当時は人気歌手だった妻の方が、はるかに有名だった。

2枚目の写真は、2002年に死亡した父親の習仲勲のものだ。車椅子に乗った父親を習近平が押しており、周りを家族が取り囲む格好になっている。

習仲勲は毛沢東の下、プロパガンダを担当する宣伝部の議長を務めた。その意味で習近平は「小君主」と呼ばれる階級、政治的エリートグループの子息に名を連ねている。

だが習近平の父親は、毛沢東たちが推進した文化大革命の際に、イデオロギー路線から逸脱したと非難され、追放処分に遭っている。

『ニューヨーカー』誌によれば、父親は「東ベルリンにいる際に、西ドイツを双眼鏡で覗いた」という理由で投獄されたという。

文化革命の終了後、父親の名誉は部分的に回復され、政治の世界に戻ることになる。

だが父親が追放処分を受けたことにより、習近平はとんとん拍子に出世を果たしていくことが難しくなった。血気盛んでラディカルな若者は、国を支配するエリートに対する猛烈な反感を、こうして抱くようになる。

筋金入りのサッカーファン

習近平の部屋には、およそ中国の政治家が飾るにはふさわしくない、珍しい写真もあった。3枚目は2012年、習近平がまだ副主席だった頃に、ダブリンのクローク・パーク、ゲーリック・フットボールの本場で撮影されたものである。

通常、中国の政治家が海外を訪れた際には、ポーカーフェイスで笑顔を作り、写真に収まるのが常だが、この写真はまるで違っている。習近平は正面を向き、丸いボールを集中した表情で蹴っている。後方では、その様子をアイルランドの政府要人たちが眺めているのがわかる。

この1枚は、習近平のバイタリティや若々しさだけを示唆しているわけではない。むしろ彼の人生において極めて重要な役割を果たしてきた、別の要素も示唆している。習近平は熱狂的なスポーツ好きであり、特にサッカーには目がないのである。

習近平が大のサッカーファンだということは、昔からよく知られていた。

現に彼は副主席時代、二者会談などを行う際に、マニアックなサッカー談議に耽《ふけ》ることもあった。

2011年にソウルを訪れた際には、韓国の野党である民主党のリーダー、孫鶴圭（ソン・ハクギュ）と会談。元マンチェスター・ユナイテッドのミッドフィルダー、朴智星のサインが入ったユニフォームをプレゼントされた後、サッカーの話に花を咲かせている。

会談の席上、「中国サッカーに関して、三つの望みを叶えるとしたら?」と尋ねられた際には、こんなことまで口にしている。

「ワールドカップの本大会に、代表をもう一度出場させること。ワールドカップを母国で開催すること、そしてワールドカップで優勝を収めること」

習近平は、なぜそれほどサッカーに夢中になったのか?

公式的には、父親からサッカーへの愛情を受け継いだことになっている。彼の父親は、中国国内で行われるサッカーだけでなく、海外サッカーも観戦するような人物だった。

だが事実は異なる。新たな国家主席が、サッカーにおいても改革の情熱を燃やすようになったのは、およそ意外な人物に端を発している。イングランドのクラブチーム、ワトフォードFCやイングランド代表を率いた、グラハム・テイラーである。

1983年夏、ワトフォードは中国にツアーを行い、3試合を行っている。

最後の試合は、スタジアムに7万人のサッカーファンを集めて行われている。その大観衆の一人が、若き日の習近平だった。

ホーネッツの愛称で知られるワトフォードは、先の2試合で完勝を収めていたが、特に最終戦では中国代表に5-1で大勝する。

「ホーネッツは、フィールドの内外で中国に大きなインパクトを与えた。中国サッカーファンの心に、攻撃的なサッカーの魅力をしっかりと刻み込んだ」

当時の『ワトフォード・オブザーバー』紙は記している。

「先週水曜日、ワトフォードは威容を誇る北京のスタジアムで行われた初戦において、3‐1で勝利を収めている。そして再び同じスタジアムで、7万人の熱狂的な観客と、テレビ中継を見ていた数百万の視聴者を魅了した」

中国足球改革発展総体規劃

ワトフォードは、「中国人サッカーファンの心の中に、自分たちの攻撃的なサッカーの魅力をしっかりと刻み込んだ」かもしれない。

だが習近平にとっては、違う種類の感情を抱く大きなきっかけとなった。

1983年当時、彼は河北省にある石家荘市において共産党の副議長に任命されたばかりだったが、あまりにふがいない中国代表の姿に激怒していたのである。

「習は試合に失望し、腹を立てながら帰った」

試合に同行した友人は、中国の国営メディアでのインタビューで証言している。

サッカーファンである習は、この屈辱を決して忘れなかった。

事実、2012年の秋に中国の新たなリーダーとして登場した際には、過去の屈辱を拭う作業に着手している。やがてこの計画は、「中国足球改革発展総体規劃（中国サッカーの改革と発展のための計画）」として結実する。中国のサッカーを再び活性化させるべく、様々な改革案を列記したグランドデザインで、50項目から成る壮大なものだった。

「中国共産党の第18回全国代表大会で、中央委員に就任して以来、総書記は中国を偉大なスポーツ国家にすべく、サッカーの発展を議題に掲げてきた」

報告書の冒頭にはこのようにある。

改革案の多くは極めて具体的な内容だが、全体的には習近平の熱意が感じられる、扇情的な内容になっている。

まず報告書は、サッカー用のピッチを大量に敷設するように勧告。さらに中国サッカー協会の政治的な影響力を排除せよとも説いている（これはFIFAのルールでも禁止されている）。

さらに報告書は、全国にアカデミーを設立して、優れたチームや選手を育てるノウハウを強豪国から吸収することを推奨しつつ、サッカーは「愛国心と集団の精神を促進する」ために用いられるべきだとも主張している。

「あらゆる内容が政府によって管轄されているだけでなく、スポーツに関する法令の1番上に明記されている。これは信じられない変化だ」

中国におけるサッカーの歴史を綴った本、『バンブー・ゴールポスト』を記したローワン・シモンズは語る。彼は中国に30年間暮らし、その盛衰を目の当たりにしてきた。

毛沢東による文化大革命の際、サッカーはほぼ完全に破壊され、灰燼《かいじん》に帰している。当時は10人以上の人間が集まることそのものが禁止されていた。

やがて2002年のワールドカップの後にはサッカーブームが訪れるが、これも本当の夜明けにはつながらなかった。約10年後、中国サッカー界で発生したのは、八百長疑惑によるチーム関係者や選手、審判の一斉検挙、そして国内リーグの事実上の崩壊という事件だった。

サッカー界でも始まった、チャイナマネーの爆買い

だが、中国サッカーは再び息を吹き返す。しかも今回は、国家主席自らが直々に再建に乗り出す格好になった。

習近平は五つの部会に、現状分析とラディカルな改革の断行を指示。これを受けて起きたのは、中国企業や富裕層が、狂ったようにサッカーに投資をし始めるという現象だった。丸いボールに政府のお墨付きが与えられたことによって、一気にピッチ上に金が流れ込み始めたのである。

『バンブー・ゴールポスト』の著者、シモンズは語る。

「計画案が発表されるやいなや、すべての人が目を通したし、どうやって貢献できるかを検討した」

それは中国の資本家たちがサッカーファンだったからではない。彼らを動かしたのは、共産党のエリートたちの歓心を買い、政府のプランに相乗りしたいという思惑だった。

まず彼らの思惑は、新たな国内リーグ「スーパーリーグ」の設立という形で結実する。

超富裕層がクラブを所有し、膨大な金を積んで有名選手をかき集めるようになった結果、スーパーリーグは瞬く間に世界的なブランドに成長した。

しかもスーパーリーグによる有名選手の補強には、大きな特徴があった。

これまでのサッカー界では、選手生活の晩年を迎えたスターたちが、最後の一稼ぎをするために

「東」に向かうケースが大半を占めていた。だがスーパーリーグで起きている現象は、このようなステレオタイプから程遠い。

たとえばアジア・チャンピオンズリーグの優勝チーム、広州恒大が3200万ドルでアトレティコ・マドリーから獲得したのは、コロンビア代表のジャクソン・マルティネスである。江蘇蘇寧はブラジル人のアレックス・テイシェイラとラミレスを、それぞれ3800万ドルと2500万ドルで呼び寄せている。特にテイシェイラの移籍金は、アジアにおける新記録となった。

スーパーリーグによる「爆買い」は、ヨーロッパのトップレベルのリーグにも影響を与えている。テイシェイラなどは、シャフタール・ドネツク時代の多くのチームメイトたちのように、UEFAチャンピオンズリーグの常連クラブに移籍するだろうと思われていた。

だが、あのロマン・アブラモヴィチでさえも、移籍市場では対抗できなかった。今のところ、中国マネーに対抗できる「新顔」は、他に一人しかいない。

2番目に起きたのは、さらに多くのマネーがテレビの放映権料とスポンサーシップに投資されるという現象だった。これはサッカー界の運営団体にも追い風となる。

ジャンニ・インファンティーノがFIFAの会長に選ばれた際、彼に託されたミッションの一つは、不祥事によって発生した膨大な財政赤字を埋めることだった。そんなインファンティーノにとって、チャイナマネーの台頭は、まさに渡りに船だった。

事実、FIFAはアトレティコ・マドリーの株式の20%を所有する不動産企業、ワンダ・グループが、ガスプロムやビザ、コカ・コーラなどと共に、今後行われる四度のワールドカップにおいて、公式パートナーに加わったことを発表している。

毛沢東以来の権力者

マーケティング会社であれ、照明器具のメーカーであれ、あるいはEコマースの大手であれ、中国企業はサッカー界に膨大な資金をつぎ込むようになった。しかも大抵の場合は、相場よりもはるかに高い値段で、クラブや選手を購入している。

「この契約はビジネス的には、ほとんど意味がない」

ローワン・シモンズは、中国のメディア投資会社、CMCが結んだテレビ放映契約をこう評した。あまりに額が大き過ぎるために、利潤を出すことなどほぼ不可能だと指摘している。

「だが実際に得られる利益と投資した額の差額は、政治的なパイプを作るのに役立つ。中国企業によるサッカーへの投資は、すべて政治的な理由によって行われている。サッカー界の発展にどの程度貢献したかによって、長者番付の位置が決まってくるんだ」

中国サッカーの壮大な改革案には、習近平の人柄も反映されている。彼は国家に対する忠誠心を高めるという点でも、改革を推進してきたことが明らかになっている。

2016年初め、習近平は北京の国営メディアを訪問。いくつかの部署を愛国心に欠けていると叱責し、国家に絶対的な忠誠心を示せと命じている。曰く。

「メディアが手掛けるすべての報道は、党の意思を反映し、党の権威と団結を擁護するものでなければならない」

習近平は「毛沢東以来、最も権威主義的なリーダー」と形容されることもある。

彼は腐敗した官僚や役人を一掃するキャンペーンを展開してきたが、これは政治的なライバルを追放するための口実にすぎないと批判する者さえいる。また習近平の下では、一般市民に対する締め付けも厳しくなってきているという。シモンズは証言する。

「政府側は、明らかにメディアの統制を強化しようとしている。しかも市民生活のあらゆる面で、中央政府による統制が再び強まっている」

一例を挙げよう。2016年3月、政府の公式サイトには習近平の辞任を求めるメッセージが短時間、掲載されたことがあった。

反体制派の活動家が、これほどあからさまに異議申し立てをするというのは、かつての中国では見られなかった現象である。習近平はすぐさま対応して厳罰に処している。

アメリカやドイツに住む反体制派の活動家は、前代未聞のメッセージが寄せられた意義についてコメントしたが、これらの人物にはさらに厳しい処罰が待っていた。

彼らを逮捕できないことがわかると、当局は国内に残っている家族にターゲットを絞る。そして子息が罪を犯したという理由で、年老いた両親を逮捕することまで行ったのである。

デン・ハーグが買収された本当の理由

中国政府は、今もしっかりと手綱を握っている。そして必要とあらば、ありとあらゆる分野において断固たる手段が取られることになる。サッカーも然りだ。

実は、中国企業がADOデン・ハーグを買収した要因もここにある。王輝は個人的な理由や思い入れで、クラブのオーナーになったわけではない。その裏には、オランダが世界に誇る指導のノウハウを吸収して、中国サッカー界に還元したいという国家の思惑が働いていた。ヨーロッパのチームを買収したことで、クラブのオーナーたちは中国の巨大なマーケットに対するマーケティングツールを手にした。またクラブ側にしてみれば、10億を超える市場が開放された形にもなるかもしれない。

だがさらに重要なのは、ヨーロッパサッカーが蓄積したノウハウに、直接アクセスできるようになった点だった。これは中国サッカーを蘇らせ、ワールドカップの本大会にもう一度出場させるという習近平の計画を実行する上で、一つの鍵となっていたのである。

デン・ハーグを買収した直後、王輝は何人かのコーチを中国へ送り、習近平のプランを実現させるための手配を行っていた。これらのコーチは、北京市内の教育機関に送り込まれる予定になっていた。リストには、かつて習近平が卒業した中学校も記されている。

そして代わりに中国人の指導者たちが、逆にオランダに渡ってくることになる。

これらの指導者の中には、高洪波も含まれていた。中国代表チームを率いて2011年のアジアカップ本大会に導いた監督である。同大会は中国サッカー界にとって、代表チームが主な国際大会に出場を果たした最後の機会になっていた、

中国では、中国で最も経験豊富な指導者である高洪波が、デン・ハーグの指揮を執ると大々的に報じられた。高洪波は、ヨーロッパのクラブを指揮する初の中国人監督になるだけでなく、中国サッカー界の地位が向上したことを示すシンボルともされたのである。

4：運命に翻弄されるデン・ハーグ

定例の記者会見

2015―16シーズン、クラブの監督であるヘンク・フレーザーは、これまでとまったく同じような態度でプレスに接し続けた。

だが質問の内容は、従来とは打って変わっていた。

私が記者会見に出席したのは金曜日。ADOデン・ハーグがヴィレムⅡとリーグ戦を行う前日だった。だが集まったプレスは、誰一人として選手や故障者、戦術について質問しない。

彼らはむしろ中国、チャイナマネー、王輝、そしてフレーザーの身の振り方について知りたがっていた。より正確な言い方をするなら、中国から来た新しいアシスタントコーチ、高洪波がクラブ

の監督に本当に就任するのかどうかに興味を持っていた。

「僕はわからない。クラブに聞いてくれ」

フレーザーは、高洪波に関する質問が飛ぶたびに無表情で答えた。

それも無理はない。高の名前を耳にしたことがある者など、クラブの周辺には一人もいなかった。

フレーザー自身、中国代表チームの元監督が自分の新しいアシスタントになるなどという話は、数週間前に、突然聞かされただけだった。

ちなみにクラブの公式サイトは、この人事について「中国へ『知識を伝える』ための機会であり、習近平の計画を反映している」と発表している。

しかし皮肉なことに、高洪波自身は公式サイトを見ていなかったため、自分は単なるノウハウの輸入業者ではないことを躍起になって強調している。

「まず、私は新しいものを学びたいんです。でもアシスタントコーチとして助言を与え、チームのパフォーマンスを上げるために貢献したいと思っています」

以降の数カ月間、フレーザーは毎日、高洪波の質問を山ほど浴びせられるようになる。

彼はどこにいるんですか？　何をするんですか？　彼はヘッドコーチなんですか？　王輝はあなたと高を交代させたがっているんですか？

フレーザーと共に記者会見に出席するクラブの広報担当者は、そのたびに、厄介な質問をはぐらかす役割を担った。

「彼は知識を吸収するために来ています。ここで山ほどノウハウを吸収して、戻っていくことになるでしょう」

広報はピリピリしながらこう回答し、記者会見の終了を告げるのがお決まりになっていた。

だがデン・ハーグ、そして高洪波を巡る物語は、ここから数奇な展開をたどる。

高洪波のアシスタントコーチ起用が発表され、フレーザーに質問が飛び始めたのは2015年の9月だった。

だが12月を迎える頃には、クラブを取り巻く状況はさらに変わっていた。中国からの送金は途中から滞り、デン・ハーグは財政危機に陥る。そもそも王輝は行方不明になっていたし、ついにはアシスタントコーチの高洪波も姿を消してしまったのである。

このような状況を考えれば、監督のフレーザーは実に辛抱強く仕事を続けていたといえる。

スリナム生まれのフレーザーは。ヨーロッパのトップリーグで活動している、数少ない黒人監督の一人だ。オランダ代表として9試合に出場したこともあり、将来有望な指導者でもあった。

事実、2015―16シーズンのデン・ハーグは激動に見舞われたにもかかわらず、リーグ戦では中位を死守。予想以上に健闘していた。

記者会見が終わった後、私は高洪波に関する質問を、直接フレーザーにぶつけることにした。

彼はそばにあった机に腰掛けながら、こんなふうに答えてくれた。

「彼とは時々話をしたよ。でも指導をするところは見ていない。

オランダでは（指導者になるための）書類審査を通すのが大変だし、コーチングスタッフに入っていないから、指導者としての才能についてはコメントできないね。

彼はオランダのやり方を勉強するためにここに来ている。ほとんどの時間、彼は上の階のブースにいて、トレーニングを見学しているんだ。いろんな人と話しながらね」

——では、中国人オーナーが突然いなくなったことに関しては？

「僕が聞いた話だと、そういうことは心配しなくていいと思う。僕たちは次のステップを踏み出す準備をしている。あとは向こう次第さ。もし本当に、次の一歩を踏み出したいならね」

フレーザーと話をしていると、クラブの広報が1枚の紙を手渡した。それに目を通すとフレーザーの声は徐々に小さくなり、最後は完全に口をつぐんでしまった。

——王輝に会ったことは？

「すみません、ミスター・ワン（王輝）に関する質問はNGなんです。その話はできないんです」

私が尋ねると、クラブの広報が口を挟んできた。

——で、王輝に会ったんですか？

「はい、そこまで。これで終わり！」

広報が叫び、フレーザーをプレスルームから連れ出していく。フレーザーはこちらを振り返り、肩をすくめてみせた。

中国人オーナーの言い分

王輝はどこに姿を消したのか？　この数カ月間、デン・ハーグのクラブ関係者やサポーターは中国人オーナーを血眼になって探し続けていた。

オランダのメディアも居場所を突き止めようとしていたが、彼らの試みは失敗に終わっていた。オーナーが音信不通になるというのは、明らかに何かがうまくいっていない証拠である。だが入手できる情報がほとんどないため、メディアはあえて楽観的な観測記事だけを報じていた。

私も足取りを探ろうとしたが、中国に渡ることができるのは2、3カ月先になってしまう。そこで北京に拠点を置くジャーナリスト、アダム・ウーにいくつかの質問状を送り、運試しをしてくれと頼むことにした。

ウーはオランダのメディアよりも運に恵まれていた。ほんの数日で、居場所を突き止めたのである。王輝はぴんぴんしていた。身を隠すどころか、北京のダウンタウンにあるビルの22階、自分のオフィスでごく普通に勤務していたのである。

しかも取材を拒否するどころか、法律事務所と同じフロアーにある別会社、ユナイテッド・ヴァンセン・インターナショナルスポーツカンパニーの事務所に、ウーを招待してきた。

王輝は大きな本棚の前に座っていた。

とある本棚に黄色と緑を基調としたＡＤＯデン・ハーグのペナントが下げられており、その脇には、過去に中国ツアーを行ったクラブのトロフィーや旗、ユニフォームが飾られている。

「私は（サッカー関連の）ビジネスをしているだけではないんです。自分でサッカーをするのも好きなんです。デン・ハーグのファンも、一緒にプレーしないかと誘ってくれましたよ」

とはいえ本人の弁によれば、デン・ハーグは当初、意中のクラブではなかったという。

彼はまずセリエAのとあるクラブと交渉。話がまとまらなかったために、他のクラブを物色し始める。そこでADOの存在を知るようになる。デン・ハーグは多くの条件を満たしていた。

「まず、買収の費用がそれほど高くありませんでした。ヨーロッパサッカーのビジネスに慣れていく上で、ADOは良い足掛かりになるんです。

第二に、私はクラブそのものに個人的に惹かれました。

私は大学時代、法律を学びましたし、デン・ハーグという場所には、国際司法裁判所があることも知りました。以来、私はその街にずっと憧れていたんです」

王輝はオランダサッカー界のレジェンド、ヨハン・クライフとも出会い、デン・ハーグこそは自分にぴったりのクラブだと確信するようになる。さらに重要なのは、デン・ハーグには中国のサッカー選手を指導できるような人材がいるという点だった。

王輝によれば、デン・ハーグからは2人の指導者が北京の学校に送られたという。彼はまた、高洪波が本国に戻ったことも認めた。高洪波が中国サッカー界の発展に貢献していることにも満足しているようだった。

「（ADOで）指導に加われたことで、彼はオランダのサッカーについて深く学ぶことができたと思います。すぐにオランダに戻すかどうかは決めていません」

クラブは私のものなんです

王輝は中国資本の参入に、反対する声があることも理解しているようだった。

「だからこそ私はクラブを買収した後に、運営は任せると言ったんです。私が望んでいるのは、クラブを良くすることであって、悪くすることではないんです。

デン・ハーグは、オランダで3番目に大きな都市です。私は今のADOデン・ハーグの成績が、街のステイタスに釣り合っているとは思わない。デン・ハーグは国際的な都市です。クラブもまた国際的になるべきなんです」

では支払いはなぜ遅れているのか。

本題に水を向けると、王輝はクラブのマネージメントが抱える問題を遠慮なく指摘した。

「買収費用の1200万ユーロは、既に支払っています。(11カ月前の)1月にね」

とはいえ、これはクラブを買収するための費用であり、運営資金とは別のはずである。

「私は彼らにこう伝えたんです。『クラブにもっといい成績を出してほしい。いい成績を出すために、私に計画を提案してほしい。そうすれば計画に応じて投資もできる』とね。

はっきりさせておきたいんですが、これはクラブ側に対する『公約』などではないんです。

自分が持っているクラブに金をもっと投資するかどうか。この点に関しては、私は誰に対しても、何かを約束する必要などないんですから」

たしかに王輝は大金を投じてクラブを買収したし、既に負債も解消している。さらには新たな選手を補強するための費用も出した。

彼に言わせれば、役員側がこの上さらに自分に金をせびるのは、穏やかな表現を使えば「恩知らず」、悪くいえば「無能な人間の発言に聞こえる」とさえ述べた。

「私のお金を、当たり前のような顔をして受け取るべきではない！　株主に金の支払いをせがむなら、自分たちも金を稼ぐ方法について考えるべきです。もっと効率を上げる方法、経費を節約する方法、適切にお金を使う方法をね。私たちが参入したことで、この巨大な中国のマーケットは開かれたのです。そこでどうやって金を稼ぐのかを考えるべきです。

サッカークラブの運営は、会社の経営とまったく同じです。

もちろん、短期的には株主に資金を都合してほしいと頼むこともできる。でも、それだけに依存することはできない。自分で金を稼がなければならないんです」

とはいえ、問題なのはクラブ側が既にシーズンの開始時に、オランダのサッカー協会に予算案を提出していたことだった。しかもこの予算案には、三段階に及ぶ投資計画が盛り込まれていた。

選手補強に費やした債務を支払うことができなければ、クラブはオランダ協会の管理下に置かれる。万が一、そんな事態にでもなればクラブのメンツがつぶれるだけでなく、移籍市場でさらに選手を売買することや、将来に向けた投資がまったくできなくなる可能性すらある。

だが王輝は今シーズン、クラブがオランダリーグでトップ5に入ることができないことが明らかになった以上、むしろ自分は予算を縮小したいと述べた。

「私が買収費用を出したのだから、クラブは私のものなんです。クラブにどれくらい投資するかは、私が決めることです。そもそも、金の使い方をどうして自分の従業員に約束しなければならないのですか？　法的に述べれば、そんな話は通りません」

クラブ側はあまりに単純に考えている。『あなたは投資すると言ったのだから、投資すべきだ』と。でも実際的には、上司の意思決定プロセスに介入しているんです。

提案をしてもらうのはかまわない。しかし、これまでとは状況が違う。私は自分の考え方を変えなければならないでしょうね」

振り込まれない運営資金

京セラスタジアムが冬の強い陽ざしを反射している。

王輝のインタビューから数週間後、暦は新たにめくられ、国内リーグが再開される時期がやってくる。路上には前夜からの雪が残っていたが、ファンは正午のキックオフに備えて、足早に席に向かっていた。今日の対戦相手はアヤックスである。

ADOデン・ハーグ対アヤックス戦は、オランダのサッカー界では、最もきな臭い対戦カードの一つだと目されている。過去に幾多の暴力沙汰が起きたからだ。

かつては、人種差別主義や反ユダヤ主義のチャントもよく聞かれた。アヤックスは長年、ユダヤ系のクラブとしてのアイデンティティーを公然と掲げてきた。ユダヤ人ではないファンでさえも、イスラエルの国旗をスタンドでも振るような場面は珍しくなかった。

だが今日の試合では、アウェイ側のスタンドは無人だった。アヤックスのファンは、かれこれ5年以上も、デン・ハーグのスタジアムに行くことが禁じられている。

アヤックスのファン同様、京セラスタジアムには王輝の姿もなかった。

約束された金は振り込まれていなかったため、クラブ側は意欲的な補強計画の縮小を発表せざるを得なくなっている。何とかして帳尻を合わせなければ、オランダサッカー協会によって「カテゴリー1」、財政破綻したクラブというレッテルを貼られることになる。

試合も苦い結果に終わった。過去35年間、幾度となく繰り返されてきたように、デン・ハーグはアヤックスに力の差を思い知らされ、1-0で敗れた。

サポータークラブの会長、ヤッコは不機嫌だった。忌まわしいライバルに屈辱を味わわされたこともそうだが、今回の敗戦は、いつになくダメージが大きかったからだ。

今シーズン、サポーターたちは未来を信じた。リッチな外国人オーナーの登場、一挙に増えた予算、新しい選手の加入、そして将来への明るい展望。

だが彼らの夢は急速にしぼみ、無残な現実だけが突きつけられていた。

さらに悪いことには、スタンドでは忌まわしき過去が戻ってきていた。アヤックスの試合中、一部のホームサポーターが、人種差別的なチャントを歌うのが聞こえたのである。

やがて新年は2月を迎える。デン・ハーグの関係者やファンは、約束された金が中国から振り込まれるのを、ただじっと待っていた。

そして3月、運命の瞬間がやってくる。オランダサッカー協会は、クラブの財政危機に終止符が打たれないと判断。デン・ハーグをカテゴリー1に分類した。

5：西安、中華人民共和国

スーパーリーグと中国代表

中国の内陸都市、西安には古い城壁がある。

5万人を収容する多目的スタジアム、陝西省体育場は、観光名所の城壁から数キロ南に行った場所にあるが、やはり古の城壁のような独特な外観をしている。

スタジアムの正面は極彩色の壁になっている。洋服やスポーツ用品を扱う数え切れないほどの店や屋台が、電飾や看板を掲げているからだ。さらには垂れ幕や注意書きの看板が重なり合いながら、全体をぐるりと取り囲む。傍目には何の建物だかわからなくなる。

そんな中、長い人の列が蛇のようにうねりながら続いていた。階段を下って角を回り、はるか遠くにまで続いている。そこではフェイスペイントをした女性が、赤いTシャツを配っていた。

一方、スタジアムでは二つのチケット売り場もオープンしていた。

その上には青い横断幕が掲げられ、3日後に中国代表がカタールと対戦することを告げている。2018年のワールドカップ、アジア地区予選の二次予選。中国にとっては是が非でも勝たなければならない、重要な一戦となっていた。

中国において、代表チームの試合が重要な意味を持つようになったのは15年近く前に遡る。だが2002年の日韓大会に出場したのを最後に、中国は不振を極めてきた。

中国でサッカー人気に火がついた頃には、FIFAからマンチェスター・ユナイテッドに至るまで、ありとあらゆる組織が巨大なマーケットが持つ可能性に目を向けた。

だが無能な組織運営と、広く蔓延していた腐敗は、サッカーが台頭する芽を摘んでしまう。

この間、代表チームもワールドカップの予選に挑んでは敗れることを繰り返し、ファンの興味は急速に薄れていく。代わりに中国の人々はNBAに熱狂した。ヒューストン・ロケッツのヤオ・ミンは、本物のスーパースターに成長していったからである。

その事実は、陝西省のスタジアムでもはっきりと見て取れた。

何百人もの若い男女がスポーツをしているが、サッカーに興じている人間は誰もいない。代わりに地平線まで延々と続くのは、コンクリート製のバスケットボールコートだった。

にもかかわらず、中国代表対カタールの試合は、チケットが完売することが予想されていた。

中国代表はこの時点で、カタールに次いで予選グループの2位につけていた。

オーストラリア、イラン、フィリピンなど、他会場で試合を行うチームがそれぞれ勝利を収めることが条件になるが、全勝のカタールに土をつけることができれば、中国代表はグループを2位で追加したチームの一つとして、最終予選に辛うじて駒を進めることができるはずだった。

最後の切り札、高洪波

このような状況は、中国代表の新たな監督にとっては心躍るものではなかった。もともと中国代表はフランス人のアラン・ペリン、かつてポーツマスなどを指揮した人物が率いていた。だがアラン・ペリンは香港と0‐0で二度も引き分けを喫し、政府に大恥をかかせたということで数週間前に解任されていた。

かくして白羽の矢が当たったのが高洪波だった。高が任されたのは2試合だけだったが、ここで結果が出れば、ロシアでの本大会に出場できる可能性も、首の皮一枚でつながることにある。

1試合目は予定通りに運んでいる。中国は武漢で行われたモルディブ戦を4‐0で勝利していた。

「中国代表が、非常に難しい状況に置かれていることはわかっている。我々はとにかく勝たなければならない」

高はカタール戦の前日練習で、数百人の中国メディア相手に述べている。

「プレッシャー？　私はプレッシャーに慣れている。それに選手たちも中国のスーパーリーグでプレーしている。彼らもプレッシャーがどんなものかをわかっているはずだ」

高が代表チームを指揮するのは、これが二度目である。

2009年から2011年までに最初に指揮をしたときには、カタールで開催された2011年アジアカップの本大会に駒を進めている。

結局はグループステージで敗退して監督を解任されたが、そもそも高がチームを引き継いだのは、中国のサッカーがどん底の状態にあった頃だ。

当時の中国では、サッカー協会（副会長のうち3人が逮捕）、審判、監督、選手たちを巻き込んだ未曾有の八百長スキャンダルが発生。中国で最も有名な審判が、10万ドルのリベートを受け取った件で投獄されるという出来事もあった。一連の裁判では、上海申花が試合を操作するために、100万ドル以上を費やしたことも判明した。

だが、当時と今では状況が大きく異なる。習近平が掲げたビジョンによって、サッカー界には数十億ドルもの金がつぎ込まれるようになっていた。

たしかに膨大な投資が結実するまでには時間がかかる。だが政府側はサッカー界のエリートになるという野望を持ち続けている。国家主席の不興を買おうとする者などいるはずがない。

代表チームを取り巻く状況も然り。国の威信を懸けて試合に臨む選手たちが、ふがいない成績に終わっていることは、中国サッカー界全体にとって最大の屈辱となっていたのである。

そのような状況の中、高は中国サッカー界の最後の希望として丁重に迎えられた。

以前に指揮を執った際には、退屈なサッカーをするとサポーターから批判されたし、今回、モルディブに4‐0で勝利を収めた後でさえも、不満を言う人間は少なくなかった。40回も得点のチャンスを作りながら、実際のゴール数はその10分の1だったからである。

「ファンは（武漢での）パフォーマンスには満足していなかった。

でも試合の後には、選手にサインをもらいに行っていたし、誰もが喜んでいた。スタッフの中には、監督のことを尊敬している者もいる」

中国のネットメディア、LeTVのレポーターは語る。彼は今回の予選を通じて、チームが成長していく様子を取材していた。

「だがハーグではものにならなかったし、結局、中国に戻ってきてしまった」

彼によれば、年俸の高い外国人選手を大量に招くことが、中国人選手のレベルを上げるという意見に関しても、懐疑的な見方は存在するという。

「世間の人たちは、膨大な金が中国サッカーに流れ込んだと言うが、外国人選手をたくさん呼び寄せるために資金を使っただけだ。たしかに広州恒大には多くの外国人選手がいるし、あそこの選手たちは中国人選手に何らかの影響を与えることもできる。だが他のクラブチームでは、外国人選手の存在は中国人選手の育成に役立っていない。選手のレベルがさほど高くないからだ」

高本人も、少し似たようなことを口にした。彼は中国サッカー界に金が流れ込んだのは全体的に見ればプラスだが、その使われ方が間違っていると指摘した。

「私にはいくつかの提案したいことがある。今後さらに金が入ってくるなら、もっとユースの研修と育成に使う必要がある」

アジア予選のサバイバル競争

キックオフの数時間前、地下鉄の駅からスタジアムに続く道は、赤一色の海に変わる。

数百の売店が赤い旗、赤いスカーフ、赤いシャツを並べて売り出す。赤い海が唯一途切れるのは、軽食や飲みものを売っている屋台がある場所だけだった。

この試合には、少なくとも三つの治安部隊も出動していた。警察、暴動を専門に鎮圧する警官隊、そして正規の軍隊である。

スタジアムの中では、5万人のファンが耳をつんざくような声で国歌を合唱している。試合に先立って、オーストラリアはヨルダンに5 - 1で勝利していた。これは中国が最終予選に出場するために必要な四つの条件のうち、一つが満たされたことを意味した。残り三つの条件とは、イランとフィリピンがそれぞれ勝利を収めること。そして中国がカタールを破ることだ。

轟々たる声援の中、試合が始まった。

既に最終予選進出を決めていたカタールは、プレーに精彩を欠いていたし、付け入るチャンスは十二分にあった。だが中国代表は緊張のせいでミスを繰り返す。かくして前半は0 - 0のまま終了。観客は後半戦にゴールを待たなければならなかった。

後半開始直後も、中国代表は波に乗れなかった。シュートはバーを叩き、相手のゴールキーパーも見事なセービングを二度披露する。

しかしその直後、広州恒大の黄博文がペナルティエリアの端からシュートを放ち、ついに先制点をもたらした。スタジアムは爆弾が破裂したような歓声に包まれる。さらに試合終了間際の88分には、上海上港の武磊が貴重な追加点をもたらした。

一方、フィリピンのマニラでも、ドラマチックな試合が繰り広げられていた。

80分すぎまでは北朝鮮が2‐1とリードしていたものの、フィリピンは土壇場で同点に追いつく。さらには逆転にも成功したのである。

試合後、高が記者会見上に姿を現すと、中国のプレスはスタンディング・オベーションで彼を迎えた。この時点では、中国代表が最終予選に進出できたかどうかは、まだ誰も把握していなかった。だが高は強気の発言をしている。

「私はまだ、中国の現代表監督だ！」

やがて記者会見場に、イランがオマーンを2‐0で下したというニュースが届く。中国の報道陣は、再びスタンディング・オベーションで監督を讃える。それを受けて高は次のように述べた。

「最終予選に進出したのなら、なおさら指導陣は団結しなければならない。コーチングスタッフをまとめられるのは誰か。その問題を考える必要がある。

中国は急速に発展しているし、中国政府はサッカーにますます関心を示すようになっている。こういう進歩を続けられれば、2、3年内には本当に強くなる」

高はチームに勝利をもたらし、中国の、そしてひいては習近平のメンツを保った。

記者会見を終えた英雄が、陝西省のスタジアムを出て行く。外では治安部隊が列を作り、代表監督が通るための道を確保していた。

おそらく心の中では、果たすべき仕事をきっちり果たしたという実感があるだろう。だが代表監督を続けていけるかどうかは、まだ誰にもわからない。

6：広州、中華人民共和国

SF作家のフィリップ K・ディックが今も生きていたならば、2016年の広州は、映画『ブレード・ランナー』の原作、『アンドロイドは電気羊の夢を見るか？』に打ってつけの場所になっていただろう。

広州は、西安から飛行機で南へ2時間30分飛んだ場所にある。西安が明朝時代の伝統を象徴する街なら、広州は未来を象徴している。

英語、北京語、広東語のネオンサインで覆われた摩天楼がそびえ立ち、1300万もの人口を飲み込む。無秩序に広がる大都市では、スモッグと湿気のせいで太陽の光さえ弱く見える。

天河体育中心体育場も、灰色のスモッグにすっぽりと覆われていた。

代表チームが、ワールドカップのアジア最終予選進出を辛うじて決めた数日後、中国ではスーパーリーグが再開される。広州ではシーズンの大一番、広州恒大と広州富力のダービーマッチが行われる予定になっていた。

スタジアムには約4万人の観客が集まり、一団となって声援を送っている。

「クラブ以上の存在」「夢を現実にする」「広東を信じている」。スタンドから吊り下げられた、いくつもの横断幕も目を引く。

12名のスタッフが赤い旗を広げて、試合前のセレモニーを行う。それに続いて、何千万ドルもの金をつぎ込んでかき集められた選手たちが、ピッチ上に歩いて行った。

ジャクソン・マルティネスもその一人だ。隣を歩いているのは、元トッテナムのミッドフィルダー、パウリーニョである。そして彼らを指揮するのが、ワールドカップで優勝した元ブラジル代表監督のルイス・フェリペ・スコラーリ。スコラーリの前には、ファビオ・カンナバーロとマルチェロ・リッピが指揮を執っていた。錚々たるメンバーである。

2010年にクラブを買収してから、不動産業界の皇帝、徐嘉義が率いる恒大不動産グループは5年間で1億ドル以上を費やしてきた。

さらに2014年には、中国最大のEコマースサイト、アリババの創設者である馬雲（ジャック・マー）が、クラブの株式の50%を2億ドルで購入する。

アリババの業態を考えれば奇妙だが、本人はこう説明している。

「我々はサッカーに投資をしているのではない。エンターテインメントに投資しているんです」

ジャック・マーは21世紀の中国を特徴づける新たな社会システム、国家主導型の資本主義のシンボルでもあった。

ちなみに彼は、広州恒大のオーナーに名を連ねるまでは、スポーツに投資した経験は一度もなかった。だが決断を下すのは難しくなかったという。2015年の時点で、クラブは既にアジアにおける強豪チームとしての地位を確立していた。アジアのチャンピオンに二度輝いていたし、FIFAクラブワールドカップでバルセロナとも試合をしていたからである。

広州恒大の歴史は、一つの事実を示唆している。

世間一般では、中国サッカー界の躍進が、ごく最近起きた出来事であるかのように捉えられている。だが人々がチャイナマネーの脅威に気付く前から、広州恒大は誰にも邪魔されずに移籍市場で買い物を続けていた。

「多くの西洋人は勘違いしている。習近平が登場する前にリーグの発展は始まっていた。習近平はそれをエスカレートさせたんだ」

デンマーク人のスカウト兼コーチ、上海上港のマッズ・ダヴィドセンは語る。

彼はもともと広州富力において、スヴェン・ゴラン・エリクソンの下でキャリアをスタートさせた人物で、後にエリクソンと一緒に上港に移ってきた。

最初に中国にやってきたとき、ダヴィドセンの役割は国内リーグで有望なタレントを探すことだった。だが時間の経過と共に、仕事の内容は変わっていったという。中国サッカー界は、ビッグネームを獲得できる資金と、意欲を持っていることが明らかになったからだ。

「私が今やっているのは、選手を『本棚』にシステマチックに分類していく仕事だ。まず1番目の本棚。ここにはベストの中のベスト、メッシやロナウドクラスが入る。これらの選手に手を付けることはできない。

2番目の本棚には、トップクラブのトップ選手が分類される。試合の流れを変えられる選手たちだ。我々はイングランドのプレミアリーグでプレーしている選手を獲得するために、(他のクラブと)競り合うこともできる。もちろん南米の最高クラスの選手もだ。今の中国にはそれができる」

かつて発展途上のリーグは、キャリアの最後に大きな契約を結ぼうとしている選手を惹きつけるのが関の山だった。だが状況は変わった。今や中国は、南米が手放さざるを得なかった選手を獲得する選択肢さえ持っている。

ストイコヴィッチが語る、中国サッカーの未来

広州広大はシーズンの序盤で出遅れたし、スコラーリはピリピリしていた。タッチライン上に立って大声で叫ぶたびに、中国人の通訳は柔らかな表現に置き換えて、選手たちに伝えていた。

暑くて、不快な金曜日の夜。広州恒大は2‐0で勝利を収め、タイトルレースをようやく軌道に戻す。まずパウリーニョが先制点を決め、後半にはそのパウリーニョのアシストを受けて、マルティネスがゴールを決めている。マルティネスは他の選手との格の違いを見せつけた。

マルティネスは誰よりも注目を集め続けていた。彼はポルトで一躍スターになり、スペインのアトレティコ・マドリーに引き抜かれた経歴を持つ。だが彼は謙虚なセリフを口にした。

「本当に感心したよ……ここは世間の人たちが考えているほど楽なリーグじゃない」

マルティネスは幼い息子と一緒に、出口のドアのところに立っていた。その息子もまた、赤い広州恒大のジャージを着ている。

「このクラブを（アトレティコと）比べることはできない。でもクラブ側は、いつもベストを尽くそうと努力している」

中国リーグへの移籍に関しては、金のことばかりが取り沙汰されてきた。

しかしマルティネスは、家族を十分に養えるだけの金はコロンビアにいた頃に、既に稼ぎ出していたと語る。

「僕のママや2人の姉、家族の誰もがいい生活ができていた。金がすべてじゃない。大事なのはチャンスを与えてもらうことだったんだ。アトレティコ・マドリーにいたときは、クラブの都合のせいで、いいプレーができなかったからね」

とはいえマルティネスは、中国リーグが、脂の乗り切った選手たちが真剣に移籍を考えるほどのレベルにはなっていないとも指摘した。大量の札束を積まれたとしてもである。この点はマッズ・ダヴィドセンと意見が違っている。

「僕は今29で、もうすぐ30代になる。25歳か26歳だったら、ここに来ることは考えなかったと思う」

「皆、金の話をするけど（僕の）給料はそんなに高いわけじゃないんだ！」

こう笑いながら述べたのは、広州富力の監督、ドラガン・ストイコヴィッチである。

レッドスター・ベオグラードのレジェンドは、日本のJリーグにおいて、選手や指導者として活躍してきたことでも知られる。そんな彼が、アジアのサッカー界を長い間牽引してきた韓国や日本ではなく、中国のスーパーリーグに引き抜かれたことは、指導者や選手たちの人材の移動を示す、象徴的な例にもなっている。

「僕はアジアと日本にとてもうまくなじんできた。だからこれはいい挑戦なんだ。

このリーグは強い。これから年を追うごとに、未来はさらに広がっていくと思う」

数週間後、広州恒大はリーグのトップに立っていた。

だが2016年5月、アジア・チャンピオンズリーグでは、グループリーグで敗退してしまう。

これはクラブワールドカップにもう一度出場し、ユヴェントス、バルセロナ、レアル・マドリーなどに肩を並べようとしていたクラブにとって、大きな痛手となった。

中国代表に並行して、クラブチームのレベルを世界最高のレベルに引き上げていく。この思惑が結実するまでには時間がかかるだろう。

マッズ・ダヴィドセンが指摘するように、たしかに中国には圧倒的なスケールメリットがある。膨大な資金力、10億を超える人口を誇る国は他に存在しない。

だが欠けている要素がある。それは本当のスーパースターだ。マッズ・ダヴィドセンは語る。

「今の中国には、サッカー版のヤオ・ミンがまだいない。だが14億人もの国民がいるんだから、ワールドクラスの選手は育成できるはずだ」

世界最大のサッカースクール

広州から車で北に4時間。

そのヤオ・ミン探しを行っている、世界最大のサッカーアカデミーが見えてくる。

恒大足球学校は、広州市内から80マイル離れた場所にある。丘の上に建設されたため、広州名物のスモッグに悩まされることもない。

アカデミーでは、実に３０００人弱のもの生徒が寝泊まりしている。施設は12億元（1億８５３０万ドル）もの費用をかけて建設されている。

建物は『ハリー・ポッター』のホグワーツのように奇妙だ。トランシルヴァニアの地方にある、ゴシック様式の城のようにも見えるが、すぐ後ろには50面ものサッカー用ピッチがある。そこでは能力ごとにクラス分けされた１３０ものチームが毎日、練習に汗を流している。

正面の入り口には、３メートルもあるワールドカップのトロフィーのレプリカが飾られ、ギネスブックによって送られた盾が飾られている。この盾を見れば、世界最大の規模であることが誰の目にもわかる仕掛けだ。

「我々は、政府から一切、援助してもらっていないんです」

スクールのディレクター、鄧勝（トウ・ショウ）は、完璧な英語で熱心に強調する。わずかにオーストラリアの訛が入っているのは、ジャーナリスト時代に身についたものだ。

「このスクールは、利益を上げるためのものではありません。1年間に5万～6万人民元の費用がかかりますし、生徒の25%が、我々が設立した奨学資金を受け取っています。

スクールにはコンピューターが使える部屋、Ｗｉ‐Ｆｉ、ジム、ショップもある。建物の中にいた子供たちは、自分たちの部屋の外にある階段のあたりに集まって、携帯電話でゲームをしていた。

「コカ・コーラや、ジャンクフードはありません！」と鄧勝は明言した。

――この施設は、一体何のために建てられたんですか？

「中国のサッカーを活性化するため、そしてスター選手を発掘するためです」

彼はこれから10年後、卒業生が中国のスーパーリーグでプレーすることを期待していた。もちろん目指すのは、広州恒大でレギュラー入りすることだが、大多数の生徒は自分が学んだものを故郷に伝える形になるだろう。選手たちは中国全土から集まってきている。

私たちはひっそりとした学校の廊下や教室、壁に飾られた有名選手の写真を見て回った。男女とも、生徒は一部屋を4人でシェアしている。それぞれの部屋はきれいに整頓されている。ベッドの上には、ACミラン、マンチェスター・ユナイテッド、バルセロナと、お気に入りのチームのすね当てが1セットずつ、行儀よく並べられていた。

その日は祝日、先祖の墓を掃除する「掃墓節」という休日だった。ほとんどの生徒たちは、家族のもとに帰っていたが、中国のサッカーは動き続ける。

鄧勝と共に電動のカートに乗って、ピッチの間の歩道を通り抜けていく。道は迷路のように入り組んでいたし、お目当ての場所に着くまで15分もかかった。

そこに広がっていたのは、壮観なスタジアムだった。ピッチの周りには観客席が設けられ、電子表示の巨大なスコアボードまである。こんな代物は、国立競技場以外ではお目にかかれない。

メインスタジアムでは、アジアのアカデミーチームを集めた、U-15選手権の決勝が始まったばかりだった。広州恒大はトーナメントを勝ち抜き、東京のチームと対戦していた。

スクールに残っていたほとんどの生徒は、この試合を見ていた。第四審の隣ではアカデミーの学長、劉江南（リュウ・カンナム）が、やはり休日を返上して仕事をしていた。

「目標は中国サッカーのレベルを上げることだ。中国のレベルは世界と比べれば低いからね」

彼は目の前で行われている試合を凝視しながら口を開く。

「(中国のサッカーは)基礎が貧弱だ。だからこそ若い世代の育成が重要なんだ。このアカデミーは、年齢の低い子供たちを優秀な選手に育てていくための教育をしている」

劉にとって、中国スーパーリーグに金が流れ込んでいるのは歓迎すべきことだった。

1990年代中盤、イングランドに外国人選手がやってきたときと同じように、優秀なタレントの獲得は地元選手のレベルを上げるだけでなく、サッカーそのものの魅力をアピールし、子供たちの関心を惹き付けるだろうと期待していたのである。

ちなみに劉自身は、若い頃はさほどサッカーに興味を持たなかった。むしろ水泳や陸上競技を好んだ口だという。

「私はあまり関心がなかったな……イングランドの選手たちにもね。どの選手が1番優秀だったかも思い出せない。ベッカムしか知らないんだ……彼はアメリカに行った、そうだろう?」

とはいえ現在の彼は、壮大な計画を温めながらサッカーに没頭している。

「10年経てば、中国代表はレベルが上がるし、アジアで1番強いチームにもなれる。8年から10年くらい経てば、ここの生徒も中国代表でプレーできるようになるだろう。それが私の夢なんだ」

レアル・マドリーの知られざるアジア進出

劉には頼もしい援軍もいる。

事実、チームの監督は荒れ模様になった試合の最中、スペイン語で怒鳴りながら指示を出していた。この指示は中国語に翻訳されて、選手たちに伝えられていく。

さらに観客席では、監督の仕事ぶりをチェックしている人間もいた。強化担当ディレクター、フェルナンド・サンチェスである。彼はもともとレアル・マドリーのアカデミーで働いていたが、中国サッカー界のスター選手を育てるべく、8年契約で派遣されていた。

フェルナンドは、かつてミッドフィルダーだった。スペイン代表でも二度、キャップを獲得したことがある。2000年には、レアル・マドリー、バルセロナ、バレンシアを退けて優勝を果たした、デポルティボ・ラ・コルーニャの一員としてもプレーした。

「今のレスター・シティみたいなもんだよ」

彼は笑いながら、ラ・コルーニャの人口が25万人であることを指摘した。

デポルティーボはともあれ、広州恒大には、レアル・マドリーから25人ものコーチが専属で派遣されている。これは尋常な数ではない。

「もちろん金銭的な理由はある。でも我々は、アジアとの関係づくりそのものを模索している。中国には未来があるし、これから多くの有名な選手が登場してくることになるだろう。このアジアでのコネクションを、早い段階で作っておくのが大切だったんだ」

ある意味、ＡＤＯデン・ハーグを買収した王輝が思い描いたのも、似たような状況を作ることだった。デン・ハーグでの試みは頓挫したが、広州恒大のスクールは着実に前進を続けている。

「こういう環境は、ヨーロッパのクラブがまさに望んでいるものなんだ。だが現実には、どのクラブも持っていない」

彼は右手にある、巨大な複合施設を指さしながら語る。電子掲示板に表示されたスコアは１－１。試合はＰＫ戦を迎えようとしていた。

「テクニックの面でもフィジカルの面でも、選手たちはとても優れている。だがサッカーの考え方が古いんだ。それを僕たちは教えようとしている。最新の方法論をね」

フェルナンドはアカデミーの卒業生がヨーロッパに移籍し、最高のレベルでスキルを証明できるようになる日をはっきりとイメージしている。

そのときにこそ、世界は本当に中国サッカーに注目するようになるだろう。それは中国サッカー版のヤオ・ミンが、ついに登場した瞬間にもなる。

中国に先んじた、アジアの小国

ＰＫ戦に臨んだ選手は全員、正確にシュートを決めていった。イングランド代表の選手たちが見たならば、その正確さに戸惑うに違いない。

だが最後に、恒大の選手がミスをした。西安に来て以来、中国サッカーが躓く場面を見たのは、それが初めてだった。

広州の若い選手たちが静かにベンチに戻ってくる。動揺する彼らを尻目に、日本の選手たちは勝利を素直に祝っていた。

日本は長い間、アジアのサッカー界でトップに立ってきた。Jリーグはアジア随一のレベルを誇り、やはり最も質の高いアカデミーが、ヨーロッパで活躍する選手まで送り出してきた。

しかし、このアカデミーで起きている出来事は、日本サッカーにも真のライバルが出現したことを意味する。中国は日本の首を虎視眈々と狙っている。

スピーカーからクィーンの「ウィーアー・ザ・チャンピオンズ」が流れる。アジアから招かれたチームの選手たちが、メダルを受け取り始めた。

「ああ、今日は負けたね」

フェルナンドが再び口を開く。

「だが、いずれ中国の時代がやってくるさ」

しかし中国の時代が来る前に、アジアの別の国が偉業を達成していた。

人口の少ない街に本拠地を構え、ビッグクラブの数分の1の予算で活動するクラブがプレミアリーグのタイトルを勝ち取る。しかもクラブのオーナーは、アジア人が務めていた。

これはヨーロッパサッカー全体にとっても衝撃的だった。持てるものと持たざるものの格差が拡大した財力で上回るトップクラブがタイトルを独占し、よそ者を門前払いするようになった今日においては、到底、起き得ないだろうと思われていた出来事だったからである。
そのオーナーを輩出したのは、かつてタクシンが首相を務めていた国、タイだった。

PART2：タイ編

7：タイ、ブリーラム・ユナイテッド&レスター・シティ

巨大なテトリスのピースでできたような、ギザギザの青い建物が地面から突き出ている。地図に書いてある呼び名はまちまちだが、地元に住む人間で「サンダー・キャッスル」がどこにあるかを知らないものはいない。

不思議なスタジアムは、コンクリートが敷き詰められた広大な土地の真ん中に建っていた。後ろに広がる熱帯の樹木と明らかに釣り合っておらず、不自然に見える。

スタジアムの敷地内、とあるスタンドの下からは、甲高い叫び声、足が革製のサンドバッグを蹴るズシリとした音が聞こえてくる。そこでは数十人のムエタイのキックボクサーが、激しい暑さを逃れて日陰で練習をしていた。

ただし周囲はがらんとしている。無人の駐車場には100マイル以内で唯一というマクドナルドの店舗があるだけだ。景色だけを見れば、昼下がりの静寂に包まれたフロリダの田舎町にでもいる

ような錯覚を覚える。だがカンボジアの国境から50キロ離れたここが、タイ国内リーグのチャンピオンチーム、ブリーラムの本拠地なのだ。

ブリーラム・ユナイテッドFCは、過去5シーズンのうち4回、タイのプレミアリーグを制覇。現在も首位につけている。数年前はクラブそのものが存在しなかったし、首都のバンコクから遠く離れた、貧しくて小さな町のチームだが、タイで最も成功を収めたクラブとなった。

その秘密は、ピッチサイドに座っている人物、ブリーラムの盟主であるネーウィン・チッチョープにある。

彼はタイ国内で最も強い影響力を持つ政治ブローカーの一人であり、この町とブリーラム地方を支配する、強力な政治一家の長を務めてきた。彼ら一族が、ブリーラム地方で行われる選挙の票をコントロールしていると主張する人たちもいる。ちょうど、元首相のタクシン・シナワットが、タイ北部のチェンマイ市周辺に住む農村に様々な公約をして票を集め、政治的なキャリアを築いていったように、タイ東部のブリーラムは、ネーウィンの権力基盤になった。

この地を足がかりに、彼はタイの政治を操る大物の一人に成長。互いに対抗する政治派閥や利権を行き来し、しばしば司法の調査を受けながら、最終的にサッカーに時間と勢力をつぎ込むようになった。

彼はまた、「キングパワー・グループ」の会長、ウィチャイ・シーワタナプラパーの盟友としても知られる。ウィチャイはバンコクにある主な空港の免税品店を独占経営し、巨大な利益を得ている。さらにはレスター・シティFCのオーナーとしても脚光を浴びた。

共にイングランドでクラブのオーナーになったということもあり、当初ウィチャイは元首相のタクシン・シナワットとよく比較された。

だが両者は好対照を描いている。ウィチャイは、貴族のスポーツと呼ばれるポロをしていた人物で、タイ王室の寵愛を得ている。体制派といってもいいだろう。一方、タクシンは農村部に住む大衆の心に訴えかけながらのし上がった、ポピュリストである。

2人はサッカークラブのオーナーとしても、対照的な道を歩んだ。

ウィチャイのレスターは、下馬評を覆してプレミアリーグのタイトルを獲得。復権したタイ国王から栄誉を授けられている。タクシンはマンチェスター・シティを買収したものの、資産が没収されたために1年後に売却する羽目になり、現在は亡命生活を送っている。

だがウィチャイとタクシンは、分かち難い絆で結び付けられている。これはブリーラムのオーナー、ネーウィンも同様だ。彼ら3人は1990年代、タイ社会が急激に発展する過程において、それぞれのやり方で成功を手にした。しかも政治の世界においても経済の分野においても、互いを支えあいながら影響力を高めた。

ブリーラム・ユナイテッドの名物オーナー

「サッカーに関して最初に覚えているのは、足を折ったことだね」

ブリーラム・ユナイテッドのオーナー、ネーウィンはピッチの近くに座りながら話し始めた。

「彼は毎日顔を出すんです。一軍の練習でも、ユースチームの練習でも」

注意深く会話をチェックしていた妻が、すかさず合いの手を入れた。

ネーウィンがサッカーに関わるようになったのは、2009年である。バンコクに拠点を置くクラブ、当時は「タイ電力公社」と呼ばれていたチームを買収し、400キロ東のブリーラムに移転させたのが始まりだ。

「ここ（ブリーラム地方）はタイで6番目に人口が多いが、貧しさでも10位に入っている。（サッカークラブを買ったのは）私がサッカーが大好きだからさ。私は老いてきているし、他に何もやることがない。だからブリーラムをもっと有名にするためにクラブを買ったんだ。タイのすべての国民、そして大陸側の人に知ってもらうためにね」

だが彼は昔からスポーツに携わっていたわけではない。それどころか、政治ブローカーの一人として知られていた。

ネーウィンはかつて、タイで最も悪名高い政治の黒幕だった。

「彼は1990年代初めから、鍵を握る政治家だったし、所属している政党を裏切ったり、寝返ったりする癖を持っていた」

チェンマイ大学の南東アジア研究所のポール・チェンバース博士は解説する。ネーウィンとタクシン・シナワットとの関係が育まれたのも、政治の世界を通してだったという。

「ネーウィンは非常に大きな影響力を持っている。タクシンはタイの北東部でも高い人気を得ていたが、それはネーウィンが選挙の運動員をコントロールしていたからだ」

ネーウィンは、1997年に政党を鞍替えして政権交代に関わった後、2001年にはタクシンの党に寝返っていた。彼はタクシン政権の下で議員を務めたし、官僚として腹心も務めている。ところが、ネーウィンは2006年の軍事クーデターで、あらゆる政治活動を禁じられてしまう。タクシンを権力の座から追い落としたクーデターである。代わりに身を投じたのがサッカーの世界だった。チェンバース博士は語る。

「2006年のクーデターの後、政党を結成するのは違法になったため、政治家たちはこぞってサッカーチームのオーナーになった。同じことは他のスポーツでも起きている」

博士によれば、突然、政治の世界から追放された人物や、軍部によって「好ましからざる人物」とレッテルを貼られた権力者の多くは、スポーツ界、特にサッカーの世界に進出し、非公式なネットワークと影響力を形成しつつあるという。

軍事クーデターが切り裂いた、三者の絆

2006年に起きた軍事クーデターは、ネーウィンを政治の世界から遠ざけただけではない。ネーウィン、タクシン、そしてウィチャイの関係にも影響を及ぼしていく。

ネーウィンはウィチャイの長年の友人だったし（キング・パワーはブリーラムのスポンサーをしている）、両者はタクシンの政治的なパートナーでもあったからだ。博士は語る。

「ウィチャイとネーウィンは、共に決断を迫られた。タクシン派に従い続けるか、歴史の流れに乗

るかという選択だ」

2008年、タクシンが短期間、母国に帰国したとき、ネーウィンはかつての盟友が戻ってきたのを見て、涙を流したと伝えられている。

だが、このような状況は長くは続かなかった。

当面の間は、軍事政権がタイを支配すること、そしてタクシンが政治的な復権を果たす可能性が極めて低いことを悟ったネーウィンは、旧友に背を向けるようになる。タクシンがタイの王室に忠誠心を抱いているのかと疑義を呈しながら、軍部の承認を受けた政党を後押しし始めたのである。

タクシンは、自分が裏切られたと感じたはずだ。チェンバース博士は、こう指摘する。

軍事クーデターの後は、キングパワー・グループのオーナー、ウィチャイも大きな選択を迫られることになった。彼もまたタクシンとつながっていたからだ。

たしかに彼は以前から存在していた空港、規模の小さなドンムアン空港でも商売を手掛けていた。だがウィチャイが43億ドルもの莫大な資産を築き上げたのは、スワンナプーム空港で免税品店を経営できるようになったことが大きい。それを可能にしたのがタクシンだった。

そもそも新空港の建設は、タクシンが長年温めてきたプロジェクトだった。

建設の遅れと、費用がかかり過ぎるために曰く付きのものになっていたが、タクシンはタイの観光産業を開花させる上で必要不可欠だと考えていた。

その計画に便乗したのがウィチャイだった。ウィチャイは2004年に新空港に店舗を開店する許可を取得。2年後に空港がオープンすると、免税品店は巨大な打ち出の小槌となる。この空港だけで、2007年には4億3000万ドルもの売り上げを記録している。

タイ国内では、ウィチャイがタクシンに働きかけたことは周知の事実となっていた。事実、タクシンを失脚させた軍事政権は、キングパワー・グループが結んでいた契約をすぐに無効にする。タイの空港当局も、ウィチャイは政治的なコネを使って、競争入札なしに営業の権利を手に入れた、営業許可証は取り消されるべきだと主張している。

だが長年に及ぶ法廷闘争の末、ウィチャイは訴訟を退ける。数百万ドルの弁護費用と税金を課されることになるが、ウィチャイは軍事政権に接近し確実に影響力を増していくことにも成功した。

結果、タイでは新たな政治と経済の癒着構造が生まれていく。

タクシンがタイを統治していた頃、国内に腐敗が蔓延していたことは指摘するまでもない。だが軍事独裁政権下における汚職は、さらに不透明で質の悪いものだった。クーデターが起きた後のタイでは、自分と利害関係を同じくする軍部の派閥と、いかに結託するかがポイントになっていたのである。チャンバーズ博士は語る。

「キング・パワーは依然として影響力を保っているし、彼らが独占している権益を軍部が脅かすようなことも起きなかった。ウィチャイは政治的な影響力を駆使して自らを守った。キング・パワーとは、巨大な政治経済権力なのだよ」

さらにウィチャイは、王室に近い慈善団体のためにも動き回った。これも奏功し、2013年には「社会を進歩させる光」という意味の王族名「シーワタナプラパー」を授かっている。彼が現在名乗っている名前は、王室から授かったものなのである。チェンバース博士は言う。

「ウィチャイにとって、王族に接近するのは難しいことではなかったはずだ。そこから利益が生まれるのだからね。

現在のタクシンは政治の主役ではない。少なくともあと5年間は、軍部が権力の座にとどまるか、それに近い影響力を維持するだろう。もし君がウィチャイだったなら、やはり歴史の流れに沿いたいと思うはずだ」

レスター・シティのオーナーが抱える闇

2015—16シーズン、キングパワー・グループは、バンコク市内に大画面のモニターを設置し、レスター・シティのホームゲームを盛んに放映していた。その会場では無料のビールや麺類も配られている。ショッピングモールの開店であれ、選挙キャンペーンに向けた動員であれ、タイで富と権力を持つ人が、大衆を動員するために使われる常套手段だ。

ただし2016年4月後半の時点でも、レスターはそれほど人気があったわけではない。事実、近くのマーケットで販売されていたのも、プレミアリーグの他のクラブのベッドカバーやレプリカユニフォームだった。レスター・シティのグッズはまだ珍しかった。

バンコクでは伝統的に、イングランドサッカーの人気が高い。これは長年、FAカップの決勝だけが国営テレビで長年放送されてきたことや、マンチェスター・ユナイテッド、リヴァプール、チェルシー、そしてアーセナルがツアーを行い、人気をてこ入れしてきたためだ。

その週末、レスターはサンダーランドとまたもや絶対に負けられない試合に臨んでいた。

これに併せてシンハ・ビールも、町の中心から数マイル離れたファッショナブルな複合施設で、大きな観戦イベントを企画した。シンハ・ビールはイングランドの様々なサッカークラブのスポンサーをしていたが、その中にはレスター・シティも含まれていた。

イベントでは、2点の巨大なスクリーンが準備され、アメリカ人の軍人のような格好をした大勢のスタッフが、ビールとフライドポテトを配るためのスタッフとして派遣された。

しかし実際には、誰も姿を現さなかった。タイの旧正月はすぐそばに迫っている。だがジェイミー・ヴァーディーが2回ゴールを奪い、レスターをさらにタイトルに近づけたのを見ていたのは、ほんの一握りの人だけだった。

実際のところ、ウィチャイはタイの人々から、どのように見られているのだろうか。

ふとそんな疑問が心に湧く。

「ウィチャイは並外れて裕福な男だ。しかもタイの独裁政権と結託しつつ、イングランドの格下チームを優勝させようとしている」

チェンバース博士は言う。

「だがこれは（巷で言われているような）シンデレラストーリーなどではない」

レスター・シティとブリーラムをつなぐ糸

タクシン、ネーウィン、ウィチャイの運命は、軍事クーデターをきっかけに分かれた。

3人はサッカー絡みでも明暗が分かれている。タクシンがすぐにクラブを手放したのに対して、ウィチャイはレスターのオーナーとして一躍有名になった。これはネーウィンも同様である。ウィチャイとネーウィンは、サッカーオーナーとしても転身に成功したといえる。

事実、ネーウィンはサッカークラブのオーナーとして、文句のつけようのない成功を収めている。国内でタイトルを取ってきただけでなく、今やブリーラム・ユナイテッドはアジア・チャンピオンズリーグの常連にもなっている。事実、私がネーウィンに会ったとき、彼は日本のチャンピオンチーム、サンフレッチェ広島とのホームゲームの準備をしていた。

「サッカーに情熱を抱いて（サッカークラブを）買う人もいるだろうし、いいビジネスになるということで買う人もいる。

でも自分はサッカーが好きだし、ここを良くしたいからやっているんだ。

最初の3年間、この街のGDPは32％も増えたんだ。1年目から数えれば200％も伸びたことになる。これも私がサッカーが好きで、この町に良くなってほしいと思っているからさ。自分にとってはそれで十分なんだ。ヨーロッパのクラブを買ったりするより、街全体の生活の質が良くなって、ブリーラムの景気が良くなる方が嬉しいよ」

一方、ネーウィンの最も親しい盟友であるウィチャイは、ヨーロッパのクラブを買収している。

ウィチャイのレスターが成功を収めたことは、タイのすべての人々を感動させた。

「親友、そして兄弟分として、私は彼の成功を祝福するし、あそこで起きたことがまさにサッカーの奇跡だと認めなきゃならない。あれは去年、危うく降格しかけて苦しんだチームだ。もしそうなっていたら大損していただろう。だが今はチャンピオンズリーグだ！　これはサッカーにとってもタイにとってもいいことだ」

しかもレスターが成功を収めたことは、タイにおけるサッカー人気の構造も揺るがしている。

「タイは（伝統的に）リヴァプール、マンチェスター・ユナイテッド、アーセナル、チェルシーだけを応援してきたんだ。でも今はレスター・シティを支援するようになった。タイの人間がオーナーをしている、タイのクラブだからな」

とはいえタイ国内では、いまだにブリーラム・ユナイテッドFCの方が大きなインパクトを与えているし、はるかに人気があると釘を刺すのを忘れなかった。

「レスターの成功は、世界中にタイの存在感を示した点では良かったが、タイ国内のサッカーには影響を与えていない。私たちは親友だし、彼（ウィチャイ）はタイのクラブを買わないと決めたんだ、お互いに競い合ったりしないようにね。

だから彼はチャンピオンシップ（イングランドの2部）にいたレスターを買ったんだ。

ウィチャイは外国でのビジネスを重視しているが、自分はどうやってブリーラムを大きくするかを考えている」

2人はサッカークラブのオーナーとして順調に歩んでいる。クーデター後のタイの不安定な状況にうまく渡りをつけ、国王と軍事政権の両方に取り入りながら権益と影響力を維持してきた。レスター・シティの信じられないチャンスは、タイの国民全体に誇りを与えている。だがクラブのオーナーとして成功を収めれば、個人的な名声も高めることができる――政治的な理由に基づいて、母国でどんなビジネス上のトラブルが起きていても、有利な材料を与えてくれるのである。

8：パリ、フランス

元国賓、タクシン・シナワット

タクシン・シナワットは、レスター・シティの快進撃を、祖国から遠く離れた場所で見ていた。権力の座を追われた流浪生活もほぼ10年。タイの元首相は2008年から母国に戻っていない。軍事政権は資産を凍結しただけでなく、タイの土を踏んだ瞬間に、腐敗やその他の罪で逮捕すると宣言したからだ。

しかもイギリス政府はビザを取り消したため、タクシンは政治亡命の申請を撤回せざるを得なくなる。結果、自分を受け入れてくれる場所を探しながら各国を転々とするようになる。タクシンの身柄と、残った資産を保護するために手を差し伸べたのはUAEのドバイだった。

だが私がタクシン・シナワットと話をしたのは、パリ市内のホテルにある豪華なスイートルーム、長期滞在用の特別室だった。

わざと目立たないように工夫された専用の玄関では、シークレットサービスが立っている。耳にはイヤホンをつけたタイ人の男性は、死人のように冷たい眼をしていた。

一方、タクシンはアイロンがかけられた、汚れ一つない白いシャツを着てソファーに座っていた。その様子は1990年代半ば、億万長者として政治の舞台に参入し、タイの内政を揺るがせ始めた頃を彷彿とさせた。

「国賓として、ロンドンに公式訪問したときのことは今でも覚えていますね。フィリップ殿下（エリザベス女王の夫）と、麻薬の撲滅運動について話し合ったんです」

私を出迎えてくれたタクシンは、再びソファーに座りながら話し始めた。

「殿下の話にはびっくりしましたよ。すべての麻薬を処罰の対象から外すべきだと言ってきたんです。すべての麻薬をですよ！」

タクシンは軽く首を振りながら笑う。イギリスのロイヤルファミリー、しかも高齢のメンバーが極めてラディカルな自由主義者であることが面白かったという。

タクシンは、このような面白いネタをたくさん持っている。この世界を支配する人間の一人として、もてなされていた時代のエピソードだ。

だが今の彼はパリにいる。ドバイの夏の暑さを逃れ、孫たちと時間を過ごしながら、新しい投資の案件をチェックするためだ。彼はバイオメディカルの分野を始めとして、他にも若干の銘柄に少しばかりの金を投資している。

やがて会話は、彼のお気に入りの話題へと流れていった。

「レスターでは、いい監督と、いいチームスピリット、そしてオーナーの精神面でのサポートがうまく結び付いている。重要なのは年俸が高い選手や、有名な指導者を集めることではないんです」

タクシンはレスターのオーナー、ウィチャイの手腕を素直に讃えた。

タイのビジネス界で生き残っていくためには、政治的な駆け引きをしなければならない。ウィチャイを始めとするかつての仲間たちは、自分を裏切って軍事政権側についたが、その点に関しては恨みなど一切抱いていなかった。

「彼はまさにタイの人間だし、タイ人らしいやり方も身に付けている。選手や監督にファミリーのように接しているんです。それと彼は、タイから僧侶を何人か連れてきて、自分はもっといいプレーができると（選手たちに）信じ込ませるようにした。だから選手たちは、もっといいプレーをするようになったんです。

もちろん、選手たちは仏教徒じゃありません！　でも（仏教の）奥式を受けた後は、自信を持てるようになる。これは心理学ですね。何事でも精神的な面が大切なんですよ」

クーデターとマンチェスター・シティ買収

続いてタクシンは、自らがサッカー界で経験した出来事について語り始めた。

「クラウディオ・ラニエリのことはご存知ですか？　私は一度彼と面接をしてから、監督に雇うことを決めたんです」

タクシンが述べているのは、マンチェスター・シティを買収し、タイ人として初めてプレミアリーグのクラブのオーナーになろうとしていたときのことである。

「ところがエージェントは、スヴェン（・ゴラン・エリクソン）に代えてくださいと言ってきた。当時はスヴェンの方がもっと有名でしたからね」

やがてタクシンは、予定通りマンチェスター・シティを買収。オーナーとして注目される日々を満喫したし、市内にある大型スクリーンにタイ国王の姿を映し出し、王室に対する忠誠心もアピールすることができた。これはタイで政治的に復権するためには、非常に重要な要素となる。

とはいえタクシン本人は、自分がシティを買収したのは政治的な理由によるものではなく、純粋な動機に基づくものだったと主張する。彼はリヴァプールの買収に失敗した後、いかにしてシティにたどり着いたかについて語った。

「クーデターによって首相から罷免された後、私はロンドンに滞在していました。

私はもともとサッカーが好きなんです。長年、プレミアリーグの試合を見てきましたから、本当にチームのオーナーになりたかった。だから2003年にも買収のことを考えました。

そしてロンドンに滞在していた頃に、たまたまマンチェスター・シティの話が出てきた。だから買収することにしたんです」

タクシンの「ロンドン滞在」は、もちろん自らが望んだものではない。政変によって強要されたものだった。

それは2006年9月、タクシンが国連総会に出席するために、ニューヨークにいる際に起きた。軍の戦車がバンコク市内の通りに進駐し、軍部は戒厳令を発令。憲法を停止したのである。

とはいえ、これは以前から予想されていたことでもあった。

タクシンは軍事クーデターが起きる前年、様々な政治的危機に直面していた。権力の濫用から腐敗、私財の増大。タクシンに対する批判には、黒魔術にのめり込み、仏像を自分の偶像と入れ替えようとしていたという説さえある。

だが彼を失墜させたのは黒魔術ではない。2006年1月に自らが取った行動だった。

タクシンは首相時代、一件の法案を可決させている。これは国内にある複数の電話会社が、外国資本に完全に買収されることを許可するものだった。数日後、タクシンが経営していたシン・コーポレーションは、シンガポール政府が所有する会社に売却され、タクシンの妻と家族は、18億8000万ドルを手にする。しかも課税は最小限に抑えられていた。

この行動は抗議活動を誘発。タイ国内では仏教の様々な宗派や、各都市、各地域を巻き込みながら、タクシン派と反タクシン派の間で衝突が起きる。都市部に住み、王政を支持する中産階級の大多数はタクシンを糾弾。貧しく、人口が多い農村部はタクシンを支持する形になった。

騒乱が続く中、ついに9月には軍部が蜂起。タクシンの支配は終わりを告げたのである。

マンチェスターで最も人気のあるチーム

２００７年、祖国を追われたタクシンは、ロンドンに滞在しながら身の振り方を考えていた。プレミアの「二つか三つ」のクラブから買収を持ち掛けられたのもその頃だったという。

だがタクシンのお気に入りは、マンチェスター・シティだった。

２００1年、サー・アレックス・ファーガソンに特製のユニフォームを贈られて以来、タクシンは「マンチェスター」という名前が持つブランド力の高さを熟知していたのである。

とはいえ、ユナイテッドは手の届かぬ存在になっていた。『フォーブス』誌の推定によれば、当時のタクシンが20億ドルの資産を持っていたとしてもである。

だがシティならば値札は安くなる。しかもタクシンは、彼の地に本拠を構える赤いチームよりも、水色のチームの方が、マンチェスターという街の魅力を体現しているのではないかと考えた。

「マンチェスター地域では、ユナイテッドよりもシティの方が、人気があるんです。それにシティには新しい、いいスタジアムがありました。

でも当時のチームは、毎シーズン降格の危機にさらされるような状況だった。だからこそ私は、『もし、まともに投資をしてやったら、どんなことが起きるだろう？』と考えた。そこでオーナーになることを決めたんです。

タクシンが正式にクラブを買収したのは２００７年6月。２１６０万ポンドという買値は、現在の感覚からすると底値だったと見られている。

さらに彼は、プレミアリーグの「オーナー適正テスト」にも合格する。

この審査は、基準が緩いということで評判が悪かったが、人権擁護のNGOはタクシンを糾弾。首相時代に推進した「麻薬撲滅運動」は、野党勢力を投獄するのにも用いられたし、タイ南部におけるイスラム教徒による暴動を阻止する際にも、大量の死者が出ていると告発した。

当時は、タイの軍事政権が運営する「資産審査委員会」も資産凍結を求めていた。タクシンの取った行動は、国益に反するものだったというのが彼らの言い分である。

これらの嫌疑について尋ねると、タクシンは気色ばんだ。

「クーデターによって退陣に追い込まれたとき、軍部はネガティブな情報を流して、私の評判を落とそうとした。彼らはタイのメディアをコントロールしているのです。イギリスのプレスも、一方的な、ネガティブな情報を信じて、悪い印象を持つようになりました……。

麻薬撲滅戦争で死亡した人間の数は、それほど多くはなかった。おそらく全部で2000人ほどだったでしょう」

タイから来たカルトヒーロー

タクシンが行った新生マンチェスター・シティのお披露目は、伝説的なものだった。まずタクシンは、タイの美しい女性歌手のグループを手配。マンチェスターのアルバート広場でパフォーマンスを行わせる。さらに広場では、タイのビールとヌードルが無料で振る舞われ、タクシン自身もステージに立った。

温かく迎えられた彼は、そこでマイクを握ると、調子外れの「ブルー・ムーン（マンチェスター・シティのアンセム）」を熱唱。一瞬にして、カルトヒーローになった。

熱唱が終わる頃には、彼はフランク・シナトラをもじって、フランク・シナワットと呼ばれるようになる。

いずれにしても、タクシン配下の新生シティは、ほぼ完璧な形でお披露目を終えると、開幕から3戦3勝するなど、シーズンも完璧な船出を切る。ちなみに3勝の中には、マンチェスター・ユナイテッドに1－0で勝利した試合も含まれていたが、これはタクシンにとって、シティオーナー時代の最高の思い出になっているという。

「興奮しました。オーナーとしてスタジアムに座り、本当にすべてのプレーを自分でしているような気分になるんです。こうやって足で、ほら……」

タクシンは膝を上げ、頭を前に傾けて、ボールを蹴る仕草を真似してみせた。

「勝てれば最高に嬉しいし、負ければチキショウとなる」

母国のタイでは、政治家生命が終わっていたかもしれない。だが少なくともマンチェスターでは、政治家としての疼きを紛らわせる手段を見つけることができた。またタクシンは、マンチェスター・シティが勝っているときには、人権団体に告発されていることを忘れることもできた。

「多くのファンと一緒にスタジアムに立っていると、誇らしい気持ちになるんです。あれは政治にすごく似ている。自分は、世間の人々が幸せな気持ちになるために仕えている。そのことに誇りを感じるんです」

狂い始めた歯車

様々な問題が一気に噴出し始めたのは、タクシンが2008年の冬、軍事政権下のタイに短期間戻ったときだった。

まずはチームの運営に関する問題である。スヴェン・ゴラン・エリクソンとの関係は、新年を迎えたときから、もっと寒々としたものになった。

「シーズンの前半は、関係はすごく良かったんです。ところがタイに戻ると、チームはおかしくなっていった。当時は、まったくサッカーらしいサッカーができていませんでした。私は遠くから試合を見ていて、本当にイライラした。だから戻ってきたときには、そんなノリで彼と話をしなければならないと言われたので、少し苦々しいものになった。だから契約を打ち切ったんです」

シティのファンは不満を覚えたし、エリクソンの解任はタクシンとクラブとの蜜月関係、マンチェスター・ユナイテッドにホームとアウェイで2連勝していたことによって強まっていた絆を、実質的に終わらせている。

だが、タクシンのクラブオーナーとしてのキャリアに本当の意味で終止符を打ったのは、妻が不正な取引を巡る嫌疑で有罪判決を受けたことだった。

3年間の懲役刑に服する代わりに、2人は国外に逃亡したのである。

彼らは後に離婚。以来タクシンは帰る家を持たずに、流浪の生活を続けている。

「私はとても運がなかった。クラブを買収した後、私は投資を約束しました。そこで資産が凍結されてしまったんです。

プレミアリーグでクラブを持つには、本当に大きな大きな財布が必要になる。しかも一つだけではなく、いくつもの財布が必要になるんです。お金なんか、あっという間に飛んでいってしまう。クラブを売らなければならなかったのは残念です。財産が凍結された後は、私にはもうお金はなかった。あちこちから借金しなければならなくなってしまった」

給料の支払い、そして既に獲得していた選手の移籍金を分割払いするために、タクシンは毎月、400万ポンドを捻出しなければならなかった。かくしてタクシンは、すぐにクラブを売却しなければならなくなる。

その頃、タクシンが耳にしたのは、アブダビの王族の一員が買収できるクラブを探しているという噂だった。

タクシンによれば、シェイク・マンスールは当初、リヴァプールを買おうとしていたという。だが買収は拒否されていた。

「私はこう言いながら、女性の代理人にアプローチしたんです。『リヴァプールよりも、はるかに安くクラブを売りに出していますよ!』とね」

シェイク・マンスールが、マンチェスター・シティの買収費用として、タクシンにいくら支払ったのかは、いまだに公式には発表されていない。

だがその額は、約1億5000万ポンドだったと考えられている。もともとの買値を考えれば、大きな儲けである。具体的な金額を明かすことは拒んだが、タクシンもいい商売になったことを素直に認めていた

「いい値がつきましたね。利益が出ましたから」

祖国に帰る日を夢見て

かくしてタクシンは、シティのオーナーとしての短い歴史に終止符を打った。そこからは政治とサッカーの世界で復権を果たすために、険しい道を歩み始めることになる。

タクシン本人は、再びサッカークラブのオーナーに返り咲きたいと語る。

本人の弁によれば、プレミアリーグのいくつかのクラブから、投資を行うことを条件に、タダでクラブを譲ってもいいというコンタクトを受けてきたという。

だがテレビ放映権料から得られる収入、そしてチャイナマネーによる爆買いという今日の状況を考えると、こんなオファーをしてくるクラブがあるとは信じ難い。むしろイングランドの2部のクラブを買収する方が現実的な選択だろう。

事実、チャンピオンシップでは、シェフィールド・ウェンズデイとレディングを、それぞれタイ人のオーナーが買収している。いずれも水産加工業で財を成した人物だ。

「タイではマグロはまったく取れませんが、彼らはマグロでリッチになったんですよ！」

タクシンは笑いながら、タイのビジネスマンたちの抜け目のなさを指摘する。

彼は現在69歳。たしかに多くの人は、タクシンがいまだにタイ国内で大きな影響を持っていると考えている。だが本国に帰還し、政治的な復権を狙うには、おそらく年を取り過ぎている。タクシンの周りで確実に時は過ぎ去ってしまった。

「政治に関わるというのは、大きな成功を収めたビジネスマンにとって良いことではないし、多くのものを失うことになる。彼は私から教訓を学んだんです。絶対に政治の世界に飛び込んだりはしないはずです！」

タクシンの物語は、一つの教訓を与えている。財産を保持したいなら、政治の世界に足を踏み入れるべきではないというものだ。事実、タイの実業界をリードしているビジネスマンたちは、政治的な野心など誰一人抱いていないような印象を与える。

「それは彼（ウィチャイ）にとって、いい作戦だと思います。ビジネスに携わっていると、様々な政治勢力によって立場を脅かされることになりますから。

発展途上国の政治に関わるのは、失うものが何もない人にとってはいいでしょう。それに大衆にとってもプラスになる。でも権力者たちは歓迎しない。彼らは嫉妬するんです。世間の人たちは金があれば何でもできるだろうと考えがちですが、そうではないのです。

政治に関わるというのは、大きな成功を収めたビジネスマンにとって良いことではないし、多くのものを失うことになる。彼は私から教訓を学んだんです。絶対に政治の世界に飛び込んだりはしないはずです！」

タクシンの言葉は説得力がある。

彼は政治家に転身することによって財産を増やしたが、政治に関わったことによって得たものよりも多くのものを失ってしまった。近年の彼がまっとうな利益を得たのは、マンチェスター・シティを売却したときだけだった。

「1993年、『フォーブス』は私には20億ドルの資産価値があると指摘しました。そのときには、アジアで上位20人のビジネスマンにもランクされていた。

私自身、1994年の終わり（政界に参入したとき）に20億ドルの資産があると発表しました。今、手元に残っているのは10億ドルです」

言葉を換えれば、タクシンは政治的な野望のために10億ドルを支払った計算になる。

とはいえ、タクシンがマンチェスター・シティを買収していなかったならば、ウィチャイがレスターのオーナーに納まることも決してなかっただろう。その意味でもウィチャイは、タクシンから学んだのである。

「でも今ではサッカークラブのおかげで人気者になった。つまり（クラブを運営して成功させたことは）保険になっている。これは良い保険です」

インタビューの数日後には、母国のタイでレスターの優勝パレードが予定されている。だがタクシンは出席するつもりはないのだという。

「前にお祝いを言いましたから」と言い訳をしたが、プライベートジェットを使えば、さほど時間はかからないはずだ。

むしろ理由は別のところにある。そもそもタクシンは、母国の地を踏むことなどできなかった。ウィチャイのためにもである。晴れの席に顔を出したりすれば、母国を支配する軍事政権は、ウィチャイはかつての恩人でもあるタクシンと、今も連絡を取り合って動いていると解釈するだろう。これはウィチャイにとって、死の宣告に等しい。

「私は政治的に目の敵にされているんです」

別れ際、タクシンは述べた。

「連中はナーバスになっていますから、私は誰もトラブルに巻き込みたくないんです」

インタビューが終わると、タクシンは仕事に戻っていった。高級ホテルの特別室にこもりながら、自分が投資している株を再びチェックするのだろう。いつか、母国に戻れる日を夢見ながら。

レスター・シティ、優勝パレードの波紋

数日後、プレミア優勝という快挙を成し遂げたレスター・シティの面々は、バンコクに凱旋を果たした。彼らはバンコク市内のエメラルド寺院（ワット・プラケーオ）に到着する前に、黄金仏寺院（ワット・トライミット）に向かい、63歳の僧侶の元を訪れている。かつてレスターに飛び、スタジアムと選手たちを清めた高僧である。

やがてオープンカーのバスで、パレードがスタートした。沿道に詰めかけた数千人の人々は、タ

イという国そのものが達成した偉業でもあるかのように優勝を祝い合った。

だがこの感動的なエピソードには裏があった。沿道に詰めかけた群衆の大部分が、実は1人あたり500バーツ(約10ポンド)の報酬と、キング・パワーのTシャツを受け取る代わりに優勝パレードに参加。さらには同社の社員も、参列を義務付けられたという説が流れてきたのである。金を渡して集会に顔を出してもらうのは、タイの政治家が使う常套手段になっている。

「勤務が終わった社員に、パレードへの参加を許可したのは事実です。シフトごとに500人いますから。でもあくまでも、本人たちが望んだ場合です」

キング・パワーの広報担当者は、『バンコク・ポスト』紙に後に語っている。だがサポーターたちに金を払ったという噂は否定した。

「彼らは既にレスターのTシャツを持っていましたから、あの場で着ていたのは当然です。それはレスターでも同じでした。あそこでは24万人の住民が、クラブのTシャツを着てパレードに参加していました」

とはいえ、レスターが成し遂げた歴史的偉業の価値は損なわれない。

誰もが予想しなかったプレミア制覇は、外国資本、とりわけアジアマネーがヨーロッパサッカー界への進出を進めている最中に、完璧なタイミングで起きた現象だった。適任の監督を据え、選手と正しく組み合せ、怪我人も出ないという幸運に恵まれれば、どんなチームでもチャンピオンの座を狙える可能性がある。しかもあらゆるオーナーが喉から手が出るほど欲しがっている露出効果と、ブランドの認知効果を得ることも期待できる。

レスター・シティの面々が、タイへの凱旋ツアーで最後に訪れたのは、バンコクの中心部にあるラーマ国王の宮殿への表敬訪問だった。

世界で最も長い間、君主を務めていたラーマ9世は88歳で、体調が優れなかった。宮殿では、レスター・シティのコーチングスタッフと選手は全員、ひざまずいて一列に並んでいた。その中央では、息子を従えたウィチャイが、国王の肖像画の前にプレミアリーグのトロフィーをうやうやしく置いている。

タイとサッカーのこれから

数カ月後、タイを激震が襲う。10月、ラーマ9世は帰らぬ人となり、1カ月間、国は喪に服することが発表された。国内リーグの試合も3節を残してキャンセルされ、ムアントン・ユナイテッドの優勝が認定された。

ブリーラムを率いていたブラジル人、アレクサンドル・ガマは私が会った直後、2016年の5月に解任されている。後任には、元イラン代表チームのアフシン・ゴトビが就いたが、チームはリーグ戦を4位で終えている(さらにゴトビからチームを引き継いだのは、やはりJリーグで指揮を執ったランコ・ポポヴィッチである)。

これからタイはどうなるのか。

誰にも未来はわからないが、ラーマ9世の後継者は既に決まっている。

彼の息子、ラーマ10世はプレイボーイとして有名で、父親と異なり、公務にほとんど興味を示さないと言われている。いずれにしてもタイの将来を決めるのは軍部、そして軍部と手を結んだ実業家たちになるはずだ。

軍部はタクシン・シナワットの娘、インラックの政権を転覆させた後、「国家平和秩序維持評議会（ＮＣＰＯ）」と呼ばれる機関を設置しながら、新党を結成。軍事政権に対する不満をガス抜きしつつ、２０１８年には総選挙の実施も計画している。

タイ国民の目は、選挙で本当に文民復権が実現するかどうかに注がれているが、そこで鍵になると目されているのが、実はレスターのオーナー、ウィチャイなのである。

「巨万の富と強力なコネを持つウィチャイは、『ジグソーパズルの最後のピース』になる可能性があると見られている。新党を通じて、ＮＣＰＯが実効支配を続けるためにも、欠かせない人物になるはずだ」

タイの新聞、『ザ・ナショナル』紙は報じている。さらに同紙は、タイの未来を左右するであろう、３人のキーマンの名前を挙げている。

１人目は副首相兼国防長官、２人目は別の政治指導者、そして最後は聞き覚えのある人物だ。元閣僚にして政治ブローカー、そして現在はブリーラム・ユナイテッドのオーナーを務める、ネーウィン・チッチョープである。

驚くべきことに、彼はかつての盟友だったタクシンと、今でも話をするという。実質的に政敵同士になってしまったにもかかわらずだ。

「友人としてだよ。政治？　それはもういい。あんな地獄のような世界には戻りたくない。政治のことは聞かないでくれ。

政治家だったときには、国民の半分からは嫌われていた。今の私は『ミスター・ネーウィン』じゃなくて、（サッカー）ファンにとっての『ネーウィンおじさん』なんだよ。私はファンに愛されていると思う。それは政治の世界にいるよりも大事なことなんだ」

ネーウィンは、自分は政治の世界を離れたと主張し続けた。だがタイの国内では、その言葉を信じる人は、ほとんどいない。

9：ハーグと中国サッカーのそれから

春先、ADOデン・ハーグの広報が電話をかけてきた。

1年のうちで最も気持ちのいい時期に会えればと思って取材を申請していたが、王輝自身がインタビューを受けたがっているのだという。

「彼がここに来ているってことは、誰にも言わないでくださいね」

クラブの広報は、オランダのメディアに財務状況を詮索されるのを嫌がっていた。またファンが王を発見し、再びホテルに押しかけたりする事態になるのも心配していた。

「ハーグ市内で待っていてください。後で電話しますから」

連絡が来るまで、街の中心部にあるカフェで待っていることにした。

デン・ハーグは、次のシーズンも中国人のオーナーがそのまま所有する形になる。

市内で壁紙店を経営するサポーターは王輝もチーム側も批判していたが、オランダリーグの1部で競い合えるようになるためには、外国資本の参入が必要であることも認めていた。

ちなみに彼はデン・ハーグだけでなく、スウォンジーの株式を所有していた人物だ。それだけに言葉には説得力がある。

いずれにしてもデン・ハーグは、「アイデンティティーの模索」という作業を、来年も強いられることになる。イングランドのサッカー界は、外国人のオーナーが参入し、クラブを買収する状況に昔から慣れている。オランダの場合、外国人がオーナーを務めているクラブは、かつてはフィテッセしかなかったからだ。

フィテッセは、フレーザーが新たに監督に就任したクラブだが、このクラブはまずジョージア人によって、次にはロマン・アブラモヴィチと関係のある、ロシアの実業家によって運営されていた。結果的にチェルシーに選手を供給する役割を担うことになり、物議を醸していた。

事実、フィテッセでは、配下の選手たちが1シーズン在籍しただけで、移籍していくようなケースが多かった。あまりに頻繁に選手が入れ替わるために、オランダのサッカー界では物笑いの種にもなっていたほどだ。観客数も当然のように減っていく。

元オランダ代表で、サウサンプトンも率いた監督、ロナルド・クーマンが指揮を執って輝きを放っていた頃とは雲泥の差だが、デン・ハーグも同じような難問に直面することになる。

デン・ハーグに起きたことと、中国資本に買収された他のクラブで起きた現象には、いくつかの共通点もあった。まずは買収されたクラブは、習近平の改革プランを押し進めるための前線基地としての役割を担っていたこと。そしてマネージメントの問題を抱えたことである。

フランスの古豪ソショーでは、ファンがクラブの運営体制に公然と反旗を翻していた。チームは、フランスの3部リーグへの降格を辛うじて免れるような有様だった。さらにはクラブを仕切っていた中国企業のオーナーが破産していたからである。

「なんでプジョーは、このクラブをあんな投資家に売ったのか。それがわからない」

ソショーのサポータークラブの一人は、こんなふうに述べた。

「ほんの数時間、ウェブをクリックして調べれば、この売却はまずいのではないかと思えるような悪い情報はすぐに見つかるんだ」

とはいえ、チャイナマネーはヨーロッパに進出し続けてきている。2016年が夏を迎えるまでには、様々なクラブが毎週のように買収されていった。

ACミラン、アストン・ヴィラ、フランスのニースとスペインのグラナダ。

さらにイングランドのウォルヴァー・ハンプトン・ワンダラーズや、ウェスト・ブロムウィッチ・アルビオンにも中国の国旗が翻る。ウェスト・ブロムウィッチ・アルビオンは、プレミアリーグで初めて中国人オーナーが所有したクラブだが、イングランド中西部の主なクラブは、いつの間にかすべて中国資本に買い占められていた。最終的にはアメリカ人オーナーの持ち物となったものの、スウォンジーの売却話にさえ横やりが入った。

興味深いのは、アトレティコ・マドリーの共同オーナー、ワンダ・グループの会長が行った提案だ。彼はビッグクラブ同士の対戦がさらに増え、逆にマイナーなクラブが出場する機会が減るような形での、新たなリーグの設立を提案している。これはUEFAチャンピオンズリーグを換骨奪胎しようとする試みに他ならないし、アメリカ人オーナーの発想にも非常に似ている。

新リーグの発足というアイディアは歓迎されなかったが、チャイナマネーとアメリカ資本は、ヨーロッパサッカーの構造を不可逆的に作り替えていく可能性もある。

ただし、そこには一つの条件がつく。少なくとも中国が及ぼす影響に関しては、金に糸目をつけない投資が続くことが前提となる。中国においては、スポーツそのものが紆余曲折を経てきた。

「現在のサッカーブームは、政治的な現象にすぎない」

『バンブー・ゴールポスト』の著者、ローワン・シモンズは語る。

「習近平体制が任期の終わりに近づき、新たな国家主席がサッカーファンではないことがわかったとする。その途端に金の流れは止まり、後には何も残らなくなるだろうね」

チャイナマネーと中国のサッカーは、これからどうなっていくのだろうか……。

そんなことを考えるうちに、いつしか時間が経っていた。

ふと気が付けば、ハーグに夜の帳が降りている。私がいたカフェも閉まり始めた。

王輝とのインタビューは結局、実現しなかった。

4

中東編

オイルマネーの宿業

PART1：アブダビ編

1：バングラデシュの極貧地域

ダッカに4月の太陽が昇り、街が目を覚ます。幹線道路が渋滞とスモッグで包まれる前なら、アナムルとラズールの兄弟がいるコミラ村までには、車でちょうど1時間でいける。だが今日は4時間かかる。緑豊かなバングラデシュの田園地帯。インドとの国境近くを抜ける埃っぽい道の両脇には、マンゴーが熟していた。

道は徐々に細くなり、左に曲がる。そしてぬかるみを越えていくと、兄弟が住んでいる小さな農村にたどり着く。地平線まで水田が広がり、牛や鶏が徘徊している。それは美しい光景だが、地球上で最も貧しい場所の一つでもある。

アナムルとラズールは、サイズの合わない小さなシャツと巻きスカートのような衣裳を合わせた格好で草刈りや水汲み、小さくて甘いバナナを集める作業を黙々とこなしていた。

2年前にアラブ首長国連邦の首都アブダビから強制送還されたとき、2人のところには何人もの人が訪れたという。だが最近は誰も来ていなかった。2人はフレンドリーだったが、同時に私を警戒していた。同じ経験はこりごりだと言わんばかりに。

「自分が体験したことは話したし、みんな手を貸してくれると言ったんです。でも、どこかに行ってしまい、何も変わらなかった」

年上で口数の多いアナムルは、ベッドに腰掛けながら語り始めた。

「僕らは忘れ去られてしまったんです」

2人の兄弟はこの村で育った。極貧の日常生活から脱出する方法はほとんどない。農業で自活するのが生きる術となっている。

「環境は良くても唯一の仕事は農業だし、うちは大家族だから、それだけでは十分じゃなかった」

そこで、アナムルと彼の弟は、毎年数百万人のバングラデシュ人がたどる道と同じ道を歩むことを決断する。

バングラデシュは雑然とした国だ。豊かだが貧しい。人口は1億6000万人で、地球上で最も人口の多い国の一つになっている。

アジア開発銀行によれば、国民の31・5%、5400万人近くの人々が、最低貧困線以下の生活を送っており、1日2ドル以下で生き残っている。

国内最大の産業は、繊維業であり続けている。西側の多国籍企業が高級なブティックチェーンに並べている多くの洋服は、現地の人々に最低限の賃金を支払ってこしらえたものだ。

だがバングラデシュを真に支えているのは繊維業ではない。国内総生産を支える唯一突出した産業は他にある。人間の輸出である。正確に言うならば、人間を輸出する代わりに得られる、給与小切手の輸入だと表現できる。事実、バングラデシュでは毎年50万人もの人々が、国内では得られない職を探して海外へと向かう。家族の将来を支えるためだ。

ＩＭＦによれば、海外に出稼ぎをしている労働者からの送金は153億2000万ドルで、バングラデシュのＧＤＰの７％近くに相当する。非公式な数字まで含めれば10％に近い。金の流れが途絶えれば、バングラデシュ経済は破綻するだろう。

バングラデシュの人々は建設業者、労働者、掃除婦、メイド、運転手などの職業に就いてきたが、渡航先で最も人気があった場所、そしていつも職があったのは中東地域、特に石油と天然ガスで急速に成長した湾岸諸国だった。サウジアラビア、カタール、そしてアナムル兄弟が滞在したＵＡＥである。

兄弟の父親も職を求めてサウジアラビアやリビアで数十年を過ごし、過酷な環境で働きながら母国に送金していた人物だった。父親は年若くしてずいぶん前に亡くなっていたが、今、私たちが座っている家はその送金で建てられたものだという。この村に住む若い男性にとっては、狭い村でずっと貧しい生活を送るか、数年間、海外で辛い思いをする代わりに家族のために送金をするか、二つしか道は残されていない。

アナムルも湾岸諸国で働いていた親族の勧め、そして彼の父が出稼ぎで稼いだ金を元手に家を建てたことを踏まえて、海外に渡ることにした。後には弟もやってきた。

「従兄弟がカタールとＵＡＥにいたから、僕もその影響で海外に行くことにした。

僕は結婚しているし子供もいる。子供たちを養うのは大変だし、僕は仕事にあぶれていた。だから外国に行って、たくさんお金を稼ぐことに決めたんだ」

UAEで待っていた現実

UAEの知名度はスポーツへの投資、特にアブダビの王族の一員が、マンチェスター・シティのオーナーになったことで世界的に高まった。マンチェスター・シティにもたらされた変化は、UAEをグローバルにアピールすることにも寄与した。もともと中東は政情が不安定だが、UAEは国情が安定している。さらには進歩的な考え方をし、西側諸国にもフレンドリーで、ビジネスにも意欲的に取り組んでいる国家というイメージだ。

だがアナムルや彼の兄弟、そして出稼ぎ労働者が体験したのは、この種のイメージとは似ても似つかぬものだった。アナムルは語る。

「仲介業者がいて、僕を事務所に連れて行ったんだ。面接をして、健康診断をしたらパスポートと金を取り上げられて、代わりにビザを渡してやると言われたんだ」

中東で働くバングラデシュ人は、仲介業者を通じて働き口を見つける。

アナムルも業者に「2ラーク」、およそ2000ポンドを支払っている。これはバングラデシュの人々の感覚からすれば、相当な額だった。事実、アナムルは資金をこしらえるのに、持っていた土地の大半を売り払い、足りない分は友人や家族から借金をしている。もちろん、利息を払う条件である。

彼は程なくして飛行機に乗せられ、ドバイへ向かう。そこで待っていたのはBKガルフという企業の電気技師としての仕事だった。BKガルフはイギリスの大手エンジニアリング会社と、地元企業が結成したジョイントベンチャーである。

「新しい仕事に就くんだから、僕は少し興奮していた。でも家族を置いていくことについては心配もしていた。それと現地に着くまでは、待遇のことは何一つ知らされていなかったんだ」

漠然とした不安は的中する。UAEで待っていた生活は過酷だった。

湾岸諸国で働く出稼ぎ労働者たちは、「カファラ」と呼ばれる制度下に置かれる。「カファラ」とはアラビア語で「支援」を意味し、雇い主や企業側に絶大な権利を与える。

男女を問わず、労働者は自分が持っている権利を雇用者の手に委ねなければならない。雇用者の許可を得なければ仕事を変えることはできないし、サウジアラビアやカタールでは出国さえできなくなる。この制度は中東全域でまかり通っている労働者の虐待、現代における奴隷制度の一つとして、人権団体から厳しく批判されてきた。


アナムルも空港に着くやいなや、雇い主からパスポートを取り上げられることになる。その後に待っていたのは、1日13時間、週6日間働き続ける日々だった。

しかも彼にあてがわれたのは、労働者向けの収容所だった。

一つの部屋に6人が押し込められ、祖国の家族とも隔絶される。夏になると気温は50℃にも達するが、十分な食物や水もない。春や秋になっても気温はさほど下がらないし、馬車馬のようにこき使われる日々が続く。それでいて1カ月に得られる給料は、わずか200ドルだった。

「誰もが給料に不満を言っていたよ」

アナムルによれば、自分たちが実際に受け取っていた額は、もともと約束されていた額の3分の2程度だったという。

彼はさらに過酷な現実を目の当たりにする。同じ出稼ぎ労働者の中でさえ、賃金と待遇の格差がはっきり存在していたのである。

「インド人、スリランカ人、フィリピン人、こういう連中は皆、もっと待遇も良かったし、給料も多く受け取っていた。ひどい目にあっているのは、バングラデシュ人だけだったんだ」

だがバングラデシュに戻るには遅過ぎた。仲介業者に渡す金を捻出する際に土地を売り払っていたため、アナムルの手元には何も残っていなかった。代わりに多くの借金を抱えるようになっていた。しかも彼はいまだに借金を返し続けていた。

このような状況で母国に戻れば、家族はまさに路頭に迷ってしまう。結局アナムルにはUAEに残り、働き続けるしか道は残されていなかった。

ニューヨーク大学、アブダビキャンパス

2013年、アナムルはUAEのドバイから首都アブダビに移動することを命じられる。ニューヨーク大学のキャンパスを建設するためだ。

ドバイからバスで2時間移動した場所にあるアブダビは、スポーツ、芸術、教育などの分野で世

界をリードする文化の拠点になるべく、オイルマネーをつぎ込んでいた。アブダビはF1グランプリを誘致していたし、最先端の競馬場も建設。ニューヨークのグッゲンハイム美術館、パリのルーブル美術館と提携した施設の建設も進めていた。

さらにアブダビは、マンチェスター・シティも買収してチャンピオンチームに仕立て上げたどころか、ニューヨーク大学の新たなキャンパスを作る契約も結んでいた。

このプロジェクトはアブダビ政府が100%出資した投資会社、ムバダラ・ディベロプメント・カンパニーによって監督されることになっていた。同社のCEOであるカルドゥーン・アル・ムバラクは、アブダビの行政長官にして、マンチェスター・シティの現会長でもある。彼はこの大任と並行して、ニューヨークにある本校で大学の運営員会の役員にも納まった。

アブダビ政府は大学側に5000万ドルを提示して話をまとめたが、キャンパスの建設計画は、アメリカ国内で非常に物議を醸した。

「(UAEが)非民主的な政権であることは、おそらく間違いないだろう。彼らは政治犯を拷問し、移民の労働者に過酷な条件を強い、同性愛者を差別しているとして非難されてきた」

『ニューヨーク・タイムズ』紙のコラムニスト、アンドリュー・ロス・ソーキンは記している。彼は『コメンタリー』誌に掲載されたエイブ・グリーンワルドの記事も引用した。

「より高い額を提示した入札者に、劣化版のクローンを売りつける。ニューヨーク大学はアメリカの大学全体に、取り返しのつかないダメージを与えている」

だが結局、プロジェクトは続行され、アナムルも大学の建設現場に送り込まれる。給料を上げてもらえるという約束を受けてである。この時点で、彼の弟も作業に加わることになった。

「給料を倍にしてもらえるという話だったから、僕は喜んでいた。

ところが実際に仕事を始めてみると、そんなふうにはならなかった。新しい契約なんて結んでもらえなかったし、相手は『手続きを進めている』と言っただけだった。

だから僕は会社側と交渉するために、インド人のマネージャーに話をした。相手は（本社の人間と）会えると言ってきたけど、連絡なんてまったく取れなかった」

収監、殴打、そして強制送還

職場を変わっても、約束された報酬は一向に支払われない。薄給や劣悪な住環境、そして最も差別を受けているバングラデシュの出稼ぎ労働者たちは、さらに幻滅と不満を覚えていく。

彼らは最終的には、ストライキを計画するようになる。組合の結成とストライキは、ＵＡＥではどちらも違法であるにもかかわらずだ。

「誰かがチラシを印刷してトイレに置いていったんだ。誰が計画したのかはわからない。でもストライキが行われるのは、たしかだった」

ある日の朝、労働者の収容所にはさらに多くのチラシが撒かれていたという。

これを見た労働者たちは、バスに乗り込んで現場に向かうことを拒否。翌日、会社側の代表者が労働者の宿泊所を訪れ、交渉に応じる姿勢を見せる。労働者たちが求めたのは1カ月あたり65ダーラム、13ポンドに相当する額を上乗せしてほしいという、ささやかな願いだった。

「でも会社側は拒否したんだ。バングラデシュの人間と会社の担当者の間で話し合いが行われていたんだけど、現場には何人かのカメラマンもいて写真を撮っていた」

これはアナムル兄弟が、UAEで自由を手にしていた最後の日となった。

次の日、労働者の宿舎には警官隊と特殊部隊が到着。ストライキの首謀者を探しながら、そこにいた人間を片っ端から逮捕していったのである。こうして300人の労働者が、警察署に連行されることとなった。

刑務所の中で彼らは暴行を受ける。弁護士をつけることなどはもちろん叶わなかったし、食事や水も与えられなかった。

「刑務所にはアラビアの服装をした人間が何人かいた。それが誰だったのかはわからないけど、僕たちを個室に連れて行った。リーダーを知りたがっていたんだ。

本当の話、誰がリーダーだったのかは今でもわからない。僕の場合は平手打ちされたぐらいで、こっぴどく殴りつけられたわけじゃない。でも白紙の紙にサインをさせられた。そうしろって命令されたんだ」

署名をさせられた後、アナムルと弟は10日間を刑務所で過ごすことになる。体にあざをつくったまま、腹をすかせ、喉の渇きに苛まれながらである。

そんな日が続いた後、ニューヨーク大学の新しいキャンパスをアブダビ沿岸、サディヤット島に建設している会社の人間が、刑務所にやってくる。その手にはパスポートが握られていた。こうして2人はバングラデシュに強制送還されたのだった。

2：シェイク・マンスールとマンチェスター・シティ

2008年9月は、サッカー界が永久的に変わってしまった時期にあたる。アブラモヴィチがチェルシーを買収したことによって、サッカー界は既に激変していたが、今度はアブダビ資本が、マンチェスター・シティを配下に収めたからである。

当時、イギリスのメディアには、アブダビは買い物を間違った、マンチェスターにある二つのクラブのうち、間違ったクラブを選んでしまったと面白半分にコメントした者がいた。また、この買収を仕掛けた人間、シェイク・マンスールの名前を聞いたことがある人間も、中東以外にほとんどいなかった。しかし買収は、周到な計画の下に行われていた。

シェイク・マンスールは、UAEを構成する七つの首長の中で最も影響力のある王国、首都アブダビを支配する一族のメンバーである。彼らは世界で2番目に裕福な王族としても知られている。これは世界で7番目に埋蔵量の多い石油資源によるもので、資産は1兆ドルにもなると目される。

シェイク・マンスールは1971年、イギリスの植民地支配が終了した後に建国を果たした元国王、シェイク・ザーイドがもうけた子供の一人にあたる。元国王はドバイ、シャルジャ、フジャイラ、アジュマーン、ラス・アル・カイマ、ウム・アル・クワインという、現在のUAEを構成する他の六つの王族を説得。互いにいがみ合うのを止め、団結しようと訴えかけた人物だった。そして生前は19人の子供を残した。

ちなみにシェイク・ザーイドは２００４年に帰らぬ人となる。その後をＵＡＥの大統領として継いだのがシェイク・マンスールの腹違いの兄だった。

マンチェスター・シティを買収する以前のシェイク・マンスールは、ＵＡＥの運営をサポートしていることで知られていた。先代の国王の息子として、国を支配する王族の中で死活的に重要な役割を担っていた。大統領府の大臣として実質的に国政に助言を与えていたのである。

とはいえ、やはり外部の人間にとっては、彼は無名の存在に近かった。ＵＡＥでは王族の情報自体が、ほとんど公開されていなかったからだ。

この点に関しては、ウィキリークスが公開した情報が参考になる。

２００４年、アブダビのアメリカ大使館からＣＩＡと国務長官に送られた電文によれば、シェイク・マンスールは１９８９年にカリフォルニア州サンタ・バーバラにあるコミュニティ・カレッジで英語を学んだ後、１９９３年にＵＡＥに帰国。国際関係論の学位を取得している。

「ＵＡＥ：新たな組閣メンバー」と題された電文には次のようにある。

「彼は英語がうまい。だが学業の成績は悪かった」

ウィキリークスが公開したアメリカ大使館の電文は、シェイク・マンスールが内政において、いかに重要な役割を担っているかも明かしている。

ＵＡＥを構成する他の王族たちと同じように、アブダビの主要メンバーもオイルマネーを様々な分野に活用すべく、国営の投資会社をそれぞれ任されていた。

シェイク・マンスールは、国際石油投資会社（IPIC）という組織の会長に任命されていた。これはエネルギー分野への投資を専門に行う組織で、事業規模は700億ドル、UAE国内で2番目に規模の大きな国営ファンドだった。

シェイク・マンスールはまた、「バニ・ファティマ」と呼ばれる、グループの重要な一員にもなっていた。これは前国王が最も寵愛した妻との間に生まれた6人の息子たちの総称で、他の妻との間に生まれた子息よりも特権的な立場を享受していた。

例の電文は、このようなバックグラウンドと同様に重要な情報も伝えている。

「シェイク・マンスールは、内務省の大臣として、あらゆる問題において国王に助言を行うチーフ・アドバイザーになる」

事実、シェイク・マンスールは2009年に、UAEの副首相に任命されている。

シェイク・マンスールの代理人となった男

シェイク・マンスールが、いかなる血筋と影響力を持った人物であるかは、これでおわかりいただけるはずだ。

それほど国政で重要な役割を担っているのであれば、イングランドのサッカークラブを買収し、運営する時間などないと考えるのが普通だ。

だがクラブの買収は、「アブダビ・ユナイテッド・グループ」という投資会社によって順調に進められる。同グループを率いた若きビジネスマンは、サッカー界に生まれた新たな世界秩序、かつて存在しなかったマネーの流れを象徴する人物になった。

それがスライマン・アル・ファヒムである。投資会社のオーナーはシェイク・マンスールだが、彼は名目上の代表として、買収交渉の実務に当たった。

そもそもシェイク・マンスールは、舞台裏で動き回ることによって強力なキャリアを築いてきた人物だったが、アル・ファヒムは正反対のタイプだった。

彼は年齢こそ30代前半だったが、がむしゃらなやり方で不動産投資事業を展開。自らをPRするために、自分を主人公にしたテレビドラマまで制作させるような人物だった。

事実、マンチェスター・シティの買収が明らかになると、アル・ファヒムはシェイク・マンスールが持つ莫大な資産に触れながら、大風呂敷を広げ始める。

「クリスティアーノ・ロナウドは、世界で最も偉大なクラブでプレーしたいと言っている。彼が本気なら、1月にはこのクラブにやってくるだろう」

アル・ファヒムは、マンチェスター・シティの買収が決まった直後にコメントしている。

「シティは世界で最もビッグなクラブになる。レアル・マドリーとマンチェスター・ユナイテッドの両方よりもビッグなクラブだ」

中東のオイルマネーが注がれたシティは、一夜にしてスーパークラブに変貌。狂喜したサポーターたちは、シーズン最初のホームゲームでおどけてみせた。タオルをアラブ風に頭にかぶって、20ポンドの新札を振りかざしてみせたのである。紙幣に印刷されたエリザベス女王の顔は、アル・ファヒムの笑顔に取って代わられ、20の数字は５０００億にマジックで書き直されていた。

イングランドのサッカー界が蜂の巣をつついたような騒ぎになる中、アル・ファヒムの傲慢な物言いは、さらに歯止めがかからなくなっていく。

「僕はいつも、自分がブルドーザーになったような気分になるんだ。全面的に援助してもらっているブルドーザーにね。

誰もが気に食わないと思っていても、ブルドーザーは動き始める。途中に車が停めてあれば、その車を踏みつぶして前に進んでいく。自分にはアイディアがあるし、それを実行しなければならないんだ」

シティ買収にまつわる謎

マンチェスター・シティの買収が成立した数週間後、私はドバイでアル・ファヒムに会った。彼は不動産イベントに出席し、自らの会社が手掛けていた、いくつかの投資物件をＰＲしていた。

お世辞をいう取り巻き連中を従えて姿を現した彼は、青いカンドラ（ローブ）を身にまとい、頭には白いヘッドカフをつけていた。自分たちの会社が、既に1年間でどれだけの儲けを出したか。

そんな説明を部下から聞かされた後、ようやく本人との話が始まる。彼は自分が結んだ一世一代の超大型契約と、自分がいかにして突然、サッカー界で最も有名な人物の一人になったのかを語り始めた。

「シェイク・マンスールの代理人として、実際に交渉をして契約を結んだのは僕だった。そしたら自分が（クラブの）会長であり、オーナーだということにもなっていた。オフィシャルのプレスリリースでさえ、僕のことをオーナーだと書いていたからね。悪い気持ちはしなかったよ。楽しかった。新聞に僕の写真を載せてくれたんだから！」

興奮したのは十分にわかるが、問題はそこではない。最も重要なのは、そもそもシェイク・マンスールが、なぜクラブを買収したのかだった。

たしかにシェイク・マンスールは、UAEのサッカークラブを既に一つ買収していた。アブダビを拠点とする、アル・ジャジーラである。

だが対外的な知名度は低かったし、彼自身、舞台裏で動くのを好んできた。本当にリッチな人々は注目を浴びるのを嫌うが、シェイク・マンスールも同じ気質を持っている。メディアで連日のように報道されるような状況には、相当反感があっただろう。功名心や自己顕示欲などが、クラブを買収する動機になったはずがない。

ちなみに彼は、シティを買収した後に公開書簡を発表。サポーターを落ち着かせるために、もっと現実的な目標を目指すと述べている。

また買収の経緯については、自分はアブダビの投資会社や政府機関の一員としてではなく、あくまでも一個人としてクラブを買収した、利益を上げることが主な動機だったとも説明している。

「ビジネス的な観点から冷静に述べれば、プレミアシップのサッカーは世界最高のエンターテインメントの一つになっています。私たちは（この買収を）健全な投資案件として見ています」

とはいえ、この種の説明はより多くの疑問を生む。

イングランドのサッカー界よりも、はるかに魅力的な投資案件は世界中に存在する。世界で最も豊かな一族の人間が、わずかな利益しか得られない業界に金をつぎ込む理由などないからだ。

とはいえシティの買収には、明らかなメリットがあった。

UAE国内で、アブダビの存在感をさらに高めることができたからだ。UAEは七つの首長国からなっているが、とりわけ影響力の大きいドバイとアブダビは微妙なライバル関係にある。UAEでは大統領をアブダビから、副大統領をドバイから選ぶのが習慣になってきた。

ドバイ対アブダビの知られざる覇権争い

1990年代、ドバイは貿易に特化することで経済的に成長する。世界中の富裕層に向けて、自分たちの王国はゴージャスな生活を送ったり、高価な物件を購入したり、休暇を過ごすには打ってつけの場所だとアピールすることで知名度と存在感を高めた。

そもそもドバイは厳格なイスラム教国である。また夏の暑さは過酷を極め、外出することさえ容易ではない。それを考えればリゾート地として売り出すのは奇異に映るが、ドバイには経済改革を推進しなければならない理由があった。石油の埋蔵量である。

たとえばUAEの隣国アブダビは、膨大な石油埋蔵量を誇っている。アブダビの石油埋蔵量はU

AEの95%を占めるし、世界的なレベルでも7~9%にも匹敵する。これはアブダビに、真の経済力と政治的な影響力を与えている。

一方、ドバイの石油埋蔵量は取るに足らず、すぐに枯渇すると予測されていた。

このような現状に危機感を覚えたドバイは、化石燃料からの脱却を図ってきた。事実、2006年までには、オイルマネーが占める割合は、ドバイの国内経済で6%にまで縮小される。また観光立国や文化立国としての存在感をアピールすることに成功したため、多くの人たちはドバイがUAEの一国ではなく、独立した単一の国だとさえ捉えるようになっていた。

このようなイメージを確立するのに役立った要素の一つが、スポーツへの積極的な関与だった。ドバイの首長にしてUAEの副大統領、そして世界で最もリッチな人間の一人であるシェイク・モハメドは、自らが競馬の大ファンだったということもあり、競馬の本場であるイギリスのニューマーケットで、ゴドルフィン・レースという厩舎を設立。さらにはサッカーにも進出していく。

とりわけドバイの国営企業である「エミレーツ航空」を介して、クラブやスタジアム、さらにはサッカーの大会などにもスポンサーとして関わってきた。アーセナルやレアル・マドリー、ACミラン、PSG、ハンブルガーなどのユニフォームに、エミレーツ航空の名前が燦然と輝いているのはよく知られている。2006年から2014年までは、ワールドカップのスポンサーも務めていた(現在はアブダビのエティハド航空)。ソフトパワー(文化)とサッカーを通じて、ドバイというUAEの中の王国をPRしようとしたのである。

この一環として、2007年には国営の投資会社を通じて、リヴァプールFCも買収しようと試みた。サッカークラブをスポンサードするだけでなく、直接オーナーとして運営すれば、「ドバイ・ブランド」をさらに高めることができる。

だが買収交渉は、時間が長引くにつれて難航していく。

「交渉は最初から間違いだらけだった。先方は、お偉方を紹介してくれると主張していたんだが、結局は実現しないことが判明したんだ」

当時、クラブのCEOを務めていたリック・パリーは、『リヴァプール・エコー』紙とのインタビューで述べている。

「2日間かけて向こうに出かけても、誰にも会えずに戻ってくるというのは珍しくなかった。キスをしても王子様に化けたりしないカエルを相手にして、多くの時間を無駄にしてしまったんだ」

リック・パリーが外資の導入を図ったのは、チェルシーに対抗するためである。

しかし交渉は、18カ月も結論が出ぬまま経過。リヴァプールはドバイに見切りをつけて、アメリカ人のトム・ヒックスとジョージ・ジレットと交渉を行うようになる。

たしかにヒックスとジレットによる運営も破綻することになるが、それでも交渉を続けるつもりはなかったとリック・パリーは語る。

「ドバイ側と話をまとめるべきだったと主張するのは、まったくのナンセンスだ。それもまた悲惨な結果になっていただろう」

リーマンショックが崩壊させた国家戦略

パリーの判断は、大局的に見ても吉と出た。

2008年、アメリカのサブプライムローンをきっかけにリーマンショックが発生。金融恐慌が世界経済を襲い、不動産価格が暴落していく。その直撃を受けたのがドバイだったからだ。

そもそもドバイは石油資源への依存を脱却すべく、不動産事業に大きく依存していた。高級リゾート地や超高層ビルを建設し、それをさらに担保にさらに新たな投資を行う手法を取っていた。この方法論自体が、リーマンショックで完全に破綻したのである。

かくしてドバイは、オイルマネーの現ナマを持っていた隣国アブダビに、救済を依頼せざるを得なくなる。スポーツ界におけるドバイとアブダビの力関係は、この瞬間に変わったのである。

またリーマンショックは、違う形でもアブダビにスポットライトを当てた。

かつてのアブダビは、活気を呈しているドバイとは対照的な国だった。たしかにUAEの首都として各国の大使館が置かれているものの、それ以外はほとんど見るべきところがなかったと言っていい。ところが金融危機を境に、持てるオイルマネーを一気に使い始めたからである。

その最大のものはイギリス最大手の銀行、長年、プレミアリーグのメインスポンサーにもなってきたバークレイズへの出資だった。

当時、バークレイズは破綻を回避するために、政府から5000億もの緊急援助を仰ぐ必要に迫られていた。だが、その代わりに海外の投資家から援助を受ける道を模索。そこで手を差し伸べた一人が、シェイク・マンスールだった。

シェイク・マンスールが一個人としてバークレイズを援助したのか、あるいはアブダビ国営の投資ファンドを代理する形を取ったのかは定かでない。いずれにしても、この取引を通じて、20億2500万ポンドから31億ポンドの利益を手にしている。

対照的なのはドバイの投資ファンド、DIC（ドバイ・インベストメント・カンパニー）である。DICはリヴァプールの買収を仕掛けていたが、リーマンショック以降の時代の荒波に飲み込まれ、債務不履行に追い込まれる。そして2016年4月、残りの資産が売却された時点で、業務を停止することが発表されたのだった。

表舞台に登場した、第二のキーマン

ドバイがリヴァプールの買収に失敗したケースなどは、揺れ動きが激しい現代において、スポーツの世界に乗り出すのがいかに難しいかを示しているともいえる。

だがアブダビは、違う教訓を学んでいた。

ドバイ側の動きを注意深く見守ってきた彼らは、サッカーの世界に進出するメリットを認識するようになる。そして奇しくもリーマンショックが起きる直前に、タクシン・シナワットからマンチェスター・シティを譲り受けていたのである。

「プレミアリーグに参入するには、理想的なタイミングだった。アブダビの人間は、プレミアのファンだからね」

アル・ファヒムは、シェイク・マンスールがシティの買収に踏み切った背景をこう説明する。

「マン・シティは、イギリスで本当に多くのファンを抱えているクラブの一つだ。

大事なのは、最も収益性が高いクラブを買うことじゃない。サッカーは、人々が情熱を注ぐ対象だし、本当に愛してもらえるクラブを買わなければならない。その上で、トップ５入りを狙えるようにする計画を立ててるんだ」

ちなみにシェイク・マンスールは、アル・ファヒムが起こした騒ぎに嫌気がさし、シティの運営に関わらないようになる。代わりに後任に据えたのが、カルドゥーン・アル・ムバラクだった。

カルドゥーン・アル・ムバラクは、オイルマネーを別の分野に活用していくことを託されたアブダビのもう一つの国営ファンド、ムバダラのＣＥＯだった。彼もまた、強い政治力を持つ人物だった。彼は14人のメンバーから成るアブダビの執行評議会のメンバーであり、執行関係庁の長官でもあった（現に彼は２０１４年に日本を訪問したこともある）。またニューヨーク大学のアブダビキャンパス建設にも関わるなど、重要な案件を任されていた。

買収から程なくしてオーナーが代わった件については、当初、シティ側がもっと信頼できる人物と組むことを望んだのではないかという解釈もなされた。

だがアル・ファヒム本人は、自分が更迭されたという説を否定する。

「この話を持ってきて、３週間以内にまとめることができたのは、自分をおいて他にいなかった」

と主張しつつ、後任のカルドゥーン・ムバラクに称賛を惜しまなかった。

「僕は余計な口出しをしたりしたくないんだ。ムバラクは選手のことをわかっているし、10年の長期計画にフォーカスしている。マーク・ヒューズやジェリー・クック（著者注：CEOのガリー・クックの間違い）と一緒に、才能のあるイギリス人選手を探しているんだ」

ここまで述べると彼は席を立った。例によって派手な話をしながらである。

「午後2時に、アントニオ・バンデラスを迎えにいかなきゃならないんだ。ランボルギーニでね」

フィナンシャル・ドーピングと、有名無実化したUEFAの対策

取材の数日後、オイルマネーが注入されたシティは一気に動き始める。移籍市場が閉まる直前の、そしてタクシン・シナワットからオーナーが代わった直後の2008年9月1日、ブラジル代表のロビーニョの獲得をまとめる。移籍金はなんと3250万ポンドだった。

翌年の1月に再び移籍市場が開くと、クラブはさらに5000万ポンドをつぎ込むようになる。こうして補強を続けていった結果、シティは今日に至るまでの8年間に、プレミアリーグのタイトルを2回獲得、チャンピオンズリーグの常連にもなる。さらにはシティ・オブ・マンチェスターの周辺施設やユースの育成機関もてこ入れし、押しも押されもせぬビッグクラブに成り上がる。

ただし、その費用は莫大だった。シティは10億ポンド以上を費やしたからである。

これを問題視したのがUEFAだった。億万長者のオーナーが金にあかせて、ごく短期間のうちにクラブに成功を収めさせる。当時の会長だったミシェル・プラティニは「金融ドーピング」と呼

んだが、このようなやり方を防ぐために介入せざるを得なくなった。

かくして導入されたのが、クラブが計上する赤字に一定の枠を設け、実際の収入に見合った分だけしか予算を使えないようにする制度、フィナンシャル・フェアプレー（FFP）だった。

2011年、UEFAが導入したフィナンシャル・フェアプレーの下で、シティは1億9700万ポンドの損失を計上する。これはイングランドのサッカー史上、単年度の損失としては最大の赤字だった。

事実、シティは悲願のチャンピオンズリーグ制覇を達成すべく、監督のロベルト・マンチーニに大量の武器を買い与えていた。この際には、選手の人件費だけでも1億6000万ポンドが費やされている。獲得された選手の中には、ボスニア人のストライカー、エディン・ジェコ（2700万ポンド）、スペイン代表のダビド・シルバ（2600万ポンド）、イタリアのマリオ・バロテッリ（2400万ポンド）などが含まれる。

ちなみにシティ側は帳尻を合わせるために、スタジアムのネーミングライツを売却。フィナンシャル・フェアプレーに抵触するのを避けている。

このように聞けば、まっとうな手段が取られたかのように聞こえるだろう。だが実情は大きく異なる。もともとこのスタジアムは、2002年にマンチェスターで行われたコモンウェルス・ゲームズ（旧英連邦の国際的なスポーツ大会）のために建設されたもので、総工費は1億1200万ポンドだった。だがシティはその建設費用をはるかに上回る4億ポンドで、10年間の命名権と胸スポンサーの権利を売却している。

しかもその相手は、アブダビ政府が100%所有している国営航空会社「エティハド」である。つまりシティはアブダビ国内の「身内」を相手に契約を結んだに等しい。ともあれ、シティはスタジアムの名称をエティハド・スタジアムとし、ユニフォームにエティハドの名前をつけるだけで帳簿上の負債を解消している。

もともとUEFAは、市場価格から極端に乖離した契約を結ぶことをルールで禁じていた。しかもネーミングライツの売買は、明らかに身内の取引だったにもかかわらず、結局、シティのこの契約を認めてしまったのである。

マン・シティの買収が孕む、絶対的な矛盾

ただし、最も重要な問題は別にある。

シティを介して演出されるイメージと、国の実情があまりにも違い過ぎている点だ。

UAEは華やかでポジティブなイメージが強い。国情が安定していて繁栄を続けているし、西側社会にも門戸を開いている。そしてアブダビやドバイのように、文化やスポーツの活動に極めて前向きな首長国も存在する。

だが実際に暮らしている大多数の人々にとっては、現実はかなり異なって映る。

たしかにUAEが産出する天然資源は国を大きく潤している。しかし石油や天然ガスから得られた資金を元手に、王族たちが壮大な野望を叶えるためには、「人手」が必要になる。

それを確保するために行われているのが、主にインド、バングラデシュ、パキスタン、そして他の地域からも大量に出稼ぎ労働者をかき集め、自分たちが思い描いていた超高層ビルやショッピングモール、空港を建設させることだ。

彼らは華やかなイメージとは程遠い、劣悪な環境で労働を強いられている。50℃の酷暑の中、警備員が監視する収容所に一部屋あたり6人、8人、10人と詰め込まれ、建設作業に従事させられる。しかも週に一度の休日、彼らは自分たちが建設したはずのモールやホテルに出入りすることは一切禁じられる。

「これは開発をするためには、避けられないことなのだ」

UAEの体制側の人々は、このような言い方をする。労働者は、UAEに出稼ぎに来ることでもっと金を稼げるようになるし、母国に金も送金できる。十分に金が貯まり家族のために新しい家を建てたなら、ここから帰ればいいのだと。

だがUAEに出稼ぎにきた多くの労働者やドライバー、ハウスメイドたちは、「カファラ」という制度に縛り付けられてきた。アナムルと彼の弟が経験したように、実際には隔離された収容所に寝泊まりさせられ、3級市民として扱われ、帰国できないようにパスポートも取り上げられているのが実情だ。また、これだけ富が有り余っているにもかかわらず、労働者が受け取れる月給は200ドルを下回ることもしばしばある。

かといってストライキもできなければ、仕事を変えることもできない。そればかりか、もともと出稼ぎに来る際に、膨大な借金をして母国の手配師に手数料を支払っているため、パスポートがあったとしても帰るに帰れない状況に追い込まれてしまう。形式的には契約したことになっているものの、事実上の奴隷制がまかり通っていると批判される所以だ。

ＵＡＥの実情がどれほど過酷か、そして政府側がいかに対策を講じずにいるかは、次の数字を見てもらうのが早いかもしれない。

２００４年、ＵＡＥでは様々なプロジェクトの建設に従事していたインド、パキスタン、バングラデシュからの出稼ぎ労働者が、８８０人も死亡している。わずか1年間に、これだけの労働者が犠牲になっているのである。各国大使館はその事実を公表しているが、ドバイ側は34人の建設工事の死亡事故を記録したにすぎない。

アラブの春と頓挫した民主改革

２００６年、ＵＡＥ側は自国の評判を汚している、出稼ぎ労働者の問題の把握に乗り出すと宣言。ドバイの首長であるシェイク・モハメドは、人権団体が提出した報告や勧告に基づき、一連の法制を改革するように命じている。

一方、アブダビのシェイク・マンスールは、ＵＡＥの副首相、そして大統領府の要人として、二つの重要なプロジェクトを担当した。ウィキリークスがリリースしたファイルによると一つ目は未成年者のラクダ騎手の人身売買、勾留、虐待、拷問を終わらせることだった。二つ目は、民主化に向けて暫定的な措置を講じることだった。

事実、シェイク・マンスールは、（現在シティのオーナーである）カルドゥーン・アル・ムバラクを様々な地域に派遣し、制限付きながらも参政権の導入について議論をさせている。

だが残念ながら、民主化に向けた動きは2011年、突如として中断されてしまう。「アラブの春」が始まったからである。

民主化のうねりは、チュニジア、イエメン、エジプトで旧政権を転覆させることには成功したものの、各国で内戦が勃発。シリアとイラクではイスラム国が台頭してしまう。

このような状況は、湾岸諸国を恐怖に陥れた。そもそも湾岸諸国は、豊富なオイルマネーから得られる富を、国民に賄賂のように還元することで体制を支持してきた。アラブの春を根底で支えた「ムスリム同胞団」などの政治運動は、「今、そこにある脅威」以外の何物でもなかった。

このような状況の中、UAEは一気に保守反動化していく。

2012年、政府側は「連邦法5号」を可決させる。これは事実上、政府が由としない意見を表明したメディアに対して、投獄、もしくは100万ダーラム（約20万ポンド）の罰金を科せるようにした規制法と見なされている。とある条項には、次のように記されている。

「国家、そのあらゆる機関、首相や副首相、各首長国の統治者、王国の皇太子やその代理人、国旗、国家の安全、そのモットー、国歌、あるいはそれを象徴するものの評判、名声、あるいは国家の状況を貶めたり、害するあらゆる電子通信を禁じる」

また別の条項は、王族の「似顔絵」を掲載することを全面的に禁じている。さらにはUAE国民が「外部のグループ」に話をすることさえ違法としている。外部のグループというのが、UAEの目に余る行動を指摘していた人権団体や外国人ジャーナリストたちを指摘するのは明らかだ。

事実、アムネスティ・インターナショナルは2014年に、「ここに自由はない：UAEにおける、反対意見の弾圧」としたレポートを発表。アラブの春以来、同国における人権と自由が、いかに著しく損なわれたのかを指摘している。

「国家権力に異議を唱えたり、民主化の推進や政府の説明責任を問う運動に賛成した活動家は、投獄される」

UAEでは、さらに巧妙な処罰の手段が取られることもあるという。

「当局は独断的にUAEにおける市民権を剥奪し、無国籍化することにより人権と特権を奪う」

弁護士、人権活動家、教師、そして一般市民。追放された例は後を絶たない。

UAEがいかにイスラム同胞団や「アラブの春」以降の流れに恐怖を感じていたかは、外交方針にもはっきりと見て取れる。

エジプトで政変が起きた際、UAEはイギリスに対して貿易協定を取り消す可能性を露骨に匂わせている。カイロで樹立された新政権と、関係を正常化するのを阻止しようとしたのである。

事実、UAE側は様々な圧力をかけていく。その中にはBBCの偏向報道をやめさせるようにとする要請や、イギリスの経済界がUAEに協力した場合に与えられる様々な恩恵の提示と、意向に背いた場合の対抗措置が盛り込まれていたとされる。

UAEは既に、アブダビから産出される石油資源の重要な取引からBPを除外していたし、イギリス産の戦闘機である60機の「タイフーン」を購入するという、60億ポンドの商談からも手を引いていた。イギリス側がアラブの春を容認するような立場を取り続けた場合、それ以上の追加策が取られることになっていた。

ところが2015年になると、UAEとの関係はがらりと変わってしまう。舞台裏で、何が起きたのかはわからない。だがデイヴィッド・キャメロンとアル・ムバラクは、マンチェスター・シティのグラウンドで、習近平主席を揃って満面の笑みで出迎えるまでになった。さらには中国の投資家に、クラブ株式の一部を売却することまで発表されたのだった。

逮捕されたカリスマブロガー

キャメロン、習近平とムバラクがマンチェスターにいたのと同じ頃、カリスマブロガーのイリヤ・エル・バグダティは、自分が持っていたはずの家、そして自分が奪われた家と折り合いをつけるために交渉を行っていた。

イヤドは「アラブの春」において有名になった活動家で、英語とアラビア語で洞察力に優れた、かつモラリスティックな記事をツイッターやフェイスブックに寄稿。彼のアカウントは、UAEで最もフォロワー数が多いものの一つだ。

かつての彼はIT企業を経営し、スタートアップを支援するコンサルタントを行っていたが、後にドバイにメディア会社を設立。アラブの春が来ると、本人曰く、「レバノン人、インド人、アラブ人、ヒンズー教徒、仏教徒、キリスト教徒」を雇い、エジプトから流れてくる多くのビデオを翻訳し始めるようになった。

「僕たちの世代全員が待ち望んでいた瞬間がついに来た。そんな気分だったね。アラブの春が訪れる前は、市民運動で独裁者を追い払うことができるなんて思ってもみなかった。(手段は)暴力だけだった。

だからチュニジアの独裁政権が陥落したときには、何でも変えられるんだと思ったんだ。僕は時代の波に飛び乗った。自分のリソースを使って、ビデオを編集して翻訳し、世界中に僕たちの話を説明しようとしたんだ」

もともと彼の父親は医師として、ドバイに引っ越してきた人物である。無国籍のパレスチナ人だったが、1970年代半ばのUAEでは、イヤドの父親のような人物が必要とされていたのである。

その後、人生のすべてをUAEで過ごしてきたが、国籍は取得できなかったという。

たしかにUAEには、外国人が帰化することを認めた法律がある。20年間、UAEで暮らし、犯罪歴がなく、アラビア語を話せることが条件となる。

だが世界的に有名なスポーツマンでない限り、その申請が認められることはまずない。現に人口の90%を占める外国人は、西側で認められているような権利を与えられずにいる。

質が悪いのは、そのような点だけではない。仮にUAEで生まれ、何十年にもわたって住んでいたとしても、滞在許可は瞬時に取り消すことができるようになっていた。結果、自分の意見を表明しようと思っても、人々は口をつぐんでしまうことになる。

「不安を感じ始めたのは、アラブの春が起きてからだった。自分は無国籍な人間なんだと感じ始めたんだ。

エジプトで政権が転覆した翌日、イヤドは治安維持を担当する高官に呼び出される。

「彼はこう言ったんだ。『君は我々のレーダーに引っかかっている。そのことを教えておこうと思ってね。もう限界を超えかかっている』」

イヤドはその後もツイートをしたり、フェイスブックで意見を表明し続けたが、２年後の２０１４年、彼のところにもついに権力の手が伸びる。

「仕事場に向かっていたら、移民局から話があると言われたんだ。担当の人間はこう言ってきたよ。『君は母国に帰らなければならない』とね。だから僕はこう言い返した。『母国だって？　僕はここに住んでいるんだ。あんたよりも長い間、ここで暮らし来たんだ』と」

イヤドは直接、刑務所に連行される。

「手続きも、訴状も何もない。誰かが証言するような手続きもなかった」

収容先は、悪名高いアル・サドル移送刑務所。主に東南アジアからの労働者が、労働法違反の疑いで投獄される場所である。

「アラブ人なら刑務所の中でも1番特権が与えられるし、殴られたりはしない。でもバングラデシュの人たちは、ひどい人種差別を受けていた。アラブ人は一つの房に10人が収容されていた。でもバングラデシュ人は、50人が押し込められるような有様だった」

それでも、インドの労働者の扱いはましな方だったという。大使館から職員が訪れ、状況を確認に来るからだ。だがバングラデシュ大使館からは誰も現れなかった。

「ある日、房を移動させられたこともあった。罵られて、蹴られて、殴られて、つばを吐きかけられる。まさにやりたい放題だった。

ある警備員は別の警備員と話をしながら、『ベンガル人は全員、動物みたいなもんだ』と言っていた。カウンターの向こうにいる警官は、殴られる音を聞くと、はしゃいで応援していたよ。そういう音を聞くのが好きなんだ」

UAEが真に恐れるもの

イヤドは1週間以内に、刑務所から抜け出そうと決意する。国籍のないパレスチナ人であるため、どこにも出国できなくなる可能性があったからだ。

「そうしなければ、少なくとも10年間は刑務所にいることになる」

イヤドは釈放を求める家族の働きかけや、イヤド自身が思いつくあらゆるコネを使って、最終的にマレーシアへ出国を申請する。残された道は他になかった。マレーシアは、パレスチナ人にビザがなくとも渡航を許可する世界で唯一の国だったからである。

だが、パレスチナ当局が彼に正しい書類をすぐに発行しなかったため、クアラルンプールの空港で入国を拒否され、3週間もそのまま空港で寝泊まりする羽目になる。この間、妊娠7カ月の妻は、マレーシア国内でひたすら夫を待ち続けていた。彼女が最後に夫の姿を見たのは数カ月前、仕事先に向かうのを見送ったときだった。

最終的にイヤドはマレーシアに入国を果たしたし、息子も無事に生まれた。だが奪われた家や財産、そして祖国は永遠に戻ってこない。イヤドは語る。

「UAEには恐怖が満ちている。あの国は不労所得で成り立っている典型的な国家だ。民間部門の90％は国外企業だし、そもそも国が仕事を与えてくれるのに、どうして会社を設立する必要がある？　UAEの国民にとっては、政府が会社の上司だ。自分の支配者だけでなく、仕事の上司でもあるんだ。UAEの人たちが恐れているのは、この枠組みが壊れることなんだよ。政府に面倒を見てもらえなかったら、どう生活していけばいいのか？　こう考えるんだ」

父親は現在ノルウェーに滞在し、亡命申請をしている。イヤドによれば、彼の両親はUAEに40年間も奉仕したにもかかわらず、「やんわりと追放された」のだという。

父親は、勤務していた病院から突然、契約の更新を拒否される。何の説明もなければ、手助けしてくれる人もいない。まっとうな手続きもなかった。

おそらく強いショックを受けたのだろう。彼の父親はほとんど口をきかなくなってしまった。「具合が良くないんだ。僕たちは今、精神科医に相談している」

3：ダッカ、バングラデシュ　搾取される側の論理

薄暗いロビーから、散弾銃を持った武装警官が私の方につかつかと近づいてくる。彼は真昼の猛暑を避けながら、不審人物をチェックしていた。

バングラデシュの首都ダッカの中心にある『デイリー・プロトム・アロ』の事務所は、長い間、警護されている。『デイリー・プロトム・アロ』はバングラデシュで最も読まれ、最も説得力の高い新聞の一つであり、400万人以上の発行部数を誇る。

2階にある無人の編集室では、シャリフル・ハサンが自席に座っていた。30代前半で黒い髪はぼさぼさ。ブルージーンズに、膝まであるインドの民族衣装を合わせている。

その日は金曜日。本来ならば休日だが、シャリフルの電話は昼夜を問わず鳴り続ける。発信元はカタール、UAE、マレーシア、タイだ。絶望的な状況に置かれた人々が、世界中から助けを求めてくる。

「これを見てくれ」

シャリフルは、机の後ろにずらりと並んだ文書のファイルを指す。

「僕は9年間、出稼ぎ労働者の話を追いかけてきたし、すべてを調べてきた。政府が調査していないものもある」

そこに記録されているのは海外で搾取され、拘束され、頼れる人がいなくなった人々の悲しいストーリーだ。

「真夜中、寝ているときに中東の労働者から電話がかかってくる。彼らは泣きながらこう言うんだ。『すごく危ないんです。何とかして助けてください』ってね。

夜中に起こされるのは構わない。それが僕の仕事だ。

でも電話が鳴ると、またバングラデシュの人たちが虐待されているんじゃないかと不安になる。

彼らは本当に危険な目に遭っているし、切羽詰まって電話をしてくるんだ」

彼の電話が再び鳴る。だが今回の相手はバングラデシュのテレビ局のスタッフだった。UAEで女性のメイドが虐待された事件について、情報が欲しいのだという。虐待のレベルがあまりにひどいため、スリランカ、インドネシア、ウガンダ、ケニア、タンザニアは女性が中東で職を求めることを禁じている。

しかし政府は、女性を再び中東で働かせるのは、さらに外貨を稼ぐチャンスだと考えている。バングラデシュ政府の統計によれば、2015年には2万952人の女性が職を求めてサウジアラビアに渡っている。2016年の最初の3カ月間だけで、既に2万36人が渡航していた。

「政府は送金を受け取るからな。世界銀行によれば、バングラデシュは世界で7位だ。外貨の準備高は強い武器になるし、政府は満足している」

過去9年間、シャリフルは最悪の人権問題をレポートしてきた。

マレーシアに出向き、大きな墓地を訪れたこともある。現地に出稼ぎに行ったまま不幸な死を遂げ、身元も特定されずに埋められた無縁仏の墓である。マレーシアでは何も告げられずにジャングルの開拓をさせられ、不慮の死を遂げるケースも多い。

だが最も悪質なケースは、すべて同じ地域で発生していた。

「ケースを分類するなら、状況が最悪なのは中東だ」

中東に労働者を供給し続けるメカニズム

バングラデシュの独立は、湾岸諸国がオイルマネーで一気に潤い始めるのと時を同じくした。1973年、OPECに所属する湾岸諸国は、石油の減産や輸出禁止を決定。結果、原油は1バレルあたり4倍に膨れ上がり、UAE、サウジアラビア、カタールでは使い切れないほどの金を手にした。

次にこれらの国々は、貪欲なまでに出稼ぎ労働者を雇用し始めた。高層ビルを建て、天然ガスを汲み出し、モールを清掃する男性労働者、あるいは家事をし、子守りをする女性たちだ。

湾岸諸国には様々な国の労働者が集まってきているが、中でもバングラデシュの労働者は1番数が多い。データは年によって変わるが、国連の調査によれば、海外で働くバングラデッシュ人は700万人。そのうち200万人以上が、サウジアラビアとUAEに滞在している。

だがずらりと並べられたファイルが示すように、彼らはしばしば屈辱的な扱いを受ける。

当初、これらの労働者は、非正規なルートで中東に渡っていた。

その際にはアブダビまたはリヤドに最初に渡った労働者が、逆にリクルーターになることもあった。会社側が人を探していると聞けば、当然、彼らは友人や家族を紹介するからだ。

かつてバングラデシュでは、出稼ぎ労働者は好意的に見られていなかった。

「国側は、出稼ぎ労働者をかなり嫌がっていた」

ダッカ大学の教授であるチョードリー・アブラル博士は解説する。

「彼らはたまたま中東に行くことができた、運のいい連中だと見なされた。かなりの人間が賃金を支払ってもらえず、仕事に就けず、虐待を受けたり、国外に追放されていたとしても、あらゆる種類の嫌がらせに耐えたとしてもだ」

移住労働者は、バングラデシュの大衆からも軽蔑されていた。

バングラデシュのテレビドラマでは、「ドバイワラー」なる人々が、しばしば嘲笑の対象として描かれる。金を稼いで成り上がることだけを考え、よりによって新婦の持参金に手をつけてまで、仕事を仲介してもらおうとするタイプだ。

しかし、政府はすぐに労働者に対する態度を変える。あるいは金に対して態度を変えたと言ってもいい。海外からの送金が、かなりの額になることを悟ったからだ。

壮大なる腐敗のピラミッド

だが中東に渡るまでの苦労も並大抵ではない。社会のシステム全体が、腐敗と搾取のピラミッドになっている。このピラミッドは次のように機能する。

出稼ぎ労働者は、貧しい人々や識字率の低い農村部からやってくるケースが多い。彼らはまず土地を売ったり、金を借りたりして元手を作る必要がある。その両方をしなければならない場合も珍しくはない。この段取りをつけるだけでも金を払わなければならないし、次には村の出身者である仲介人に、パスポートを手配してもらうことになる。

アブラル博士は言う。

「理論的には誰もがパスポートを手に入れることができるが、警官の認証を受けなければならない。そこで警官は甘い汁を吸う。手続きに数カ月かけたり、金を要求する場合もあるだろう。多くの労働者は読み書きができないため、警察に便宜を図ってくれと手配師に頼んでしまう」

しかしパスポートが手に入っただけでは、出稼ぎに行くことはできない。今度はビザが必要になる。ビザは、海外での仕事を斡旋するコンサルタントに依頼しなければならない。

カタールへのビザを取得する費用は35万〜40万タカ、約3500ポンドである。IMFが予測した2016年の数字によれば、バングラデシュの人口1人当たりの収入はわずか1000ポンドを超える程度だ。

ここまでしても、仕事が最終的にもらえる保証はない。20人分の労働ビザしか持っていないとしても、仲介業者は常に200人分の労働者から金を受け取っているからだ。

アブラル博士によれば、海外に渡れるようになるまでには、「四つか五つのステップ」があり、労働者はすべての手続きに金を支払わなければならない。

「労働者はまとめて金を支払い、それぞれの業者で分配されていくのだ」

腐敗はバングラデシュ国内でも蔓延している。

ダッカでメッセンジャーの仕事、最も初歩的な仕事にありつこうとすると、最低でも30万〜440万タカの賄賂が必要になる。警察官や政府の職員になるためには、さらに金がかかる。大学を卒業したとある人物は、匿名を条件に証言してくれた。

彼は公務員になるために、難関のテストを2回通過。次に面接を受けたが、その内容は正規の面接には程遠かったという。面接官は120万タカ、約1万2000ポンドの賄賂を要求してきたからだ。この額がいかに非常識かは、毎月の給料が2万タカ、約200ポンドにすぎないことを考えれば誰にでもわかる。

「だから（就職できた人間は）、その分をどこかで取り返そうとするんです」

こうして賄賂を受け取る構造は再生産されていく。また額は徐々に減るとはいえ、賄賂を受け取る習慣は、食物連鎖のように組織の下まで染み込んでいく。

中東に話を戻そう。

労働者が現地に行くと、今度はまた別の問題が待ち受けている。過酷な暑さ、賃金の未払い、3級市民としての扱い、激務、そして劣悪な宿舎といったトラブルだ。しかも他の国と違って、現地のバングラデシュ大使館は、対応が遅いという。アブラル博士は言う。

「彼らは本来の権限を行使して、労働者たちを保護しようとしない。

我々の国そのものが、人権問題や移民の待遇改善についてあまりに口うるさく発言すると、労働市場を失うのではないかと、常にビクビクしているからだ。

だから我々は、非常に弱い立場から交渉することになる。実際には先方も我々の労働力を必要としているはずだが、そのことに気が付いていないんだ」

カタールでは、バングラデシュの出稼ぎ労働者が急速に増えている。2022年のワールドカップに向けた、巨大な建築プロジェクトのためだ（政府の統計によると、2014年と2015年の

2年間だけで、カタールには21万人のバングラデシュ人が渡航している。これは1976年以来、カタールに渡ってきた人々の約半数に相当する)。

だが彼らの努力が報われるとは限らない。アブラル博士は、現地の様子も視察している。

「仕事もなく、給料も支払われないバングラデシュ人の労働者が多数いた。山ほど金を積んで向こうに行ったのに、仕事がないんだ」

送り返される遺体袋

湾岸諸国の関係者は、搾取の主な原因になっているのは、中間に介在する手配師や斡旋人、いわゆるエージェントのせいだとしている。しかしアブラル博士は、このような説明はナンセンスだと指摘する。結局のところ、ビザを発行するのは政府側だからだ。

「これらの国では、国家権力が非常に力を持っている。職を斡旋する人間が暗躍できないようにすれば、問題は改善されるはずだ。

だが国の機関と(建設を請け負う)民間企業、そして斡旋業者は、現実を認めようとしない。求人には王室と大企業が絡んでいる。そしてもちろん、彼らは結託している」

ならばバングラデシュ国内で対応すればいいという話になるが、状況を改善するのは容易ではない。バングラデシュでは、海外からの送金は国内総生産(GDP)の10%に相当するため、人材派遣業は強力なロビイストになっている。アブラル博士は言う。

「人材派遣業界は国会議員を抱え、政党に資金を提供する。大臣は労働者から巻き上げることで金を稼いでいるのだ」

それでも人々は中東に向かい続ける。自分たちはついているし、噂されるような恐ろしい出来事は、自分の身に降りかからないだろうと信じてしまう。

「村から4人が出稼ぎに行ったとする。そのうちの1人が家を建て、わずか2年で子供をいい学校に通わせられるようになると、誰もが舞い上がってしまう。他の3人がひどい目に遭ったことなど忘れてしまうんだ」

『デイリー・プロトム・アロ』のシャリフルは、アブラム博士とは異なる立場で、この問題に向き合っている。彼が目にするのは統計データではない。遺体が入った袋である。

彼はダッカの表玄関、シャージャラル国際空港に定期的に足を運ぶ。

空港は実に賑わっている。出発ホールは毎日のように、数千人の労働者でいっぱいになる。誰もが湾岸諸国での新しい生活を夢見て、はしゃいでいる。

だがシャリフルは、違う目的のために空港に向かう。毎週、無言になって送り返された遺体を数えるためだ。中東からは毎日8~10体、遺体が送られてくる。彼が数え始めてから毎年3000人以上が死亡しているという。その数は既に1万5000人に達した。

「中東に行く人々は、金を送るための機械じゃない。生身の人間だし、みんな人生があるんだ。尊厳が与えられるべきだ」

シャリフルの目に怒りの涙があふれる。

「あの人たちが向こうに渡るとき、頭で考えるのはただ一つのことだけだ。『自分は5ラフ（50万タカ、約5000ポンド）支払ったんだから、その分を稼がないと』とね。

そこで何が起きるか？　心臓発作や心臓病で倒れるんだ。20代や30代の人が、どうして心臓発作を起こしたりする？　理由は何だと思う？　暑さの中で金のことを心配しながら、8時間から20時間も働き続けなければならないからだ。

そんな環境で働かせる奴が、まともな人間なはずがない」

シャリフルは声を震わせながら、自分が目の当たりにしたり、新聞で報じてきたケースを語り続ける。彼は社会正義のために戦ってきたが、何度か脅迫も受けてきた。とりわけ政治家とビジネスマン、強力な影響力を持つ仲介業者の癒着をスクープした際には、危険な目に遭った。これら3者は、すべて中東の政府と取引しているという。

希望と絶望

西側諸国や中東では、移住労働者が数年間、出稼ぎをしただけで母国に家を建て、子供たちを学校に行かせるというシナリオが、まことしやかに語られてきた。

だが、そのような夢物語が成就するケースはほとんどない。労働者は一文無しで、最悪の場合は遺体で戻ってくるし、帰国した際には気持ちもすさみきっている。

このような状況は、大衆のメンタリティにも悪影響を与えるばかりか、イスラム原理主義を台頭させる要因にもなった可能性があるという。

「バングラデシュに戻ってくる遺体は、一家の唯一の稼ぎ手であるケースが多い。こうなると残された家族全体が、さらにひどい状況に置かれてしまう。彼の子供たちは、父親がＵＡＥで死んだことを一生、忘れないだろう。

たとえば中東でつらい思いをしながら、一生働き続けた人のことを考えてみるといい。たしかに国は長期間、送金を受け取れるし、外貨は貯まっていくだろう。でも20年後、そうやって中東でつらい思いをしながら働いていた人が大量に帰国したら、何が起きるだろうか？」

とはいえ、前向きな変化が一つだけ起きていた。カタールで２０２２年のワールドカップが開催されることが、いい影響をもたらしている。シャリフルはそう考えていた。事実、バングラデシュの出稼ぎ労働者は現在、ＵＡＥではなく、カタールに行くことを選択している
「カタールはＵＡＥやサウジアラビアに比べれば、ましな状態だ。労働者に賃金を支払っているからね。それにフリーダイヤルで、人権団体に（労働違反を）報告することもできる。苦情を報告すると、彼らが調査するんだ。

ワールドカップが行われるせいで、誰もがカタールに目を光らせるようになったし、カタールは行動を起こした。これはＵＡＥにはない状況だ」

むろんカタールは依然として問題を抱えている。世界で最も豊かな国の一つが、犯罪的に低い賃金を払っていることなどは、その最たるものだろう。

だがシェリフルは、このような状況が他の国々、これまでは見過ごされてきた国々にも影響を及

ぼすことを期待している。

「今は世界中がカタールに注目している。UAEにも同じように、スポットライトを当てる必要がある」

私たちは1時間以上話し続けた。この間もシャリフルの電話は数分おきに鳴っていた。建物が停電し、パソコンの画面が暗転するのと同じほどの頻度だった。

取材が終わると、彼は私をビルの外に連れ出した。今度は警官も、にこやかにうなずいてくれた。表通りにバイクが並んでいたが、どれが彼のものかは一目でわかる。バイザーのところに「PRESS」というステッカーが貼ってあるからだ。この国でも思想や報道の自由は、ますます弾圧されてきている。その事実を考えれば、実に勇気ある行動だ。

彼は私にヘルメットを渡し、後ろに乗るように促す。

週末でもダッカの道路は渋滞していて、地盤プレートのようなスピードでしか動かない。私とシャリフルを乗せたバイクは車の間を抜けながら、新たな取材先に向かった。

悪いのは出稼ぎ労働者たちだ

バングラデシュには、海外に労働者を派遣する様々な企業を取りまとめる団体、通称BAIRA（バングラデシュ国際雇用協会）がある。同協会のロビーには、大きなポートレイトがかけられていた。BAIRAの会長が、シェイク・ハシナ首相を出迎える場面を捉えたものだ。

ビルの中では、何十人もの従業員が忙しそうに動き回っている。ある部署から次の部署へと書類の束を運び、サインをもらうと次の部署へ運び込む。外国に出稼ぎに行くための必要書類だ。

中でも最も広い部屋、建物の中で唯一、エアコンがある部屋ではBAIRAの会長が待っていた。彼はバングラデシュの公務員として長らく勤務した後、この団体を運営するようになった。

部屋にいた少年が、すぐに冷たい水をコップで差し出してくれる。会長はその様子を見ながら、自分が代表者を務める人材派遣業界は、正当に評価されていないと不平をこぼした。

「人材を募集する業者は、クライアントから要請を受けて動いている。政府から要請を受けて人材を探し、大使館に書類を提出して審査を受ける。それからここにやってくる。仲介業者は出稼ぎに行きたい人たちを探して、契約を結ぶんだ」

至極まっとうな発言のように聞こえるが、私が取材した多くの人たちは悲惨な経験をしていた。また実に様々な関係者が、労働者を海外に派遣するシステムがいかに欠陥だらけで、腐敗しているかも証言している。

そもそも、この業界自体、無数の労働者が海外で命を失っていることを、どう受け止めているのだろうか。BAIRAは、UAEの発展に貢献しているかもしれない。だが仲介業者に搾取される労働者たちは、ほとんど見返りを得ていない印象を受ける。

「たしかに仲介業者にはいくつかの問題がある」

会長は私の意見に同意したものの、こう付け加えた。

「しかし彼らにすべての責任があるわけではない。どんな仲介業者が関わるかによっても、状況は変わってくる」

ＢＡＩＲＡは、１０００社以上の仲介業者を代表している。彼は笑いながら述べた。

「私たちは善良な業者を代表している……中には悪い業者もいるがね！」

現在のシステムはうまく機能している。会長はこう考えていた。

むしろ問題を起こしている主な要因、腐敗は末端の現場で発生していると主張する。仲介役を務めることになった人間は、正規の手続きをせずに、労働者を海外に呼び寄せることもあるという。

「連中は、親戚や兄弟もサウジアラビアで働かせることができると思っているし、『わかった、自分を通してくれ』というような言い方をする。

そして正規に定められているよりも、はるかに高い手数料を要求する。だが、こんなやり方をする人間は、（業界全体の）５％に満たない」

会長に言わせれば、最大の問題になっているのは、仲介業者が賄賂を請求したり、労働者がひどい待遇を受けることではない。むしろ労働者たちが、中東での生活について非現実的な期待を抱くケースがあることだという。

「雇用者が給与を払わない、あるいは契約書に書かれているような条件を満たさないというのであれば、それは雇用主の責任になる。

でも６カ月経つと、労働者たちは環境を改善してもらいたいと思い始める……ドバイは暑いからね。部屋にエアコンが欲しいと思うようになるんだ。

だが、もともとの契約にはそんなことは書いていない。部屋は提供されると書いてあるが、エアコンとはどこにも書かれていない……その点で労働者たちは、少し問題があるんだ」

彼はこう言いながら、肩をすくめてみせた。夏の時期、湾岸諸国の気温は50℃にもなる。気候は自分たちにもどうしようもない。そんなことで文句を言われるのは心外だと言わんばかりに。

たしかにBAIRAは、配下の業者たちに、このような状況を変えさせようとしている。だが実際に行っているのは、給料を上げたり、労働者たちが人間らしい生活を送れるように、最低限の環境を保証することではない。現地の条件がどれほど悪いかを伝えるために、「オリエンテーション」をすることだった。

再び解禁された女性の輸出

バングラデシュ側に限れば、やはり最大の問題は、政府が海外からの送金に依存している点だろう。労働者が海外に出稼ぎに行けば、国内で雇用を確保する必要も軽減される。

さらには外貨も大幅に稼ぎ、経常収支も改善される。バングラデシュの場合、海外からの送金は、外国資本による直接投資に次いで2位の規模になっていた。

政府が労働者の輸出にかくも依存していなければ、それは労働者を輸入している国々に対しても、待遇の改善をもっと強く要求できるはずだ。

だが、そのような動きはまったく見られない。アブラル博士が述べたように、むしろ政府は「下手に出ている」。

2008年、サウジアラビア政府はバングラデシュからの労働者の受け入れを禁止する措置を取った。その理由とされたのは、バングラデシュ人のコミュニティが大きくなり、犯罪の温床になっているという主張だった。

ところがバングラデシュ政府はこれに抗議するどころか、禁止措置を取り消すように相手に泣きついたのである。

サウジアラビア側は昨年2月、労働者を再び受け入れるようになった。だがそれは条件付きだった。先ほど述べたように、サウジアラビアではあまりにひどい待遇を受けるということで、複数の国が女性の労働者の渡航を禁じていた。これを再開せよと言ってきたのである。

BAIRAの会長はこんなふうに説明している。

「(サウジ側は)家事を担当する女性労働者を再び送り出してもらえるなら、他の12の分野でも門戸を開放しようと言ってきた。だからバングラデシュは、女性の制限を解かなければならなかった。我々は要求を飲まざるを得なかったんです」

虐待は3件しか発生していない

BAIRAの会長は、明らかに古いタイプの人間だ。

灰色の髪を横に分けた彼は、政府の官僚機構でキャリアをすべて過ごしてきた。その間、彼は人権問題を、自分がサインをする書類上の問題としてしか捉えてこなかった。

事実、彼は外国のＮＧＯがやたらと問題を煽っているにすぎないと信じていたし、サウジアラビアやＵＡＥが国際労働機関の決議に署名しない件については、誰も対処できないと考えていた。

むしろ彼は、バングラデシュの社会で近年起きている変化に気付いたという。20年前に比べて、出稼ぎ労働者の問題が急に取り上げられるようになったのも、それで説明できるらしい。

「私は古い世代の人だが、今、我々の社会では『中毒』が問題になっている」

――「中毒」とは、何のことですか？

意味がわからなかったので、私は説明を求めた。

「裕福な家庭の子供は、少年時代から薬物中毒になってしまう。ではどうするか？　教育も受けていないし働ける場所もないから、父親や母親は子供が一定の年齢になると、出稼ぎ労働者として他の国に送り出すようになる。こういう連中が問題を起こしているんです」

――若い世代が麻薬中毒になり、それが出稼ぎ労働者の問題を起こしていると？

彼はうなずいた。

――虐待を受けたと主張している女性については？

「いや、それは単なる噂にすぎない。昨年、私がサウジアラビアにいる女性から、トラブルに巻き込まれたと電話で相談を受けたのは、３回だけだった」

――どんなトラブルだったんですか？

「１人目の女性は、主人に殴られたと言っていた」

質問を挟む間もなく、彼は2人目に話を移す。

「他の2人はこんな具合だったね。『私は寝るのが好きなのに、眠らせてくれないんです』。3人目は食べ物についてこぼしていた。『同じものを食べさせてもらえないんです』と」

彼は、いかにも腹立たしくてたまらないというように、両腕を広げてみせた。

「ああ、そうとも。噂はある……そう、性的虐待を受けているという話もある。サウジアラビアの人間は、『着るものや食べ物、泊まる場所まで与えているのだから、女性の労働者は自分のものだ。好きにしていいだろう』と思うんだ。

しかし状況は改善されてきている。サウジアラビア人の人たちは、こういう問題の改善に取り組み始めたと言っている」

とはいえ、「バングラデシュの人材派遣業界の名誉を傷つけている、麻薬中毒の青少年」なる人々にとって、選択肢はほとんど残っていない。バングラデシュは、仕事を提供できてないからだ。

結局、彼らは悪い噂が絶えない仲介業者に希望を託すしかない。

「汚職というのは、どんな国にもある。人材派遣業者が絡んでいるとは思わない」

彼は不正業者を排除するのが自分たちの仕事だと語った後、これから目を通してサインをする、巨大な書類の山に向かっていった。

「この業界は、GDPに最大の貢献をしている。とても重要なんだよ」

警備員に付き添われながら、通りに出て行く。

再びバングラデシュの首相と、BAIRAの会長が並ぶポートレイトの前を通り過ぎた。ふと見ると、ＢＡＩＲＡの会長が花束を持っていることに気付いた。その花は首相に贈るものなのか、あるいは首相から受け取ったものなのかは、見分けられなかった。

４：バングラデシュ　コミラ村のその後

アナムルとラズールの兄弟は、２０１３年10月にＵＡＥから最終的に強制送還された。兄の話に静かに耳を傾けていた弟は、村に戻ってきた当時のことを振り返った。彼らは一文無しだっただけでなく、自分たちに起きた現実と折り合いをつけなければならなかった。

「会社のスタッフが（警官と共に）１階に来たときは、自分の部屋にいたんだ。警察は、護送車に突然全員を放りこみ始めたんだ。何が起こっているのかわからなかったよ」

彼らは未払いの賃金やチップ、他にも金を貸していたが、どれも支払われなかった。

彼らがわずかに希望を託していたのは、プロジェクトの性質だった。

ニューヨーク大学の分校をアブダビに設けるというプランは、マンチェスター・シティの会長、カルドゥーン・アル・ムバラクの会社が管轄していたものだった。また、まがりなりにも教育機関である以上、他の建設プロジェクトよりも、人道的に対処してもらえるだろうと期待していたのである。

事実、アブダビ政府との提携が発表された際には、労働者の虐待を主な理由に、大学の寄付者や卒業生から猛反対が起きたため、ニューヨーク大学は２００９年に「労働者が受け取るべき対価」

というガイドラインを発表。翌年には、より明確な方針を発表している。

これは次のような公約を含んでいた。

「雇用主は、雇用の過程で労働者が支払ったすべての費用を補償、もしくは返金しなければならない。その対象にはビザの取得費用、健康診断の費用、斡旋業者への報酬が含まれる。また返金する際には、減額などしてならない」

また次の点も明確に規定されている。

「労働者は、パスポートや運転免許証を含む、すべての私文書を保持する資格がある」「外国人労働者は、UAEと本国との間の航空運賃も受け取るものとする」ともされていた。

アナムルとラズールは、このいかなる恩恵も預かっていない。辛うじて該当するのは、最後の項目だけだ。UAEから強制送還される形になったからだ。

ニューヨーク大学が提示したガイドライン

しかし2014年、ニューヨーク大学が発表した声明と、現実が明らかに食い違っていることが白日の下に晒される。『ニューヨーク・タイムズ』紙は「労働者の収容所42番」、アナムルとラズールが住んでいたのと同じブロックで、労働者がストライキの後に逮捕され、暴行を受け、追放されたことを報じたのである。

またこの記事は、UAEに残っている労働者の劣悪な環境も詳述した。

労働者は隔離された場所にある不潔な収容所に寝泊まりし、行動を警備員に監視される。そして一部屋を、8人から10人で共有する。ニューヨーク大学側は、4人以上、同居させてはいけないと規定していたにもかかわらずだ。

そして誰もが、似たような問題を抱えていた。巨大な募集費、長時間労働、未払いの残業代、人種や国籍に基づく差別的扱いだ。

そもそもこのプロジェクトでは、とある会社がニューヨーク大学に依頼され、現場と労働者の施設を監査していたはずだった。だが2013年に提出されたレポートでは、これらの違反もストライキも強制送還も一切なかったことになっている。

ニューヨーク大学側は、まず下請け業者を非難した後、労働者に謝罪を表明。事実関係の調査を開始する。調査チームを率いたのは、法医学の調査会社だった。

このレポートは、アブダビ側でルールが変更されたために制度上に不備が発生。中小企業がその抜け穴をくぐったため、何千人もの労働者に、ガイドラインが適用されなかったと結論付けた。

またこの報告書によると、ニューヨーク大学は、給与や諸費用を払い戻す対象を、「現地で直接雇用された人間」に限定していたため、全員に返済が行われていなかったとも述べている。実際に払い戻しを受けたのは数十人程度。建設に関わった無数の建設会社や人事派遣会社、そして下請け業者の数を踏まえれば、ごく一部にすぎない。

だが調査チームの責任者は、払い戻しを受けるべき人間と、そうではない人間をきちんと見極めるのは不可能に近いと認めている。人材派遣会社のモラルのレベルを考えれば、（全員に払い戻しをしようとするのは）「高利貸しから請求書を受け取るのに近い」と述べている。

行政側は本来であれば、法の網をくぐり抜けた建設業者や人材派遣会社を徹底的に調査し、被害者の救済に当たるべきだろう。だがＵＡＥ当局は違法な業者を糾弾するのではなく、問題を指摘した人々を標的にした。

労働社の権利問題を専門とするニューヨーク大学の教授は、体制を批判する記事を引き合いに出されて、ＵＡＥへの入国を禁止された。『ニューヨーク・タイムズ』紙の記事を共著したフリー・ジャーナリスト、ショーン・オドリスコルに至っては、さらにおぞましい経験をしている。

携帯電話の通話記録から割り出されたのだろう。彼は取材をしている際に尾行され、記事が出版された後には、勤務していたＵＡＥの新聞社から、虐待を否定する記事を書くように命じられた。訂正記事の執筆を拒否したオドリスコルは、次にアブダビの警察署に呼び出される。しかも警察署の署長は、彼を逮捕するのではなく、情報の提供者に転向させることができると考えていた。

「彼らはこう言ったんだ。『これからは警察から給料がもらえるようになる。ＵＡＥにやってくる外国人ジャーナリストのスパイをしてほしい』とね。

毎月レポートを書いて、それを提出するんだ。さらには外国のジャーナリストを飲みに誘って、ＵＡＥで何をしているのかを、すべて警察に報告してくれとも言われた」

オドリスコルは当然のように拒否。彼もＵＡＥへの再入国を禁じられた。

他に何ができるっていうんだい？

ニューヨーク大学のアブダビキャンパス建設は、様々な物議を醸した。また大学側は、労働者に補償をするという方針も打ち出した。

だがアナムルとラズールは、いまだに一銭も受け取っていない。賃金も未払いのままだし、口利きをした業者に払った手数料もそのままである。

ニューヨーク大学の調査レポートが公開されてから1年が経った。2人は無数の人権団体と地元のジャーナリストにコメントしたし、ニューヨーク大学の建設現場で、集団訴訟を担当したイギリスの法律事務所からもコンタクトを受けた。

2人はベッドの上に、法律事務所から受け取った複数の手紙を広げた。その内容は、自分たちを雇用したベンチャー企業の親会社、イギリスの本社を訴えるようにと指示する内容だった。

2人は文字が読めないが、サインだけしたのだという。

「法律会社は、未払いの金と、事務所がキープしている金を渡してくれると言ったんだ」

バングラデシュ語を話す法律事務所の人間は、数カ月ごとにロンドンから電話をかけてよこし、訴訟を更新するようにと言ってくるという。

だが状況は遅々として変わらない。2人の生活ぶりもである。

2人には猫の額ほどの土地が2カ所だけ残っている。どちらも父親が遺したもので、出稼ぎに行く際にも売らなかったものだ。

「僕たちはまったくの無職だ」

アナムルの足下では、幼い息子が遊んでいる。

「生計を立てるために、米や野菜を栽培しているんだ」

——中東に行ったことを後悔してる？

「後悔している。貯金の残高なんてゼロだ。だから『外国に行って大金を稼いで自分で商売を立ち上げて、家族と一緒に楽しい生活を送ろう』と思ったんだ。でもうまくいかなかった」

2人の兄弟は私を車まで送ってくれた。彼らは訴訟を続けるだろうが、金が戻ってくることはほとんど期待していない。

アナムルはむしろ、5歳になる息子の将来を心配していた。

息子が働ける年齢になっても、やはり自分たちと同じように出稼ぎに行くのが糊口をしのぐ唯一の選択肢だったとする。それでもアナムルは、アブダビには絶対に行かせないと述べた。

弟のラズールが長い棒でマンゴーを2個たたき落とし、車の窓から手渡してくれる。

「どうして強制的に国を追い出されたとき、目と指紋の写真を撮ったりしたんだろう？

僕たちはもう入国できないのかどうかさえ、わからないんだ」

別れ際、アナムルがつぶやいた。

私は耳を疑った。あれだけひどい目にあったにもかかわらず、まだアブダビに未練があるのだろうか？

——どうして？　あそこに戻るつもりなのかい？

「ちゃんとした仕事だったらね。もちろん」

車が砂利道に戻り、ぬかるみを越え、マンゴーツリーの間を抜けていく。私は彼が最後に口にしたセリフを何度も思い出していた。

「他に何ができるっていうんだい？」

それでも中東に向かい続ける人たち

シャージャラル国際空港は、帰国する人たちよりも、出発を待つ人たちでいつもごった返している。例によってセキュリティ・チェックの前には長蛇の列ができている。アブダビ、ドバイ、シャルジャ、マスカット、中東の都市に向かう低コストの航空会社がたくさんある。

空港で待っている大部分の人々は、新しい人生を求めて、異国に旅立とうとしている出稼ぎ労働者だ。誰もが興奮に顔を輝かせ、手には全財産と引き替えに手に入れたパスポートを持っている。

様々な人生模様を眺めていると、若い男性が私に出国用のフォームを突き出してきた。読み書きができないので、記入してほしいということなのだろう。パスポートの中には、カタールの短期就労ビザ（1カ月）があった。

代わりに記入してやると、彼は感謝の言葉を口にしながら3人の友人の分も私に差し出した。全員が同じビザを持っていた。そしてやはり誰も読み書きができない。

UAE便の搭乗ゲートに向かっていくと、ドーハ行きのフライトを待っている人たちがいた。

20人ほどの労働者が、会社から支給された緑色のポロシャツを着ていた。左の胸の上には、バングラデシュで最も有名な人材派遣会社のロゴが入っている。

「カタールで仕事が見つかったから、みんなすごく興奮しているんだ」

20代後半のアルマンは、申し分のない英語で答えた。

彼はカタールで行われる、2022年ワールドカップのメイン会場を建設するために向かう。受け入れ先は、あのオサマ・ビンラディンの親戚が経営する建設会社だ。

「この会社のことなら知ってる。大きな会社だし、建設業界で有名なんだ。だから嬉しいよ。この会社に入れて、本当によかった」

アルマンは、2200カタールリヤル、約450ポンドの月給を約束されたという。そこから毎月10ポンドを、人材派遣会社に差し引かれる。

「僕の目標は10年なんだ。それが上限だし、1番短い場合は5年だね」

私たちは飛行機に乗り込む前に電話番号を交換した。別れ際、アルマンが再び話しかけてきた。

「僕はベッカムとウェイン・ルーニーが好きなんだ。あんた似てるね」

――デイヴィッド・ベッカムに？

アルマンが笑いながら首を横に振る。

「違うよ！　ルーニーにさ。目がそっくりだよ」

5：アブダビ、UAE

アブダビの海岸からわずか500メートル。サディヤット島へ通じる広いハイウェイは、がらんとしている。ビーチには、夕方遅く、日没の熱気の中でパラグライダーに興じる人々の姿が見える。五車線のハイウェイの途中には数百メートルごとに、UAEの首長、シェイク・ハリーファの肖像画が並んでいた。

サディヤットとはアラビア語で「幸福」を意味する単語だ。この島は周辺一帯で最も豪華な人工リゾートを作り出すために建設されたし、世界で最も豪華な地域の一つにもなっている。

フランク・ゲーリーが設計したグッゲンハイム・アブダビは、中東におけるルーブル美術館の出先機関としてここにオープンする。ジャン・ヌーヴェルが設計したもので、ノーマン・フォスターが設計したザーイド国立博物館と並び立つ予定だ。

一方、ゲーリー・プレイヤーはゴルフコースを設計することになっているが、既に工事が完了した施設もある。ウルグアイの建築家がデザインした、ニューヨーク大学のアブダビキャンパスだ。

この場所は静謐に満ちている。灰色の石が敷き詰められた広い道路には、緑の樹木とガラス細工、木製の歩行者用通路が並ぶ。キャンパスの中央には噴水があり、水が流れる穏やかな音がいつでも聞こえてくる。キャンパス内には、様々な国の学生が行き交っている。中にはイスラムのドレスに身を包んでいる学生もいるが、ほとんどの人間は普通の格好をしている。そして急いで歩いている人間は誰もいない。

この最先端のキャンパスには、建設に従事した人を讃えるものは何もない。工事の過程で怪我を負った人々や、給料や待遇の改善を求めた人たち、あるいは彼らの人生や家族の生活を物語るもの、故郷に帰国できずにいることや、この施設を建設するために、はるか彼方からやってきた人たちを記念するものも一切ない。

UAEのジャーナリスト、スルタン・アル・カセミは、真新しい講義ホールにいた。彼はアラブの春に関するコメンテーターとして高名で、ツイッターでは50万ものフォロワーを抱えている。UAEに居住する外国人問題に関しても、かなりきわどい発言を行ってきた。前出のイヤドによれば、「薄氷の上を歩いている」ような状態だという。

だが彼の場合は、王族の一員だというアドバンテージがある。

また大学のキャンパスでも、人権問題などを論じるのではなく、UAEが収めた成功と、西側諸国が抱いている嫉妬について講義を行っていた。鈍重な旧宗主国の周りで、UAEとカタールが足取りも軽く華麗に振る舞う、そんな話をしていた。

アル・カセミは、グッゲンハイム美術館の建設現場で、労働者が虐待されていると報じられた一件にも触れる。人権活動家がニューヨークで抗議をしたことが、逆に現場の労働者を苦しめたと指摘した。さらには、人権が侵害されているという批判や報道は、西側陣営の「抵抗」だと考えられること、中東に関する世間の見方は変わってきており、その主な要因はスポーツだとも述べた。

「2022年、ドーハは世界中で最もその名前が引き合いに出される年になるだろう。

だが君たちが世の中に出るときには、『抵抗』に気をつけたまえ。そういう嫌がらせをするときにこそ、連中は創造性を発揮するんだ」

さらに彼は、「抵抗」に対して最も効果的な反応の仕方には、西側が棚に飾っている宝物を買うことも含まれると指摘した。買い占める対象には、銀行やハロッズのようなデパート、ＰＳＧやマンチェスター・シティなどのクラブも含まれる。

「サッカークラブを宝物だと呼ぶのは失礼かね？」

オイルマネーで潤う中東の王族たちは、スポーツがソフトパワーとしても極めて有用なツールであることを学んでいる。マンチェスター・シティの買収、そしてその後に起きたクラブのＰＲツール化などは非常に示唆的だ。

ちょうどその1週間前、マンチェスター・シティはチャンピオンズリーグの準々決勝で、パリ・サンジェルマンを倒していた。マンチェスター・シティはＵＡＥのアブダビ王室が所有し、資金を調達している。かたやパリ・サンジェルマンはカタール傘下のクラブだ。チャンピオンズリーグの試合は、事実上のＵＡＥダービーになっていたといっても過言ではない。

アル・カセミの講義が終わる前に、私は大学を抜け出して市内に戻った。

その夜、アブダビではアジア・チャンピオンズリーグの試合が行われた。ウズベキスタンのチャンピオンチーム、パフタコール対アル・ジャジーラとの試合である。アル・ジャジーラは、シェイク・マンスールが所有しているサッカークラブの一つだ。某ジャーナリストによれば、アル・ジャジーラは「リーグで最もひどい運営がなされているチーム」だという。

事実、4万人を収容するスタジアムには、どう見ても20人程度のファンしかいなかった。だが、彼らの周囲には6000人もの観客が座っていた。クラブ側は1人あたり50ダーラム、約10ポンドを手渡し、アフリカの労働者を2000人、フィリピン人の労働者を2000人、そしてインド人の労働者を2000人かき集めていたのである。

アル・ジャジーラは結局、3-1で敗北。試合に動員された労働者たちも宿泊所に戻っていった。

市内の南部、車で数分行ったところには、アブダビの多くの建物の建設に関わっている労働者たちの宿泊施設がある。これは特殊な場所だ。似たような場所は、世界のどこにもない。

この施設の多くでは調理が禁止されているので、彼らはケーキや加工されたチーズを、外の縁石に座って食べなければならない。また宿舎の周りは有刺鉄線を張った高い壁で囲われており、出入りする人間を警備員が常にチェックしている。そしてもちろん、設置された小型カメラが一帯をくまなく監視している。

UAEは、労働者の人権問題を改善したと主張している。

たしかに記録上はそうなる。雇用者の許可がなくとも、労働者が仕事を変える権利を認める改革法案を通過させたからだ。また『エコノミスト』誌の記事によれば、これは労働者の賃金の上昇ももたらした。契約満了時に労働者を引き留めるために、企業側が賃金を引き上げるというのが理由だ。

しかし、ヒューマン・ライツ・ウォッチのニコラス・マクギーハンは懐疑的だ。

「たしかに近年、UAEは、労働制度を微妙に変更して仕事を変えられるようになったし、形式的には、とても好ましい制度がいくつか導入されたことになる。だが問題は、法律を施行できる権力を持つ機関が、その法律そのものを由としていない点だ。だから、いくつかの問題は改善されたといえるにしても、実際には労働者を搾取し、虐待するシステムがいまだに横行している」

宿舎の外では、バングラデシュの男たちがATMを利用しようとしていた。だが引き出せるような金はほとんどない。警備員(と自称している)のネパール人の男性2人が、できあいの夕食を買って家に戻ろうとしていた。

「ここでは料理ができない。自分の好きなことは、やらせてもらえないんだよ」

正面に大きなマリファナの葉が描かれたTシャツを着た若者が証言する。

「あんたが中に入ったら、警察がすぐに来るだろうな」

バックミラー越しに、警備員たちが慌てて出てくるのが見えた。外で質問をしている怪しげな外国人を探すためだ。私は自分の車に急いで飛び乗ることにした。スリランカ人のタクシー運転手は、すぐにこの場を去りたがっていた。

「こんな所には絶対に住めない。まるで刑務所みたいだ」

PART2：カタール編

6：ドーハ　ワールドカップまでの距離

カタールの首都ドーハ。まだ朝の8時にさえなっていないのに、南部の郊外にあるサッカー場に、強い日差しが既に照りつけていた。

だが、カタールサッカー協会のビルは、まだひっそりと静まり返っている。唯一聞こえてくるのは、周りを取り巻く壁の向こう側から聞こえてくる歓声だった。そこではインド人の男性たちがクリケットに興じていた。

この日は金曜日、イスラム教徒にとっては安息日に当たる。市内の道路はガラガラだったし、モスクは礼拝を行う人ですし詰めになっていた。

だが、すぐに騒音が聞こえてきた。

50人の男性のグループが外に出てきて、突然ドラムやその他の楽器を叩き始め、アフリカの歌を歌い始めたのである。毎週、金曜日の朝に行われる、サッカーの大会を応援するためだ。

彼らは様々なサッカーのジャージを着ていた。中でもマンチェスター・ユナイテッドとレアル・マドリーのコピー商品が多かった。最初は楽器のように見えたものは、実際には金属製の夕食のトレーと調理用の油が入っている空き缶だった。それをスープをすくって入れるお玉で叩いていたのである。

「私たちは神に歌を捧げているんです！」

青いTシャツを着た若者が、ガーナ訛の言葉で歌いながら叫ぶ。胸にはヘブライ語と英語で文字が書いてある。選手たちが到着したのは、ちょうどそのときだった。

参加するのは、労働者や低賃金で働く移民たち。彼らは会社の代表として、２０１６年の「ワーカーズカップ（労働者カップ）」決勝を目指していた。

大会は数カ月前に始まり、16チームが四つのグループに分かれて試合を行った。決勝は数週間後に近くのハマド・ビン・ハリーファスタジアムで行われる予定だった。優勝したチームのメンバーには、かなりの現金と携帯電話、そしてカメラが与えられることになっていた。

今日は準決勝だったが、世間から孤立した労働者用の収容所に寝泊まりする彼らにとっては、１週間に一度の休みに、他の人々と出会うチャンスになる。そのためドーハから50キロも離れた施設からも、何百人ものサポーターがやってきていた。夜明けに起きて、バスに揺られながら、わざわざ通ってくるのである。

他のほとんどの湾岸諸国と同様、カタールは小規模ながらも、近年急成長を遂げた、絶対君主制の国家である。その人口はお隣のＵＡＥに比べてはるかに小さく、わずか２３０万人にすぎない。

しかも、いわゆるカタール人が占める割合は全人口の10％のみ。残りの90％はさらに厳しい形態の「カファラ」に従わなければならず、すべての人間は出国するときにさえも、雇用者の許可をもらわなければならない。

インド、ネパール、バングラデシュ、その他の南アジアや東南アジアから来た数十万人の出稼ぎ労働者は、他の湾岸諸国と同じような虐待に苦情を申し立てている。賃金の未払い、劣悪な環境、信じられないほどの酷暑の中で作業に従事している、若い労働者の死亡率の高さなどだ。

そんな状況の中、やはりカタールもスポーツに重点的に投資を行ってきた。とりわけ力を入れてきたのは、サッカークラブをスポンサードしたり、買収したりする試みである。これは西側諸国において、カタールブランドを再び確立する役割を担っている。

奇妙な国際大会の狙い

しかしカタールはUAEとは異なり、労働者の待遇問題に関しては、非常に厳しく監視され続けている。オイルマネーで潤うアブダビでさえ、購入できなかった成功を手にしたためだ。2022年のワールドカップ本大会を開催する権利である。

「ワーカーズカップ」なる大会が、わざわざ開催されている理由もここにある。

この日の最初の試合は、数千人を雇用している地元の不動産デベロッパーと、デンマークとインドの合弁会社のチームで競われることになっていた。労働者が楽しみながらサッカーに興じる場面を演出するのは、世界中の国々に好印象を与える機会になる。

とはいえ大会に参加している選手たちは、難しい政治の事情など抜きにして、自分のプレーをアピールするチャンスができたことを単純に喜んでいた。

「僕たちがただの労働者じゃなくて、サッカー選手であることがわかってもらえるだろうな」

不動産会社のチームでプレーしているジェリー・エイティは、金色と黒の縦縞が入ったユニフォーム姿で会場に着いた際にこう述べた。

「僕はストライカーだけど、うちのチームにはディフェンダーがいない。だから守備をしなきゃならないんだ」

ジェリーはこの状況をあまり喜んではいなかったが、少なくとももう一度サッカーができるようになった。彼は石工として11カ月間、カタールで働いてきた。だが本人によれば、カタールに来る前は、祖国のガーナのトップリーグでプレーしていたという。

たしかにこの大会のレベルは異様に高かった。選手の中には、アフリカでプロとしてプレーしていたと主張する者が他にも何人かいた。アフリカでは、1シーズン、まったく給料が支払われないケースも時々あるため生活していけなかったのだという。

30歳のエジプト人監督は、自分も本当は選手であること、そしてワーカーズカップのために、わざわざ雇われた労働者もいると語ってくれた。

試合は接戦になる。そんな状況の中、豪華なSUVの一団が駐車場に乗り入れてきた。なんと車から降りてきたのは、FIFAの新たな会長、ジャンニ・インファンティーノだった。

白いシャツを着て、禿げ上がった頭が太陽の光で輝いている。さらに車から降りて来たのは、カタールサッカー界のお偉方連中。2022年のワールドカップ招致の責任者、ハッサン・アル・サワディも含まれていた。

7：カタールが掘り当てた金鉱

カタールは、何年も「採掘」を続けてきた独立国である。だが実際に金鉱を掘り当てたときでさえ、その後の準備は何もできていなかった。

カタールが2022年のワールドカップ本大会に手を上げた際、ほとんどの人は真に受けなかった。そもそも地図上でカタールの場所を指せる人はごくわずかだったし、国について知られている情報も、関係者を安心させるような内容ではなかった。

ペルシャ湾に突き出た国で、隣国はサウジアラビア。内戦が続くイラクの対岸にあり、夏には気温が50℃以下に下がることもめったにない。FIFAの技術委員会が、アメリカ、オーストラリア、日本、韓国など、2022年大会に名乗りを上げているすべての候補国を精査した際、リスクが高いと見なされたのもカタールだけだった。

しかもカタールの場合は、サッカーそのものの実績もまるでなかった。国内リーグは比較的最近プロ化されただけだったし、代表チームはワールドカップの本大会に近づいたことはない。「ザ・マルーン（エンジ色）」の愛称で知られるチームは、FIFAのランキングで常に100位前後を彷徨っている。FIFAの会長を務めていたブラッターは、「カタール」と書かれたカードを封筒から取り出して読み上げることになるが、彼自身、その事実に驚いているようにさえ見えた。

しかし、実際に起きていたことを詳しく調べれば、カタールが権利を獲得したのはまったく驚きではなかった。

チューリッヒでまかり通ってきたとされる腐敗だけが理由ではない。過去10年間、カタールの王室は投資ファンドと政府機関を通じて、様々な策を巡らしてスポーツ界に巨額の富を投資。様々なサッカークラブを買収していた。サッカーを「ソフトパワー」として利用し、国の知名度を世界的なレベルで高めようとしてきたからだ。

カタールがたどってきた道

今日のカタールは、かつての大英帝国の前線基地、取るに足らないほど小さく、圧倒的に貧しい単なる小国ではもはやない。カタールが「飢餓の年」と呼んでいる1940年には、カタールの人口は1万6000人にすぎなかった。アレン・J・フロヘルスが「カタール：近代史」で紹介しているように、当時、ドーハに滞在していたイギリスの官吏は、この国を次のように記していた。「海岸沿いに数マイルにわたって貧しい漁村が続く地域で、その半分以上は荒廃している。マーケットは汚らしく、ハエが飛び交い、道路は埃っぽい。電気も通っておらず、住民たちは皮の袋や空き缶で水を汲むために、街の外に2、3マイルも歩いていかなければならない」

真珠の養殖と漁業は半島の二大産業となっていたが、どちらも崩壊していた。カタールは1949年に石油が発見されるまで、見向きもされなかったのである。

カタールは1971年、UAEが独立を果たす数カ月前に自立するが、政治的には1991年の無血革命が一大転機となった。

新しいアミール（総督）は、改革を推進。具体的には国家が情報をコントロールする情報省を廃止し、アルジャジーラのような報道機関が活動する道を開く。さらには民主革命を実施し、選挙によって選ばれた機関が国政への助言を行うようになる。

さらには女性にも投票権が与えられるようになった。

だが、このような改革に勝らぬとも劣らぬインパクトを与えたのが、天然資源である。カタールは湾岸において、世界第3位の埋蔵量を誇るガス田の開発に成功。国情を一変させた。

これによってカタールは、国民1人あたりの所得が世界で最も豊かな国に変貌。そしてUAEの例を参考にスポーツ全般、特にサッカーに重点的に投資をし始める。

既にUAE（ドバイ）のエミレーツ航空は、チェルシー、アーセナル、パリ・サンジェルマン、レアル・マドリー、ベンフィカ、ACミランのユニフォームのメインスポンサーになっていた。またFIFAとワールドカップ、さらには世界で最も古いカップ戦、イングランドのFAカップのメインスポンサーにもなっていた。エミレーツ航空は、2028年までアーセナルの新スタジアムの命名権を確保するために2億5000万ポンド以上を支払っていた。

片やアブダビはマンチェスター・シティを買収しつつ、やはり「エティハド航空」のブランドを使いながら、スポーツ界に進出している。

カタールは、UAEが引いた青写真を恥じらうことなくそのままコピーした。

また、その過程では少しアレンジも加えている。

UAEの国内リーグは、王子たちがまだ手をつけていない「おもちゃ」として大部分残っていたのに対して、カタールは「Qリーグ」に精力的に投資。キャリアの晩年に差し掛かっていた、サッカー界で最も高名なビッグネームたちをかき集めた。事実、私が2004年に初めてカタールを訪れたときには、マルセル・デサイー、オランダのデ・ブール兄弟、そしてガブリエル・バティストゥータが巨額の年俸を受け取りながら、最後の契約シーズンをプレーしていた。

悲願だったワールドカップ本大会出場

カタールは2006年のアジア大会の招致に成功。もっと大きな大会、つまりワールドカップの本大会や、あるいはオリンピックでさえも招致するアイディアが浮上するようになる。

このような大会を誘致するというのは、砂漠の酷暑という厄介な問題を考えた場合、不可能なように思われた。それでも彼らは、カタール代表チームをワールドカップの本大会に進出させるためにいくつかのアイディアをひねり出す。

その主な手段は、外国生まれの選手を帰化させる方法だった。事実、カタールは2006年のワールドカップ、ドイツ大会に出場するために、2003—04シーズンにブンデスリーガで得点王になっていたブラジル人ストライカー、アイウトンに7桁の報酬を提示することまで行っている。

だがこれを受けてFIFAはレギュレーションを強化。アイウトンをカタール代表としてプレーさせるという計画は実現しなかった。

想定していた代表強化策を禁じられたカタールは、代替案を講じる。それが巨大なトレーニング施設とアカデミーを備えた「アスパイア」を立ち上げつつ、世界の他の地域から人材を発掘することだった。

私は2005年、アスパイアのメインホールに立ったときのことを覚えている。アスパイアはマラドーナとペレの2人が、ドーハで一緒に歩いていく場面を演出するために何十万ドルも支払っていた。サッカー界で本当に偉大なのはどちらか。このテーマを巡って両者は反感を覚えていたが、それを金の力で封じたのである。

アスパイアは2・5キロ平方もの規模を誇り、内部にはほとんどのカテゴリーで、世界トップレベルのトレーニング施設が用意されていた。そしてその中心にある施設として、後には5万人を収容するスタジアムがオープンすることになった。

破綻した、カタールの目論見

しかし、これらの投資の大部分は実を結んだとは言い難い。

カタールは2006年、2010年、そして2014年のワールドカップでは、いずれも本大会に駒を進められなかったからである。またアジア大会では宿泊施設が足りなくなったり、馬術競技で韓国の選手が死亡するなど、惨憺たる結果に終わった。

国内リーグの「Qリーグ」も、その輝きを喪失。いかに大金を積まれようとも、大物選手が中東の太陽を浴びながら、キャリアの晩年を過ごそうとしなくなった。

たしかにカタール側は諦めなかった。まず２０１６年の夏季オリンピックを開催する計画を提示した後には、少しだけ気温が下がる10月に大会の開催時期をずらすプランを提示している。だが開催候補国が２００８年に発表された際には、カタールは選考対象にさえノミネートされなかった。カタールは２０２０年の夏季オリンピックでも、候補地に残るのに失敗している。

カタールは、なぜワールドカップを開催しようとしたのか。彼らの意図は、これら一連の流れを踏まえた上で初めて理解できる。アジア大会の開催は失敗に終わり、オリンピックの開催ではまともに相手にされない。そしてサッカーの代表チームは、アジア予選で敗れ続けている。そんなカタールにとって、ワールドカップを開催するのは非常に理に適っていたのである。

事実、カタールは２０２２年のワールドカップ本大会を開催すべく、２００９年から招致活動をスタートさせる。このアイディアは、前年の２００８年、シェイク・ハマドとの会談をした際に、ブラッター側から提案したという見方もあるが、カタールに関しては、既にその5年前からワールドカップを招致するという説が話題になっていた。

「我々はアラブ諸国で初めてワールドカップの開催権を獲得すべく、真剣に取り組んでいる」

招致活動を任命された、若い組織委員会長、ハッサン・アル・サワディは述べている。

「我々はＦＩＦＡに対して、素晴らしいプランを提示している。この大会はサッカーの歴史にとって大きなレガシーとなるし、人類社会全体にとってもレガシーとなるはずだ」

この招致活動においては、アスパイアが旗振り役として大きな役割を果たした。

カタールはアスパイアを介する形で、世界中で数多くのアカデミーを開設。それまでサッカー界では見向きもされなかった国や、サッカー界の後発国で才能を発掘し、獲得するための活動に着手した。アフリカで埋もれている才能を発掘するために「フットボール・ドリームズ」というプログラムを立ち上げ、セネガルではアカデミーを設立している。

アカデミーに託された、極秘のミッション

このような活動には、もちろん相応の計算が働いていた。

「発展途上国に金をばらまいて、才能の持ち主を引き抜こうとする。『フットボール・ドリームズ』が注目に値するのはそれだけが理由ではない」

ＥＳＰＮのブレント・レーサムは記している。

「彼らが立ち上げた15のプログラムのうち六つは、ＦＩＦＡで絶大な権力を持つ24人のエグゼクティブ・コミッティー（Ｅｘｃｏ）のメンバーに関連する国々で行われている」

アスパイアは、タイ、グアテマラ、パラグアイでも存在感を強める。これら3カ国もすべて、２０２２年の本大会の開催地を決定するＥｘｃｏのメンバーを送り出していた。

アスパイアはカタール本国でも育成活動に力を入れるようになっていた。２０１１年になると、ドーハで鍛えられた選手たちは、アジアやアフリカの国々で代表チームに名を連ね始める。

「２０１０年は、アスパイアにとって一気に物事が動き出す年になった。アカデミーで育ってきた選手の何人かが、カタールのオリンピック代表チームでプレーする道を見いだし始めたからだ」

2011年にアスパイアを再び訪れた際、ディレクターを務めるウェイデ・クルーズはこう述べていた。彼は8人の卒業生が2010年、中国で開催されるアジア大会に臨むカタール代表に名を連ねるのを見たばかりだった。

「我々のアカデミーでは今、フル代表に3、4人の選手が入ろうとしている」

とはいえ、問題がないわけではない。特にアフリカ出身の選手に関しては、2022年のワールドカップで、カタール代表に帰化させようとしているのではないかという意見もあった。クルーズはその説を否定したし、ジェネラル・ディレクターのアンドレアス・ブレイチャー博士も、同じ意見を口にした。

「契約を結ぶ際には、カタールでプレーすることを求めたりしていない。判断は彼らに任せている」

カタールはアスパイア卒業生を帰化させるのではないかと尋ねると、博士はこう述べた。

「選手はここに5年間滞在できるが、カタールでプレーすることを望むかどうかは、選手の判断にかかってくる」

世界的な規模で行われた票の買収

2022年大会の招致活動に話を戻そう。

カタールが掲げたプランは、極めて魅力的なものだった。

中東地域の団結を謳っていたし、酷暑対策として、二酸化炭素を一切排出しない冷房の採用も掲げていた。またスタジアムは組み立て式で、大会が終わった後には解体され、アフリカに寄贈されるというプランも盛り込まれている。

だが、もちろん招致活動はきれい事だけで進められていたわけではない。カタール側は頑として否定し続けているが、アスパイアを軸にした招致活動の裏側では、もっと生臭い取引が一貫して行われてきたとされている。

事実、24人のＥｘｃｏメンバーのうち、２人は『サンデー・タイムズ』紙の囮取材で、投票の見返りに金銭を要求したために投票権を剥奪されている。残る22人のうち、９人は不正に関わった容疑のためにサッカー界を追放され、さらに5人が職を辞した。

だが報じられている不正行為は、このようなＥｘｃｏメンバーの買収にとどまらない。舞台裏では、国家単位の政治的な交渉もなされていたという説がある。

ワールドカップの開催国が決まるまでには、多くの国々との間で、貿易協定が結ばれている。そこには以前まで、カタールとそれほど取引などしていなかった国も含まれている。

キプロス出身のＦＩＦＡのＥｘｃｏメンバーを巡る奇妙な出来事もあった。彼は細長い土地を２７００万ポンドで売却したが、これを購入したのがカタールの投資局だったのである。

『醜いゲーム：ワールドカップを購入するためのカタールの計画』の著者、ハイジ・ブレイクとジョナサン・カルバートによれば、カタールではアミール（国王）自らが南米も歴訪しているという。これらの国々にはＦＩＦＡのＥｘｃｏメンバーがおり、投票が行われる直前の8月には、票を買収するための違法な交渉が行われていた。カタール絡みでは、ウルグアイ、パラグアイ、ボリビアを結ぶ、新たな天然ガスの建設計画も議論されている。

一方、アジア・サッカー連盟のカタール代表であるモハメド・ビン・ハマムは、これとは別にパラグアイを訪れ、Ｅｘｃｏのメンバーと会う予定を立てていたし、「醜いゲーム」は、２０２２年と２０１８年大会の開催地を決める投票の前には、まさにカタールとロシアの間で、天然ガスの探査を巡る巨額の契約が結ばれたとも指摘している。その交渉相手となったのが、ガスプロムの役員だった。ロシア側の招致委員会のメンバーの大半は、ガスプロムの役員だったからである。

本丸、プラティニを籠絡せよ

とはいえ、様々な買収工作で最も重要だったのは、ＵＥＦＡの会長だったミシェル・プラティニとの密約だったとされている。彼が率いていたヨーロッパ諸国の票は、会長選を左右する力を秘めているからだ。

投票の2カ月前、プラティニは、カタールの皇太子であるシェイク・タミーム・ビン・ハマド・アル・タニと2回、プライベートで夕食を共にしている。カタールの招致活動は、彼の弟であるモハメドが顔役となっていたが、皇太子はカタールの将来を担うことになっていた。

プラティニとシェイク・タミームが密会したのは、ジュネーブの中華レストランだった。これはほとんど取り沙汰されなかったが、二度目の会食ではるかに大きな物議を醸すこととなる。投票の10日前、ニコラ・サルコジ大統領はシェイク・タミームをエリーゼ宮殿に招待したのである。

この席にはアメリカの投資会社、コロニー・キャピタルのセバスチャン・バザンも同席していた。この会社は、世界的な写真家の作品集や、マイケル・ジャクソンがかつて所有していた家屋といったユニークな投資物件だけでなく、実はパリ・サンジェルマンの98%を所有していた。

1970年に設立されたPSGは、ヨーロッパの物差しで考えれば、比較的歴史の浅い若いクラブだったかもしれない。だがパリを拠点とする、唯一のメジャーなクラブだった。事実、パリほどの大都市でサッカークラブが一つしかない都市は他にない。

にもかかわらずPSGの経営はパッとせず、赤字を垂れ流していた。昔からPSGのファンだったサルコジ大統領は、この状況に歯止めをかけたいと望んでいた。

エリーゼ宮殿の会食で何が起きたのかは、いまだに盛んに議論されている。『フランス・フットボール』誌が公表した「カタールゲート」と呼ばれる調査では、シェイク・タミームがプラティニに対し、2022年大会の開催国を決める選挙でカタールに投票するのならば、パリ・サンジェルマンを買収し、負債を清算することを申し出たと主張している。さらには「ビーイン・スポーツ」というテレビ局——アルジャジーラのスポーツ部門から独立した組織が、フランスのサッカー放送の権利を購入することも提案されたという。

ちなみにプラティニ本人は、この説を真っ向から否定している。

「私の選択が……フランス国家とカタールの取引の一部だったと主張するのは、純然たる観測……そしてでっち上げだ。私は誠実に投票したし、その点に疑問を呈する者に対しては、誰であろうと法的手段に訴える可能性を排除しない」

またフランスのメディアは、プラティニが次のように述べたとも報じている。サルコジ大統領からは、カタールに投票しなければならないとは言われなかった。投票してくれるのならば、ありがたいという内容だった、と。

プラティニが迎えた「終わりの始まり」

いずれにしても、この会談はプラティニにとって「終わりの始まり」となった。プラティニは会食の場で、カタール側と交渉がなされたという説を長らく否定していたが、結局は自分が実際にカタールに投票したことを認めたからである。

ちなみにプラティニ自身は、カタールに票を投じたのはディナーとは何ら関係ない、また自分がカタールを支持したのは、ヨーロッパの冬の時期に大会を開催する場合に限りという条件付きだったと、熱っぽく抗弁し続けた。

だが、このような発言が空々しく響いたことは言うまでもない。

カタールゲートが発覚するまで、プラティニはFIFAの次期会長として、セップ・ブラッターを継ぐだろうと考えられていた。だがカタールに投票したことを認めてからは、ヨーロッパの同業者から完全に疑惑の目を向けられるようになった。

プラティニは2011年の時点ではあえて反対候補として立候補するのをやめ、2015年の選挙に万全の体制で臨めるようにしていた。2015年の選挙では、ブラッターが立候補しないだろうと予想していたからである。

プラティニには2015年に、ブラッターを会長の座から追い落とすタイミングが巡ってくるが、さらに新たなスキャンダルにも見舞われ、大打撃を受けていた。ブラッターを追い落とすどころか、プラティニはFIFAの公金を現金で130万ポンドも受け取っていたのである。

両者はこれが10年前に行われたコンサルタント業務の報酬だと主張したが、支払いはブラッターが2011年の会長選挙で再選のためのキャンペーンを展開していたのと同じ時期、そしてカタールの投票の2カ月後に行われていた。

だがプラティニの目論見は絵に描いた餅に終わる。ブラッター共々、やましいことは何もしていないと主張していたが、FIFAの倫理委員会によって活動が禁止されたからである。

かくしてプラティニは、母国フランスで行われたEURO2016を文字通り「ホーム（自宅）」で眺める羽目になった。もともとこの大会は、UEFAの会長として有終の美を飾るものになるはずだった。

スキャンダル報道の後に、実際に起きた出来事

この一連のスキャンダルに関しては、エリーゼ宮殿でのディナーが催された数カ月後、重要な出来事がさらに2件ほど起きている。

やはり密約が交わされていたのだろう、パリ・サンジェルマンは報じられた通りに新たなオー

ナーの持ち物となり、負債は解消されている。クラブを所有していたコロニー・キャピタルは、1300億ポンドの資産を保有していると噂されるカタールの国営ファンド、カタール・スポーツ・インベストメント社にクラブの株式の70％を売却した。売却金額は5000万ポンドだったと報じられている。PSGはカタールという国そのものに身請けされたのである。

QSIこと、カタール・スポーツ・インベストメントは、2005年にシェイク・タミームによって設立された組織だった。代表を務めているのは、かつてATPツアーランキングで995位だった40歳の元プロテニス選手、人当たりのいいナセル・アル＝ケライフィ。アル＝ケライフィはPSGの会長に納まり、ヨーロッパの大会でのトロフィーをクラブにもたらす役割を担っている。

カタール・スポーツ・インベストメントは、実際のクラブ経営においてもアブダビの青写真を踏襲している。歴史がありながらも過小評価されていたクラブを買収し、膨大な予算をつぎ込んで強豪にする。この方法をPSGでも採用したからだ。

最初に契約したのは、アルゼンチン人のミッドフィルダー、ハビエル・パストーレ。移籍金は3500万ポンドだった。次にはズラタン・イブラヒモビッチが名を連ねる。こうした補強の結果、パリ・サンジェルマンは現在4年連続でフランスリーグのタイトルを制覇。フランスカップは2年、リーグカップは3年連続で手中に収め、チャンピオンズリーグの決勝トーナメントにも、コンスタントに進出するようになった。

ちなみにカタールの観光局と結んだスポンサーシップ契約は、4年間で1億5000万ポンドに上る。毎年、2000万ポンドの損失を計上していたクラブは、今や年間3億5000万ポンド以上の収益を上げるまでになった。

一方、国内リーグの放映権も、予想通りにカタールに身受けされる。やはりエリーゼ宮殿に端を発する別の取引にも関与しているが、こちらはさらに大化けする可能性もある。

名称を「ビーイン・スポーツ」に変更したアルジャジーラのスポーツ専門チャンネルは、フランスのリーグ・アンの試合を放映するために7000万ポンドを支払うことになる。さらに彼らは、チャンピオンズリーグと2016年の欧州選手権の放映権も確保する。結果、2014年にフランスのサッカー放映権料は23%も上昇。新記録となる値段で売却された。

カタールの観光局がスポンサーについたというのは示唆的だ。カタールはオイルマネーで潤う国だが、投資先は多様化しているからである。事実、カタール側が投資した案件の目録には、PSG以外にも、セインズベリー、ハロッズ、バークレイズ銀行、フォルクスワーゲン、ポルシェ、ミラマックス（アメリカの映画会社）などが並んでいる。

破られたバルサの伝統

とはいえ、カタールがサッカーを通じて自国のブランドを確立するのに成功したのは間違いない。たしかに2022年のワールドカップ開催は、カタールの頭痛の種になっただけだが、クラブチームとの契約は純然たる成功をもたらしている。

たとえば、バルセロナのユニフォームのメインスポンサーになったことも然り。

そもそもバルセロナのファンや、クラブを所有し運営している「ソシオ（サポータークラブ）」は、ユニフォームの正面にスポンサーがつくことを、長年にわたって拒否し続けていた。

しかし、UNICEFのロゴが短期間、胸のところについた後、2010年にはカタール政府が資金援助した教育慈善団体、カタール財団がスポンサーになることが同意される。この契約は、国営の航空会社であるカタール航空が胸スポンサーに納まる道も切り開いた。

むろんバルサのファンの間では、大騒ぎになった。クラブが誇る長い歴史が途絶えるだけでなく、カタール航空の体質も問題視されたからだ。

多くの人々は、カタールでは出稼ぎ労働者に対するひどい扱いと「カファラ」の厳格な運用がまかり通っていることを指摘。全体主義的な国家の企業をスポンサーにするのは、クラブが体現してきた反体制的なアイデンティティーにそぐわないとも考えていた。

さらに悪いことに、カタール航空のCEOは、自分の会社で労働組合の設立が禁じられていることを誇りに思っていた節もある。女性の客室乗務員は、妊娠すれば解雇されることにもなっていた。カタール航空は2015年、この規定を変更することになった。

カタールはサッカー界において、他にも様々な投資を行っている。2010年にはスペインのラ・リーガに所属するマラガを買収。クラブを財政破綻から救い出し、チャンピオンズリーグで準々決勝に駒を進められるほどの資金も提供した。

しかし、マラガに対する資金援助は、チャンピオンズリーグを制するという野望と同じように、すぐにしぼんでしまう。PSGに対する支出が一気に増えたからだ。

ただし潤沢なオイルマネーは、誰もが予想しなかった場所にも流れ込んだ。ベルギー東部、ドイツやオランダとの国境に近いオイペンである。

オイペン、ベルギー

カタールのアスパイア・ゾーン財団が、KASオイペンを買収する。このシナリオは奇妙に映る。ほとんどの場合、中東のマネーは名のあるチームや選手の獲得に使われてきた。だがKASオイペンは、そのようなパターンにまったく当てはまらない。

KASオイペンはベルギーの2部に所属するクラブで、深刻な財政難を抱えていた。その分だけ安い値札がつけられていたし、ベルギーの労働ビザとの関連で、EU圏外の選手がプレーするのも容易になっていた。

カタールがオイペンに目をつけた理由は、まさにここにある。クラブ側はカタールマネーに買収された直後、ガーナやフランス、マリの選手たちと次々と契約を結ぶ。これらの選手は、皆、アスパイア・アカデミーで育成された人物だった。

2014―15シーズンの開幕戦、スタジアムの近くのカフェには、見覚えのある人物が座っていた。2011年、ドーハで会ったアンドレアス・ブレイチャー博士である。

彼はアスパイア・アカデミーで「フットボール・ドリームズ」プロジェクトをまだ運営していたが、オイペンの役員も務めるようになっていた。

クラブは前年、ベルギーの1部リーグから降格している。リーグ戦は2位で終えたものの、1部復帰を懸けたプレーオフで敗れていた。

「昇格できなかったのは問題ではない。我々は長期的な計画を持っている。目標はチャンピオンズリーグに勝つことではないからね」

とはいえ、アスパイアの思惑は、多くの人々にとって不透明なままになっている。

「私たちは人道的なサッカー・プロジェクトを運営しているんだよ」

ブレイチャー博士は語気を強める。彼は母国にいたときよりも、はるかにとげとげしかった。

カタール政府は何を狙っているのか。この質問はオイペンを買収するときだけでなく、アスパイアを設立したときにも、何度も尋ねられたのは明らかだった。

「我々は1年間に何十万人ものサッカー選手をふるいにかけている。そしてプライベートスクールで教育するようにしている。

問題なのは、選手たちが18歳のときに何をするのかだ。そのまま好きなようにプレーさせておけばいいのか？　それは正しいやり方じゃない。一番ステップアップが必要になるのは、ユースからプロのサッカー選手になるときだ。だから私たちは、こういう子供たちに、プロのサッカー選手になるチャンスを与えたいと思っている。だから……」

博士はこう付け加えた。

「おそらくヨーロッパでも、サッカークラブを運営した方がいいのだ」

だがそれは傍で思われているよりも難しい作業だった。

現にカタールは、プレミアリーグの高名なクラブを買収していなかった。育成に乗り気でないリーグのクラブにも、手を出そうとはしなかった。博士は語る。

「言語、レギュレーション、我々はすべてを分析した。そしてベルギーを思いついたんだ」

ベルギーのクラブを買収する最大のメリットは、EU圏外から契約できる外国人選手の数に枠がない点だ。またドイツと違い、株式の所有権に関する「50＋1ルール」がないため、実際にクラブを全面的に所有することもできる。むろん、言葉も重要な要素だ。

「我々の多くの選手はフランス語を話すからね」

ブレイチャー博士は、西アフリカのフランス語圏で見いだされた選手が、チームの大部分を占めている事実に言及した。

「オイペンは完璧だ。街も小さいし、安全な環境もある。そしてヨーロッパのサッカー界の中心にある」

夢は第二のPSG

KASオイペンは買収に適していた。このクラブは、第二次世界大戦後、町の二つの地方チームが実用的な必要性から統合された後に結成された。

クラブはベルギーの2部と3部でほとんどのシーズンを過ごしてきたが、ドイツの投資家が参入し、2009―10シーズンには1部昇格を決める。

ところが6カ月も経たないうちに、その投資家は以前の金融取引でケルンの刑務所に送られる羽目になり、最終的には7年間の懲役刑を受けてしまう。

「彼らは既に次の年の予算まで使ってしまっていたんだ。我々は正式に破産する寸前だったよ」

かつてKASの会長を務め、現在はクラブの歴史の語り部のようなことをしているジェフ・ガーケンスは語る。彼はその時点では既にクラブの会長職を引退していたが、クラブは降格チームを決めるためのプレーオフに巻き込まれ、2部リーグに戻ってしまった。

それを救ったのがカタールだった。彼は2012年3月、カタールの王族の使節団が、買収に適したクラブを探すために現地に到着した日のことを今も覚えている。

「カタールからすごいプレゼントが届けられた。クリスマスとイースターが、一緒にやってきたようなもんだよ」

ベルギーで発行されている、唯一のドイツ語の日刊紙『グレンツェ・エコー』のスポーツ記者、トーマス・エバーズは次のように振り返る。彼のオフィスは中心の広場にほど近い場所、静かな小道を少し行ったところにあった。

「オイペンの人間はみんな、同じ質問をしていたよ。『なんでここなんだ?』とね。僕自身もかなり驚いた。あんなビッグなアカデミーが、オイペンを買収するなんて信じられなかったんだ。

クラブは2012年の時点で既に破産していたし、リーグライセンスを取得するのに手こずっていた。でもカタールの人たちがやってきて、すべての給料と負債を支払ってくれた。この地域全体にとってプラスの効果を与えたんだ」

オイルマネーの流入は、非現実的な期待を抱かせることにもなった。

カタールの資金がクラブに注がれることになったため、ファンはスーパースターとの契約が続々と行われることを期待するようになったのである。

「そうなれば最高だった。カタールといえば、ファンはPSGのことを思い出すからね。あそこではカタールがたくさんのスター選手を買いそろえてくれた。

でもオイペンは違っていた。僕たちが見たのは、18歳のアフリカ人選手が15人やってくるという光景だった」

クラブはオイペンで運営されている。だがブレイチャー博士によれば、基本方針はカタールで決定されるという。しかもチームのメンバーの多くは、8歳のときからカタールでトレーニングと教育を受けてきた。

だがこのようなやり方こそが、物議を醸してきたのではなかったか。多くの人は、カタールがアフリカ人選手を帰化させようとしているとのではないかと疑っている。

「我々はこのプロジェクトをほぼ8年間運営してきたが、カタール代表では誰もプレーしていない」

ブレイチャー博士はさらに苛立たしそうに強調する。

「我々がやっていることは、(世間の噂と)まったく逆のことだ」

彼はフットボール・ドリームズで学んだ30人以上の選手たちが、様々な代表チームでプレーしていることも指摘した。生徒たちは、10カ国で代表に名を連ねている。その大半はアフリカだが、カテゴリーもU-17からA代表までに分かれている。

「しかも彼らはとても若い。1番年上の人間でも20歳だ。カメルーンやナイジェリア代表として、アフリカネイションズカップでプレーする。あるいは2018年にロシアで行われるワールドカップで、マリやアイボリー・コーストの代表として試合に出場する。そんな選手たちが出てきたら、世間の人たちも我々が行っていることの内容をようやく理解するだろう」

結局、オイペンは開幕戦に3－0で勝利した。私が取材をしたシーズンには昇格を逃したが、2016年にはベルギーの1部に復帰を果たすまでになった。

オイペンでの実験は、今のところ成功を収めている。事実、昇格を果たしたシーズンには、1人のカタール人ディフェンダーがほとんどの試合に出場していた。

アスパイアの卒業生の一人は、バルセロナのBチームとさえ契約を結んだし、アスパイアは、スペインで二つ目のクラブも買収した。レオンに本拠を置き、リーガの3部リーグでプレーする、クルトゥラル・デポルティーバ・レオネサだ。このチームでは、既に5人のカタール選手がチームに加わっている。

「10年以内には、サッカー界で最高の選手の何人かがフットボール・ドリームズで育ち、オイペンでプレーするようになることを願っている」

ブレイチャー博士は胸を張る。

「いいかね、我々はこういう選手たちを、まったく何もないところから見つけてきたんだ。我々は彼らが人生の勝者になる手助けをしたんだよ」

8：カタールの苦悩

2016年のワーカーズカップ準決勝は、結局トゥレブというチームが1-0のリードを守り抜いて競り勝った。

トゥレブの選手たちが喜びを爆発させるのとは対照的に、敗れたチームの選手たちはがっくりと肩を落とし、ピッチ上に倒れてしまう。多くの選手は泣いていたし、決勝に進出できないことで肩を落としていた。スープを分けるお玉で食用油の缶を叩きながら応援していたファンたちも、一瞬静まり返った。

そんな彼らをインファンティーノが慰める。写真家であるカメラマンの一団は、彼らを抱きしめるインファンティーノの姿を写真に収めた。

FIFAとカタールは、この週も針のむしろに座らされていた。

インファンティーノは改革派の旗手として、FIFAの会長に選出されたばかりだった。インファンティーノが勝利した直後、アムネスティ・インターナショナルはカタールの出稼ぎ労働者の人権問題が、どのように推移したのかを示す殺伐とした内容のレポートを発表。このレポートは、「美しいゲームの醜い側面：カタール2022ワールドカップ会場での搾取」と題されていた。

このレポートは、ハリーファ・インターナショナル・スタジアムと、その周辺にあるアスパイアの関連施設の建設に携わった、労働者の状況を詳述している。

暴利をむさぼる派遣業者、愕然とするような宿泊環境、約束された額よりも明らかに少ない給料、支払いの遅れ、パスポートの没収、雇用側の横暴（出国にビザが必要なことに付け込み、少ない給料を我慢させたり、法的な権利を放棄させる等々）といったことが列記されている。湾岸諸国で幾度となく耳にしてきた、うんざりするような内容だ。

「出稼ぎ労働者の虐待問題は、サッカー界の良心に対する汚点だ。選手やファンにとって、ワールドカップのスタジアムは夢を見るための場所だ。だが私たちが話をした何人かの労働者にとっては、悪夢のような場所になっている」

アムネスティ・インターナショナルの事務総長、サリル・シェティは語る。

「ＦＩＦＡは、五年前から改善を約束をしてきた。だが、その試みはほとんど失敗している。人権を侵害しながら、ワールドカップの関連施設を建設させる状況は、今も続いている」

カファラの犠牲になるサッカー選手たち

この問題は、２０１０年、カタールがワールドカップの招致に成功して以来、つきまとい続けてきた。さらには『ガーディアン』紙がネパール人労働者に関する衝撃的な調査を発表して以来、ワールドカップと結び付けて論じられるようになった。報道によれば、なんと40人以上が１カ月間で死亡していたのである。

しかも労働者の虐待は、建設に携わっている移民だけに影響を与える問題ではない。それどころか、カタールでプレーしているサッカー選手もまた「カファラ」の制度化に置かれるからだ。

たとえば2013年には、フランスのサッカー選手、ザヒール・ベルーニスがカタールに閉じ込められた。このミッドフィルダーは、「カタール・スターズ・リーグ」と改称された国内リーグに参加している陸軍のチーム、アル・ジャイシュと契約を結んだ。フランスの下部リーグでプレーしていた彼にとって、カタールへの移籍は大きなチャンスだった。

さらに彼は、2011年のワールド・ミリタリー・ゲーム（カタールは4位）に出場する際には、カタールのパスポートさえ与えられたが、帰国したときに取り上げられている。

たしかに彼は魅力的な契約をしていたが、すぐに他のチームでプレーせざるを得なくなった。しかも賃金も未払いのままだった。文句を言うと彼は契約書を手渡され、最終提案を突きつけられたという。

「彼らはこう言ってきたんだ。『給料は払うが、まず我々は何も借りがないという書類に署名しなければならない』。

僕はこう言ったよ。『最初に小切手をくれ』とね。連中は『契約が先だ。クラブに文句を言うのをやめない限り、出国ビザは与えない』と言ってきたんだ」

同じような経験をしたもう一つのサッカー選手は、元モロッコ代表のアブドラム・ウアッドゥだ。彼はフランスではナンシー、イングランドではフラムでプレーするなど、トップレベルで活動した後、魅力的な契約条件に惹かれてカタールのレフウィヤSCに移籍する。このクラブのオーナーは、マラガを所有している王族の一人だった。

ところがレフウィヤSCのキャプテンとして1年目にチームをタイトルに導きながら、彼も他のチームに移される。「王子」の名に異議を唱えることなど誰にもできないのだから、それに従うしかないのだと言われたのだった。彼もまた給料が未払いだったし、出国ビザを出さないと脅迫を受けている。だが辛うじて国外に脱出し、カタールの労働者の人権を保護する運動で積極的に発言するようになった。

「カタールで働くときには、自分は誰かの持ち物になるんだ。自由じゃないし、奴隷なんだよ。もちろん（サッカーは）カタールの（建設）労働者とは違う。でも立場は似ているし、同じ方法論なんだ。連中はこっちのことを、履き古した靴下のように捨てることができるんだよ」

改革はどこまで実現できるか

ワールドカップを実現させるために設立された組織委員会、ハッサン・アル・サワディが率いる「Supreme Committee for Delivery and Legacy」は、出稼ぎ労働者の待遇を巡って山ほど報じられてきた、ネガティブな話題に対処することを試みてきた。

同委員会は２０１４年に、「労働者の福祉水準」を発表。ワールドカップの関連のプロジェクトに従事する労働者に対しては、カタールの現行法で定められているよりも、高い最低賃金を支払わなければならないとしている。

だがこの「水準」なるものは法的な強制力がないことが判明（規定に従わない契約業者は、契約を破棄される可能性はあったが）。さらにはワールドカップの関連施設に従事している労働者と、それ以外の施設の建設に従事している労働者の間で差が生まれてしまった。理屈で考えれば、ワールドカップのスタジアムの労働者はエアコンを使えるようになる。だが他の人間の環境は改善されない。労働者の収容所では隣同士で暮らしているにもかかわらずである。

「最高委員会は労働者の問題に取り組む姿勢を示しているし、待遇は改善される可能性がある」

アムネスティ・インターナショナルのサリル・シェティは語っている。

「だが基準を遵守させるのに苦しんでいる。カタール政府は冷淡だし、FIFAは無関心だ。このような状態では、批判を受けずにワールドカップを開催するのはほぼ不可能だ」

ジャンニ・インファンティーノに与えられた最初の仕事は、火消しに回ることだった。

だからこそ彼は、カタールの様々な建設現場や、宿泊施設が改良された新たな「労働都市」を訪れたし、最後にはわざわざワーカーズカップの準決勝に来たのだった。第一試合が終わった後にはハッサン・アル・サワディの隣に座って、アムネスティ・インターナショナルの告発に関する記者会見まで行っている。

「私はこの2日間、何が行われたのかを個人的に見ることができた。私は、正しい方向に進んでいると確信している」

インファンティーノは、ジャーナリストたちがひしめく部屋で述べた。

「これは、アムネスティが報告した問題に対して、最高委員会が対応したものであり、非常に前向きな例だ。レポートが発表される前の時点で、既に多くの問題には、対策が取られ始めていた。私たちはカタール当局の説明を信じるし、彼らの意志は反映されている」

しかし、最大の問題はカファラだった。

「私は今朝、首相とカファラ制度の変更について話し合った。この改革案も正式に認められ、尊重され、実施されなければならない。対象となるのは無数の労働者だ。ワールドカップがなければ、労働者の問題は取り上げられなかっただろう」

インファンティーノの指摘は正しい。サウジアラビアやUAEでは、労働者の人権に関する改革は事実上存在しないに等しい。たしかにUAEでは労働法にいくつかの変更が加えられ、労働者が仕事を変更できることになっていたが、現実的には職場を変えることなど不可能なままだった。

結局、カタールに関しては、政府の公約を監視する独立機関が創設されることになった。その発表を行う際に、インファンティーノはこう前置きしている。

「FIFAは世界福祉機関ではない。しかし、我々はサッカー界を超えた（社会全般に）変化をもたらすサポートができる」

会見が終わり、インファンティーノが出てきた。

数十人のガーナとケニアのサポーターが、スマートフォンで一緒に写真を撮ろうと集まってくる。インファンティーノを乗せた車は、地元の高官たちが停めたポルシェやマセラティの脇を通り抜けて空港に疾走していった。

ナイロビのスラムでさえ、ここよりはましだ

インファンティーノがいなくなり、準決勝の第二試合が始まった。インド、ガーナ、エリトリア、ケニア、そしてエジプト。様々な国から呼ばれた助っ人同士がしのぎを削る。この試合も接戦になったが、最後は0-0の末にPK戦で決着した。決勝は数週間後に行われるが、まず労働者たちは宿泊所に戻らなければならない。勝利を祝う騒ぎが収まると、窓に格子がはめられた灰色のバスが現れ、選手とサポーターを乗せ始める。

私もバスに飛び乗り、彼らが寝泊まりしている場所に一緒に向かうことにした。30分ほど経つと、バスは目的の場所に到着した。まずは警備員のいる門を通過する。彼らは出て行く労働者や無許可の人が入ってくるのをチェックしていた。宿泊施設は整然としているが、ぽつんと隔離されていて、どんな集落からも離れている。最寄りのショップまで1キロもあり、夏の時期に徒歩で出歩くのはほぼ不可能だ。

試合に勝った選手たちは、ご褒美のケンタッキー・フライド・チキンを頬張っていた。建物の外では応援から帰ってきたファンが、物憂げに時間をつぶしていた。太陽の光がギラギラと照りつけ、辺りは燃えるように暑い。木陰に逃れた者もいた。

——ここでの生活は、どんな具合だい？

上司の管理下から解放された労働者たちに声をかけると、彼らは口々に叫び始めた。

「よくない。全然よくない！」

「ゲットーにいるようなもんだ！」

「俺たちはスラムにいるんだ！」

「いやスラムだって、ここよりもましだ！」

「ナイロビのスラム街でさえ、ここよりもましなんだ」

「まるでウサギ小屋さ！」

「一部屋に８人もいるんだぞ！」

――君のところは？

「12人」

――君もそうかい？

「こっちは14人」

カタールが掲げた改革の結果、給料は口座に振り込まれ、ワールドカップ関連施設の建設に関わる労働者は、宿泊所にエアコンも設置してもらえるようになった。

だが部屋の割り当ては、14人に対して一部屋である。労働者の間では、ワールドカップ関連の作業に従事している者と、それ以外の人々の間で格差も生まれ始めていた。

「予定通りに払われるようになったけど、中身なんてない。給料なんて呼べる代物じゃないんだ」

ケニアから来たマクスウェルは語る、
マクスウェルは、多くの同僚と同じように、月に７００リヤル以下（１４４ポンド）の収入を得ているという。自分は625リヤル（130ポンド）だから少ないと言うものもいたが、あまり大差はない。

彼は以前、ケニアの軍隊で5倍の収入を得ていた。しかし彼の母親は、唯一の息子が武装グループと戦うためにソマリアに送られることを恐れていた。

「一生懸命働いて、この金額なんだ」

多くの人間が、労働者の間での差別も口にした。現場の上司は、やはり自分と同じ国からやってきた人間に肩入れするのだという。

私の周りに集まった労働者はどんどん増え、誰もが大声で文句を言うようになった。それを見たインド人の警備員が2人、慌てて割って入ろうとする。

ある労働者は、重労働の割にいかに給料が少ないかを長々と説明し続けた。私の視界に入っていないと思ったのだろう。警備員が別の人間の口をふさいでいるのが見えた。

10：ワールドカップ、カタール大会の真のレガシー

五つ星のラ・シゲール・ホテル・ドーハは、私が取材した労働者の宿泊施設から、車で約1時間ほどの距離にある。

豪華なロビーには、三つ大きなカットガラスのシャンデリアが飾られている。2階には、街全体の景色を見渡せる人気テラスがある。ここでの食事は、バングラデシュやネパール、ガーナか移住

してきた労働者の、1カ月分の給料に相当する。

だが経営は順調だ。階下のカフェやバーは様々な文化圏から来た常連客で賑わっている。レアル・マドリーは今晩、チャンピオンズリーグの準決勝でマンチェスター・シティと対戦する。大一番を観戦しようと、どのテーブルも予約が入っていた。

ハッサン・アル・サワディは、どのホテルでもまず間違いなく好きなテーブルを確保できる。最高執行委員会の事務総長という立場は、カタールで最も注目されているだけでなく、最も重要な役割だともされている。ワールドカップを無事に開催できるようにするだけでなく、カタールが大会招致に成功した後に噴出した批判にも対応しなければならないからだ。

「選手たちに圧倒されたんだと思う。彼はピッチ上に飛び降りたからね！」

白いローブに身を包んだアル・サワディは、ロビーの近くのカフェに座りながら口を開いた。彼が話題にしていたのは、FIFAの会長、ジャンニ・インファンティーノが今週、市内を訪問したことだった。

「多くの選手が彼と写真を撮るのを見ただろう。彼（インファンティーノ）はワーカーズカップの雰囲気も気に入っているんだ。大会の雰囲気は毎年、良くなってきている」

アル・サワディはこの数日間、多忙な日々を送ってきた。

アムネスティ・インターナショナルの報告書がリリースされた直後、国連会議（2016年アジア地区のビジネスと人権に関する地域フォーラム）が、ドーハで偶然に開催された。ここでもカタールの労働者の権利記録について、複数のスピーカーから批判がなされている。

元国連の人権問題アドバイザーで、現在ハーバード大学に勤務しているジョン・ラギー教授は、人権問題に対するFIFAのアプローチに対して、やはり手厳しい指摘をしている。

博士は報告書を提出し、改革に対する適切な動きが見られない場合、カタールはワールドカップの開催権を剥奪されるべきだとしている。

「評価はまだ定まっていない。世界中が試合や参加チームだけでなく、大会が行われるまでの過程も見ているからだ」

彼は会議でこう述べたが、カタールの使節団は、このスピーチの前に会場を後にしてしまった。猛烈な批判にさらされたカタールは、ついには政府当局が、年末までにカファラを廃止すると発表するまでになった。

だがこのような流れは、他の疑問も喚起する。

カタールは心の準備ができていなかったにもかかわらず、あれこれ詮索されるようになった。

彼らはサッカーに手を出したことを、後悔し始めているのではないだろうか？　そもそも改革なるものは本物なのだろうか？　移住労働者の待遇に関してガイドラインが定められたが、ほとんどの人間は、悲惨な環境で悲惨な生活を送っている。しかも永遠に借金を抱え続けている。オイルマネーで潤う人々、人口の1割を占める国民とは、あまりにも対照的だ。

私は1時間前に、悲惨な状況に腹を立てているガーナ人の労働者と話をしていた。

今の私は高価な陶器でエスプレッソを飲みながら、カタールが向かう未来を誰よりも左右できる人物と話をしている。

――こんなに豊かな国で、労働者が200ドルの月収しか受け取れないというのは、倫理的に正しいことなのだろうか？

「私には答えられない……完全には認識していないんだ。私はその問題について答えられる立場じゃないんだよ。

でも自分たちが管轄している分野では……私は労働者の福利厚生に目を配っている。いい影響を与えたり、そういう問題について発言することができる。

たとえば労働者が支払う手数料を撤廃して、新たにやってくる労働者たちが支払わずに済むようにしていく。宿泊施設も清潔なものにする。一部屋あたりの割り当てに関しても改善できる。建設現場での安全確保や、母国に自由に戻れるようにすることに関しては、我々が責任を負っている」

アル・サワディは、ワールドカップの関連施設の建設に携わっていた24の建設業者が労働法違反のためにブラックリストに載ったこと、また労働者のために、質のいい宿泊施設が20部屋建設されていることなどを主張する。

「様々な変化は労働者の生活にプラスの影響を与えている。問題を報告できるようにもなったし、私たちはこういう情報を共有している」

だがそもそもの話、なぜ労働者たちを郊外の収容所に集めたりするのか？　彼らは社会と隔絶した、孤立した生活を送っている。カタールが見せたくない恥部のように扱われていると言っても過言ではない。そもそも「質のいい宿泊施設」なるものは、どこに建てられるのか？

労働者が仲介人に支払う費用の問題も、解決するのは楽ではない。

アル・サワディが述べているように、ネパールや他の国々で、仲介業者を使わないようにしようという啓蒙キャンペーンが展開されたとする。それでも、コミラ村のような地域ではメッセージは十分に伝わらないだろう。村人の半分は文盲だからだ。

またバングラデシュ国内の状況も変わらないだろう。労働者を海外に派遣する産業は、あまりに浸透しすぎている。かといって出稼ぎを全面的に禁止すれば、1億6000万人の人口を抱えるバングラデシュの経済は、どん底まで落ちてしまう。

アル・サワディが見る夢

むろん、アル・サワディにばかり責任を問うのは正しくない。そもそも彼は困難な役割を担っている。王族の一員ではないため、政府側を説得するのがさらに難しくなっている。

またカタールには、宗教的理由からワールドカップに反対する人もいるし、膨大な費用がかかり過ぎるという点でも反対する人たちがいるという。カタール市民が抱えている負債を清算するために使った方がいいという意見だ。

さらには、ワールドカップは外国人のためのプロジェクトであり、カタール人が絶対に使わない施設を無駄に建設していると、大会に反対している人もいる。果たして出口はあるのだろうか？

「カタール人の大部分は、現状を理解している。これはいかに認知させるかという問題だし、いくつかのステップを経ていく形になる。

何も改善されていないと言う人もいるけど、それは問題じゃない。発展途上国の中には、深刻な虐待問題を抱えているところはもっとたくさんある。これはグローバルな問題だし、複雑に入り組んでいる。むしろ事実関係や、カタールがやってきたことを理解しなければならないんだ」

アル・サワディの指摘は正しい。カタールでは、たしかに改革が議論されている。それが主に、多くの労働者が直面している過酷な状況を、メディアが報道した結果であったとしてもだ。

政府関係者が認めようと認めまいと、サッカーへの投資はＵＡＥとカタールにとって、政治の最重要課題になっている。フットボールは国を根本的に作り変える可能性がある。

「労働者の福祉は最優先問題だ」

アル・サワディは主張する。

「私が知っている限りじゃ、２０１６年の11月に法律が制定されて、カファラは終わるはずだ。雇う側と雇われる側は、契約を結ぶ形になる」

ＵＡＥとサウジアラビアは、労働者の待遇改善にまったく意欲を見せてこなかった。

だがアル・サワディは、カタールの改革が他の湾岸諸国に波及する可能性があると考えている。たとえ意図せぬものであっても、民主化のきっかけになれば、それこそが２０２２年大会のレガシーになるだろう。

カタールでワールドカップが開催されるまでには、まだ数年ある。アル・サワディは、様々な人種や言葉が交じり合う、ホテルのカフェを指さした。

「スポーツには、人々を夢中にさせるすごい力がある。チャンピオンズリーグのレアル・マドリー対マンチェスター・シティ戦を見ようと、このホテルでもすべてのテーブルが予約されているんだ。これ以上のカードはないからね。それはワールドカップも同じなんだ」

カファラを改善してワールドカップを無事に開催する。あるいは大会の開催権を剥奪されて、深い後悔を覚える。カタールの先には、いくつものシナリオが用意されている。

仮にワールドカップを無事に開催できたとして、その先はどうなるだろう。

カタールは予選リーグで負けて恥をかくかもしれない。逆に立派に戦えるチームを揃えてくるシナリオも考えられる。将来のカタール代表ではアスパイアの卒業生がプレーしていて、そのうちの何人かはアフリカ出身だということになるかもしれない。カタール代表が母国大会で活躍し、信じられないような出来事が起きる可能性も、もちろん否定できない。

「カタールがワールドカップで優勝すれば」

アル・サワディが、豪華なホテルのロビーを通り抜けて帰っていく。

「すごいことになるよ。国中が狂喜するだろうね」

あとがき

ポーツマス、イギリス

銃を持ち、鷹を従えた男がフラットン・パークのピッチの周りを歩いている。私が指摘するまで、コリン・ファーマリーはそのことに気付かなかった。コリンは、地元の学校で副学長を務めながら、40年もポーツマスを応援してきた人物だ。ポーツマスの歴史に関するいくつかの著書も出版しているし、空き時間にはクラブのプログラムを編集している。

私たちはノーススタンドに座りながら、オーナーの話をしていた。物騒な格好をした人間がネズミやハトを駆除しているのに気が付いたのは、そのときだった。

銃に本当の弾丸が込められているのだろうかと尋ねると、コリンは無表情に答えた。

「ふざけてるわけじゃないだろう。駆除しなければならないものを見つけたら駆除するだけさ」

ほんの数年前、フラットン・パークのポーツマスというクラブは、ピッチ上に出没するネズミと同じように厄介な問題を抱えていた。得体の知れないオーナーたちだ。

イングランドの南岸に位置するこのクラブは、１９４８年から国内リーグを二連覇したこともある。だがそれ以降は「1部リーグへの昇格を狙う、２部リーグのクラブ」の筆頭格になってきた。

そんな運命が大きく変わったのが、2008年だった。フランス系イスラエル人の富豪、アレクサンドル〝サシャ〟ガイダマクがオーナーに就任。大金を注いで補強をした結果、チームは2007―08シーズンにFAカップで優勝を果たす。プレミアリーグも8位で終えることができた。

「FAカップで優勝するなんて、一生に一度の経験だった」

コリンは当時をふり返る。

「ファンはとても喜んでいたよ。金を出してくれるパトロンが見つかって、ミニチュア版のアブラモヴィチがいるようなクラブになった。小さなマン・シティになったと言ってもいい。だけど、その魔法があんなに早く解けてしまうなんて、誰もわかっていなかった」

ポーツマスの躍進は、まさに歴史的な快挙だった。だがクラブは当然のように負債に悩まされていた。プレミアリーグに所属しているすべてのクラブが借金を抱えていたとはいえ、ポーツマスに突きつけられていた6500万ポンドの請求書は、ボルトン・ワンダラーズやウェストハム・ユナイテッドのようなクラブが抱える負債に匹敵していた。

さらに重要なのは、意欲的なチーム運営は、ガイダマクが資金を提供することによって、初めて成立可能なものになっていた点である。

「2007年の夏、ガイダマクがサポーターの代表と会ったとき、自分も質問をしたのを覚えている。リーズの二の舞いになるのを避けるプランは？ と尋ねたんだ」

リーズは強気な経営が裏目に出た、典型的なクラブとして知られている。

ギリシャ神話のイカロスのように大志を抱いて資金をつぎ込み、チャンピオンズリーグの準決勝にまで上り詰めるが経営が破綻。負債に引きずられて急降下し、地面に叩きつけられている。コリンをはじめとするサポーターが、クラブの将来に漠然とした不安を感じたのは不思議ではない。

「私なら、そんな質問は恐ろしくてできないね。ピーター・ストーリー（当時のポーツマス会長）は、その質問をしていいかと尋ねてきたぐらいさ！」

ガイダマクは、中身のない回答に終始。デロイテのレポートを引用しながら、将来、いかに収入を管理していけばいいかを話しただけだった。

的中した悪い予感

コリンたちの不安は的中する。2008年9月、リーマンショックが発生すると、ガイダマクは資金提供を中止。ポーツマスは、負債を抱えながら奈落の底に落ちていく。

以降の4年間で5回もオーナーが変わったが、中には臭い飯を食う人物や、実在するかどうかさえわからない面々も含まれていた。しかもこれらのオーナーは、プレミアが定めた資格ルールをすべて通っていた。

最初にクラブを引き受けたのは、UAEのアル・ファヒム。シェイク・マンスールがマンチェスター・シティを買収する際に、投資グループの名ばかりの幹部として交渉にあたった人物である。

アル・ファヒムは6500万ポンドの負債を引き継ぐ形でオーナーに納まったが、債務を解消し投資を行う資金など、まるで持っていなかったことが明らかになる。

結局、彼は42日間、クラブのオーナーを務めただけで、サウジアラビアの企業にポーツマスを明け渡している。『ガーディアン』紙は、「プレミアリーグ史上、最も短命に終わっただけでなく、最も呪われた運命にあったオーナー」と評している。

私がアル・ファヒムに再会したのは、２００９年10月、ポーツマスを手放した直後だった。前回は水色のアラブの衣装を身にまとい、やり手の不動産デベロッパーとして登場したが、今回はジャージとジーンズ姿だ。頭もやや禿げている。

「(会長の)ピーター・ストーリーは、最初からサウジのオーナーを呼ぶつもりだったんだと思う。僕があのままポーツマスに残っていれば、さらに負債を抱え込むようなことにならなかった。正しい投資を、正しいタイミングでできたはずなんだ。

僕が持っていた予算は５００万ポンドだった。だけど……連中は2週間以内に１０００万ポンドを出してくれと言ってきた。だからクラブを売ったんだよ」

ロンドン市内の高級ホテルに姿を現した彼は、マンチェスター・シティ買収の立役者として、派手に振る舞っていた頃とは別人だった。コリンは語る。

「まあ、大目に見てやろうじゃないか。そもそも彼は大して金を持っていたわけじゃない。そう見せかけていただけだ。実際にはただのブローカーで、リッチな人々を連れてきて、契約を結んだだけさ。少しばかり、背伸びをし過ぎたんだ」

アル・ファヒムからクラブを引き取った、サウジアラビア人オーナーによる運営も惨憺たるものだった。そもそも彼の姿を見たことがある者などなかったし、実在するかどうかさえ怪しかった。

コリンによれば、ポーツマス側が見たのは「ファックスで送られてきた、ざらついたパスポートのコピー」だけだったという。

結局、この人物も資金を提供できず、ポーツマスは3カ月後の2010年2月、香港に本拠を置く金融業者、バルラム・チェンライの所有物となる。

だが資金難は解消せず、経営は破綻。プレミアの歴史上、初めて破産管財人に託されたクラブとなり、降格処分を受けた。

イングランドの2部リーグを1シーズン乗り切った後、ポーツマスは2011年6月、ロシア人実業家であるウラジーミル・アントノフをオーナーに迎える。アントノフはロンドンを拠点に活動するロシア人エリートの一派で、リトアニアの銀行も経営していた。彼こそは、アブラモヴィチのような救世主になるかに思われた。

だがリトアニアでは、マネーロンダリングの疑いで指名手配されていることが発覚し、ロンドンで逮捕されてしまう。アントノフはリトアニア側に引き渡される寸前でロシアに逃亡し、今もモスクワで匿われていると噂される。コリンは語る。

「インターネットでざっと検索するだけで、怪しい人物だってことはわかるはずなんだ。アントノフがやってきたときから、クラブは二度目の破産宣告に向かい始めていたんだよ」

結果、クラブは2部から3部へとさらに降格処分を受ける。負債の返済どころか運営資金さえないため、2012年の7月には登録選手が4人しかいない状況になる。そしてついには4部にまで墜ちた。数年前にはFAカップで優勝し、プレミアでも中堅につけていたクラブがである。

金満オーナーに翻弄され続けるクラブ

新たなオーナーは何者なのか。金の出所はどこか。なぜクラブを買うのか。

私が取材した大半のサポーターは、意に介していなかった。グローバリゼーションの波は、「外国人オーナー」という概念をほとんど意味のないものにしている。チームがトロフィーを獲得している限り、彼らはどんなオーナーでも受け入れていた。

ただし、すべての買収劇が成功に終わるわけではない。

たとえばニューカッスル・ユナイテッド。オーナーであるマイク・アシュリーは、「スポーツ・ダイレクト」というスポーツウェアのチェーン店を経営し、大成功を収めた人間だ。

だがクラブの運営に関しては酷評されてきた。2017―18シーズンはプレミアに復帰したものの、まともに選手補強を行わず、クラブの帳簿を黒字にすることばかり考えていると批判されてきた。

ビジネスにおいても然り。彼は「ゼロ時間契約」と呼ばれる悪しき契約制度を、最も利用してきた人物として見なされている。これは従業員に固定給を一切支払わずに、必要なときにだけ働かせることを認めた制度で、低賃金にあえぐ労働者の生活をさらに苦しくするものだ。

最終的にアシュリーは、100万ポンド以上の未払い金を従業員に支払う。法令違反で200万ポンドの罰金も科された。

ウェストハムもいろいろと問題を抱えている。

２００８年の金融危機の際には、アイスランドのコンソーシアムが撤退したために、クラブは半ば破産しかけている。それに先立つ２００６―07シーズンには、選手補強を巡る騒動も起きている。カルロス・テベスとハビエル・マスチェラーノを獲得し、最終節で辛うじて降格を免れるが、両者を招き寄せたのは例のボリス・ベレゾフスキーとバドリ・パタルカツィシビリ。プーチンの不興を買い、ロンドン市内で謎の死を遂げた二人の会社だった。

通常、クラブが選手を獲得する際には、彼らの所有権も引き受ける形になる。ところがベレゾフスキーたちが設立したトンネル会社は、テベスとマスチェラーノの所有権をそのまま保持。この件でウェストハムは、プレミアリーグから５５０万ポンドの罰金を科されたばかりか、自分たちの代わりに降格したシェフィールド・ユナイテッドにも、１８１０万ポンドの和解金を支払った。

ウェストハムは２０１２年、ロンドンオリンピックで使用されたスタジアムに移転することになるが、この一件も物議を醸した。オリンピック・スタジアムは、イギリス国民の血税で建設された施設だが、ウェストハムが支払う使用料は、微々たるものである。

ちなみに、保守党政権下でこの契約を取り仕切ったクラブ役員、カレン・ブレイディーは、下院の保守派の一代貴族になっている。それどころか「バロン」に相当する爵位を授かり、２０１４年には名誉勲章まで受け取った。

スタジアム絡みで言えば、チェルシーにも新しい動きがある。

２０１7年1月、ハマー・スミスとフルハムの評議会は、50億ポンドを費やした、６万人の新スタジアムを建設する計画を承認した。

チェルシーFCは現在、世界で最も大きなチームの一つと考えられている。2016年、『フォーブス』誌はチェルシーを16億6000万ドルで世界一の貴重なクラブと評価した。ロマン・アブラモヴィチは、他のオーナーたちにモデルを提供している。ロシアで頭角を現し始めた頃、彼がいかなる手段を取ったのかという話題について触れる人は、今日ではほとんどいない。

シャフタール・ドネツクのアフメトフは対照的な道をたどった。

彼はウクライナ政府側と、ロシアへの併合を目指す分離独立派の双方にアピールしながら巧みに世渡りを続けていたが、2017年3月には、ロシア寄りの反政府勢力によって、ウクライナ東部にあった資産のほとんどを没収されている。その中には最も貴重な宝石、ドンバス・アリーナも含まれる。

アメリカ資本とチャイナマネーのその後

大西洋の向こう側、アメリカ人のオーナーたちは、相も変わらず金のために動き続けている。スタン・クロエンケのような人物にとって、サッカーのグローバル化は渡りに船だが、彼の行状は国内でも変わっていない。

ロサンゼルスに移転させたラムズがドル箱として機能しているにも関わらず、テキサス州で購入した52万エーカーの土地から、低所得者を追い出すことに余念がないのは象徴的だろう。中には自殺した人までいた。その遺書にはこうあった。

「スタン、あんたが俺から家を奪った」

だが、わずかながらも前向きな話題もある。

セントルイスの裁判所は、シーズンチケットを買うための権利を購入していたファンが、ラムズ側から払い戻しを受ける権利があると認定した。スーパーボウルで広告枠を買い取った弁護士のテリー・クロウペンも、その対象になる。

またセントルイスの市と郡（カウンティ）は、クロエンケがラムズを移転させたことによって損害が生じたとして、NFLに100万ドルの訴訟を起こしている。

スタジアムを維持するために、莫大な税金を投入するというばかげたやり方も、今のところは歯止めがかかりそうな気配だ。MLSのサッカーチームを誘致するスタジアムのために、消費税を投入するというプランを市側は53％対47％で否決している。

とはいえ、アメリカの実業家たちは、これからもヨーロッパのサッカー界に進出し続け、中国人のオーナーと共に、欧州スーパーリーグの設立を画策していくだろう。UEFAは2018年からチャンピオンズリーグの形式を変更するプランを発表したが、これもアメリカや中国といった「新興勢力」の、不穏な動きを受けてのものである。

事実、ヨーロッパのクラブは中国企業によって引き続き買収されている。

インテル・ミラノとACミランの両方の売却が承認されたが、もちろんオーナーたちは自分たちのために購入したわけではない。それは国家が計画した買収だといえる。

このような状況を受けて、プレミアリーグも重い腰を上げている。オーナーの資格審査を厳密にし、彼らの背後に誰が控えているのかを調査するという。もしそれが個人ではなく国家であることが判明した場合、特定の人物が複数のクラブをコントロールしている形になり、レギュレーションに抵触するからだ。これは中国のオーナーたちにとって明らかに向かい風になる。

デン・ハーグも少しずつ状況が変わり始めた。クラブはオランダ協会によって「カテゴリー1」に再び分類されている。たまりかねたクラブは、オーナーの王輝を提訴。裁判所は彼を取締役会から外すと共に、2017年1月に250万ユーロを支払うよう命じた。

中国国内の動向も興味深い。

スーパーリーグによる外国人選手の爆買いは、沈静化する可能性がある。現に2017年、政府は外国人選手と契約を結ぶスーパーリーグのクラブに100%の税を課した。外貨の流出を防ぐためである。

中国サッカー絡みでは代表チームも躓いた。2018年のワールドカップ予選では、シリア戦に1-0で敗退。さらにウズベキスタンに負けたため、高監督は辞任している。中国代表をワールドカップで優勝を狙えるチームに育て上げる。習近平が掲げた壮大な計画が実現するまでには、まだ時間がかかりそうだ。

消えゆく国境と存在感を増す億万長者たち

中国とは異なる方法でワールドカップ本大会への出場権を手にしたカタールは、衆人環視の下、引き続き準備が進められている。政府が表明したカファラを改革するという方針は、人権団体から上辺だけのものだったと批判を受けている。ワーカーズカップで取材をした選手やサポーターの多くは、条件や賃金に不満を持ってアフリカに帰国した。

ダッカの空港で電話番号を交換したアルマンは、「残業分も含めると、毎月3000リヤル(675ポンド)もらえるんだ」と声を弾ませたが、待遇が抜本的に改善されたわけではない。

カタールに出稼ぎに行く労働者たちは、別の不安も抱え始めた。石油と天然ガスの価格が過去2年間で下落したためにプロジェクトは縮小。労働者の淘汰が始まっている。

湾岸の隣国、UAEの労働者に関しては、いいニュースはほとんどない。

バングラデシュに強制送還された兄弟、アナムルとラザールもいまだに何の補償も受けていない。残念ながら、彼らに救いの手が差し伸べられることはないだろう。イギリスの法律事務所は、問題の複雑さにさじを投げた。それでもアナムルにとっては、外国に出稼ぎに行くのが、唯一の選択肢になっている。

「僕はいろいろ経験しているから、今度はだまされないことを祈ってる」

しかし、UAEはサッカー界で存在感を増し続けている。

アブダビ傘下に入ったマンチェスター・シティは、2015―16シーズンに記録的な収入(3億9180万ポンド)と過去最高の利益(2050万ポンド)を挙げている。シティ・フットボール・グループは、ウルグアイの2部リーグに属するチーム、クルブ・アトレティコ・トルケも買収した。

複数のクラブを単一の組織が所有する「マルチ・クラブ・オーナーシップ」は、サッカー界で確実に広がっている。イタリアのポッツォ・ファミリーは、既にセリエAのウディネーゼ、プレミアのワトフォード、スペインのグラナダを買収。オーストリアのレッドブルも、母国のザルツブルグ、ブンデスリーガのライプツィヒ、そしてニューヨークに現金を送り続けている。

片やアトレティコ・マドリーやフィオレンティーナなどは、インドプレミアリーグに投資を行っている。これはUEFAとFIFAの規定に抵触する可能性もあるし、モラルの点でも問題を招く。クローンのようなクラブが増えるのは、地元リーグのカルチャーを損なわないだろうか?

億万長者とクラブ側、そして国家権力が絡んだ動きは、ますます盛んになっていくに違いない。とはいえシティは一度、小さな後退を余儀なくされている。

孫継海は、もうナショナル・フットボール・ミュージアムの殿堂には入っていない。公式サイトの「特別功労者」の箇所で表示されるのみになった。そこには「サッカーに幅広く貢献した」という説明書きがついている。

死の淵から生還した大衆のクラブ

サッカー界に登場した得体の知れないオーナーたちは、様々な場所で様々な現象を引き起こしてきた。ポーツマスなどは典型だろう。それでも彼らは生き残った。

原動力となったのは2009年、クラブの雲行きが限りなく怪しくなる中で、サポーターが信託組合を結成したことだった。「ポンペイ・サポーターズ・トラスト」と呼ばれる団体は地道に寄付を募り、クラブを奪い返すための活動を展開していく。

「サッカークラブの『魂』を死なせないようにする戦いが始まったんだ」

コリンはこう評するが、もちろん再建のプロセスは難航を極めた。

1700万ポンドまで膨れ上がっていた負債を返済すべく、彼らは債権者や元のオーナー相手に幾度となく裁判を行わなければならなかった。クラブのスタッフを入れ替えていく作業も求められたし、リーグ側に対して再建プランも提示しなければならない。

しかるべき実績と信頼のある人間が必要だということで、ポーツマスのサポーターたちは、チェルシーの元会長だったトレバー・バーチを起用することまでやっている。やがてポーツマスはサポーターが運営する、最大規模のクラブに生まれ変わっていった。

2017年の4月17日、ポーツマスはノッツ・カウンティに3－1で勝利し、リーグワン（3部）への昇格を確定する。この試合に同行した4500人のファンは、2008年にFAカップを獲得したときのように歓声を上げている。

彼らには別のビッグなニュースもあった。ディズニーの元CEO、アメリカの億万長者であるマイケル・アイズナーが買収することになったのである。

当初、サポーターの中には警戒感を抱く者もいた。誰もが億万長者による買収で、トラウマを抱えていたからだ。

だがアイズナーは地に足の着いた人物だったし、スポーツビジネスの経験もあった。

たとえば彼は1992年、ディズニーリゾートのあるアナハイムに新設された、NHLのチームを買収。「マイティ・ダックス（飛べないアヒル）」と命名し、実写版の映画作品やアニメ作品と連動させながら、チームを成功に導いている。

これは非常に画期的な手法であり、今日では当たり前になった、異業種とのコラボレーションを先取りするものだった。マイティ・ダックスは2005年に売却されるが、NFLのスーパーボウルに相当する、スタンレー・カップに進出したこともある。

アイズナーは今日のディズニーブランドの土台を築いただけでなく、スポーツクラブの経営者としてもたしかな手腕を持っていた。

そして何よりも、彼はポーツマスのファンが抱いている不安や疑問を、一つひとつ誠実に解消していった。2人の息子を従えた説明会が終わったとき、会場にいた1200人のサポーターからは、割れんばかりの拍手が起きた。

謝辞

『億万長者サッカークラブ』は、おそらく私が書いた中で最も難しい本だったと思う。

政治、経済、スポーツと、サッカークラブの所有権の問題が非常に広範囲にわたったことだけが原因ではない。この世界は私が追いつくことができないほど速く変化してきたからだ。

一つの章を書き終えた途端に、別のクラブが謎めいた億万長者に売却されたり、まったく新しい人物が参入してきたこともある。取材のリサーチを始めたときには、中国人によるクラブの買収はまだ始まっていなかったため、すぐに計画を練り直さなければならなかった。

版元であるブルームズベリーのシャーロッテ・アティエオと、私のエージェントのレベッカ・ウィンフィールドの辛抱強さには感謝してもしきれない。

この本に関わったブルームズベリーの全スタッフ、編集者のイアン・プリースにも同じように感謝している。彼らは本書を一貫性のある作品に仕上げるのを助けてくれた。

本書は海外取材を多く含んでいるし、多くの物語は、私が様々な媒体に寄稿してきた記事を土台にしている。

『ニューヨーク・タイムズ』のアンドリュー・ダスとジェイソン・ストールマン、BBCワールドサービスのリチャード・パドラ、『ワールド・サッカー』のギャビン・ハミルトン、ディレイド・グラティフィケーションの制作チーム、CNNのジョン・シンノット、ブリーチャー・レポートのウィル・ティディには特に感謝したい。君たちの助けがなければ、私は決してこのプロジェクトを離陸させられなかった。

多くの人々は、信じられないほど気前よく連絡先を教えてくれたり、アドバイスを与えてくれたりした。『ニューヨーク・タイムズ』のジェレ・ロングマンとケン・ベルセンに感謝したい。CNNのジョナサン・スタイトン、『フィナンシャル・タイムズ』のマイケル・ピール。スコット・マッキンタイアは、タイの状況に関して洞察にあふれる意見を聞かせてくれたし、オリヤ・モルファンはカタールの労働キャンプを訪ねた際に、私が冷静を保てるようにしてくれた。モハメッド・ファーミーも洞察に富むコメントと、様々なサポートを提供してくれた。ラルフ・ファン・デル・ツィーデンはデン・ハーグの地域性を理解するのを助けてくれたし、ニコラス・マクギーハン、ショービク・ダス、ニランヤン・クンドゥはバングラデシュの理解を深めてくれた。

セントルイスにおけるエア・ビー・アンド・ビーのホスト、アンにもとても感謝している。50回目のスーパーボウルの後、私はとある男性のグループと、非常に不愉快なトラブルに巻き込まれた。アンは私のバッグとレコーダー、マイクを探し出して、ヨーロッパに送り返してくれた。世の中の人は善良だ。たとえ私の顔の傷跡が、必ずしもそうとは限らないことを示していても。

バングラデシュで、私を手助けしてくれたジョニー・ミルズにも感謝したい。私の著書『31対0』の出版に向けてリサーチをしていた際には、アデレードからメルボルンまで車で1日で移動するという、英雄のような活躍をしてくれた。にもかかわらず、そのことにお礼を言うのを忘れてしまっていた。大佐、失礼しました。

『億万長者サッカークラブ』では、数多くのソースから情報を引用している。私に引用を許可してくれた次の方々に感謝を申し上げたい。

まず『ザ・ワイヤー』、そしてＨＢＯとデビッド・サイモン、ステファン・シマンスキー『マネー・アンド・フットボール：サッカーノミクスガイド（ネーション・ブックス）』、デイヴィッド・ゴールドブラット『ザ・ゲーム・オブ・アワ・ライブス：イングランド・サッカーの意義と成り立ち（ペンギン）』、ドクター・カレン・ダウィシャ『プーチンのクレプトクラシー：ロシアの持ち主は誰か？（サイモン＆シュスター）』、ドミニク・ミッジリーとクリス・ハッチンズ『アブラモビッチ：どこからともなく現れた億万長者（コリンズ・ウィロー）』、ニール・デマウーズ＆ジョアンナ・ケイガン『フィールド・オブ・スキームス：巨大スタジアムをめぐるペテンは、公的資金をいかに個人の利益に変えていくか（バイソン・ブックス）』、デイブ・ジリン『バッド・スポーツ：我々の愛するゲームを、オーナーたちはいかに台無しにしていくか（スクライブナー）』、ハイディ・ブレーク＆ジョナサン・カルバート『醜いゲーム：カタールのワールドカップ買収計画（サイモン＆シュスター）』、アラン・Ｊ・フォンハーズ『カタール：近代史（Ｊ・Ｂ・タウリス）』、アレックス・ダフ＆タリク・パンジャ『フットボールの秘密貿易：選手の移籍市場はいかにして浸透していくか（ブルームズバーグ・プレス）』。

私は様々な出来事の背景を理解するために、次のような媒体やブログなどに掲載された多くの記事を参考にした。本書で引用も行っている。

『ニューヨーク・タイムズ』、『フォーブス』、ブルームバーグ、『ガーディアン』、BBC、コンテントリー、『USA・トゥディ』、『セントルイス・ポスト‐ディスパッチ』、『タンパベイ・タイムズ』、『タンパベイ・トリビューン』、『セントピーターズバーグ・タイムズ』、ポリティカル・エコノミー・オブ・フットボール、『スポーツ・イラストレイテッド』、ESPN、AFP、AP、『フィナンシャル・タイムズ』、『モスクワ・タイムズ』、『バンコク・ポスト』、スポーティング・インテリジェンス、フォーリン・ポリシー、『ウォール・ストリート・ジャーナル』、ロイター、『ヴァニティフェア』、『インディペンデント』、『テレグラフ』、『イブニング・スタンダード』、ラジオ・フリー・ヨーロッパ、『ニューヨーカー』、インタープリター、『デル・スピーゲル』、CBS、『リバー・フロント・タイムズ』、『デンバー・ポスト』、『ボストン・グローブ』、『ワシントン・ポスト』、『マンチェスター・イブニングニュース』、スカイニュース、デッドスピン、NOS、『バーミンガム・メール』、『ランカシャー・テレグラフ』、『ラガゼッタ・デッロ・スポルト』、『アイリッシュ・タイムズ』、『ワトフォード・オブザーバー』、『サウスチャイナ・モーニング・ポスト』、『インターナショナル・ビジネスタイムズ』、『フォー・フォー・ツー』、クリスチャン・サイエンス・モニター、AS、『ジ・エコノミスト』、『レキップ』、『テレグラフ』、オムロープ・ウェスト、KRO‐NCRV、『リヴァプール・エコー』、ユーロマネー、『ダッカ・トリビューン』、CNN、スイス・ランブル。

本書に収録しているいくつかの文章やインタビューは、私の処女作『金曜日がやって来ると：サッカー、戦争、中東の革命（ド・クーベルタン）』から引用されている。50項目に及ぶ中国の改革プランの英訳は、ワイルド・イースト・フットボールによるものだ。中国にいる際には、レミ・ボラノとリチャード・フィッツジェラルドから翻訳と追加のレポートも受け取った。そして最後に、北京で行った王輝との完璧なインタビューは、『ニューヨーク・タイムズ』のアダム・ウーが担当してくれた。ありがとう。

何人かの人々は、草案のいくつかの章を読んで、変更と改善を提案してくれた。特にサイモン・クーパー、ジェームス・コーベット、マイケル・チャーチ、アーロン・ゴードン、デイヴ・ラマティナ、チャド・ウォーカーに感謝したい。

デイヴとチャド（そしてダン・ケリーガン）は、アフリカで行われたコッパー・ポット・ピクチャーズ用の撮影旅行の際に、とても辛抱強く付き合ってくれた。私は西サハラ、ルワンダ、レソトでの撮影セッションの間に最初の草稿を一気に書いたが、少なくとも、彼らはそれで問題ないと言ってくれた。

最後に、ミトラ・ナザールに感謝したい。彼女は私の原稿を読み、インタビューを翻訳し、私をサポートしてくれた。同時に、長い執筆や取材の際に、私の猿の世話をしてくれた。

君がいなければ、この仕事はできなかっただろう。やろうとも思わなかったはずだ。君たち2人がいてくれるからこそ、私の人生は意味を持つ。

２０１７年5月　ベオグラードにて

訳者あとがき

海辺の公園で娘とボールを蹴っていると、携帯電話がけたたましく鳴り始める。何事かと思って電話に出ると、相手はテレビ局のディレクターだった。

「来週、プーチン大統領が来日するじゃないですか。うちの局の特番に出演して、サッカーと政治について是非、解説していただきたいんです」

先方は、ナンバーウェブの拙稿に感心したんですと何度も口説いてくれたが、結局、ニュース番組への出演は見送りになった。

最もネックになったのは、基本的な認識のずれだった。

たしかにプーチンはサッカーを政治的に利用してきた。シャルケやガスプロムを政争の道具にしているのは間違いない。アブラモヴィチによるチェルシーの買収なども、ロシアによる勢力拡大という文脈で捉える人が多いだろう。

だが世の中は、もっと複雑に入り組んでいる。僕が強調したのも、物事をステレオタイプで捉えることの危うさだった。チェルシーとシャルケの事例を並列に論じることはできないし、プーチンとアブラモヴィチの関係にしても、パートナー同士というよりは同床異夢に近い。アブラモヴィチはプーチンから逃れるためにこそ、チェルシーのオーナーに納まったからだ。

そこまで断言できたのには理由がある。

僕はナンバー編集部に籍を置いていた頃、アブラモヴィチの記事を日本のマスコミで最初に手掛けた。校了直前、長編のレポートを寄稿したジョナサン(・ウィルソン)と、こんなやりとりをしていたのを覚えている。

——事実関係はよくわかった。でも大きな謎が残っている。そもそも彼は、何故、チェルシーを買収したのか。その真意はどこにあると思う?

しばらく沈黙した後、ジョナサンは電話口でこうつぶやいた。

「たぶん、彼はイギリスの市民権が欲しいんだと思う」

僕が本書を手掛けようと思った最初の動機は、この種の事実関係を的確に指摘していた点にある。本書のテーマは、僕が時折寄稿してきた社会的なルポとかなり重なり合う。

このような特徴は、僕が翻訳を決意した二つ目の理由につながる。

おそらく本書は、日本で出版されたサッカー関連本の中で、最も政治色の濃いものだろう。サッカーの世界から政治や経済、文化、社会問題を描くというよりも、政治学や社会学の立場から現代サッカーを論じているのに近い。

だからこそ僕は夢中になった。

もともと僕は政治学者を目指していた。研究テーマは日本とアメリカ、イギリスにおいて発生した新保守主義の比較。さらに細かく述べれば、新保守主義の母体となった1960年代の異議申し立て運動と、1980年代の新保守主義を比較しながら、同時多発性のメカニズムがいかに違うのかを、政治思想史、社会変動論、国際経済学の観点から分析することだった。

たとえば本書の第2章では、アメリカにおける格差の拡大が論じられている。「社会的な弱者が、一握りの富裕層を支えるという奇怪な現象が発生している」といった問題は、大学院時代に幾度となく論じたテーマだった。関心のある方は、ケヴィン・フィリップスの書いた「富と貧困の政治学」などをお読みいただいてもいいいと思う。映画評論家の町山智浩氏も、この問題については幾多の興味深いレポートをされている。

本書を手に取られた方の中には、一国内で起きている格差拡大の問題と、サッカー界で生じている現象に何の関係があるのかと訝られる人もいるかもしれない。

だが両者は決して無縁ではない。それどころか表裏の関係にある。

現代社会では、持てる者と持てざる者の格差が拡大し、僕たち庶民が想像もできないような富を誇る人々が登場するようになった。だからこそサッカー界にも、得体の知れない億万長者たちが出現し、勝ち組のクラブと負け組のクラブが、はっきりと分かれるようになったのである。

その意味で、現在起きている現象は、1980年代後半から90年代初頭にかけて起きた変化とはスケールが異なる。僕たちが目の当たりにしているのは、「従来型の格差拡大モデル」が当てはまらないほど巨大な富の蓄積だ。

同時にサッカー界には、かつてないほど「政治の影」が差すようになった。それを象徴するのが習近平であり、中東の王族であり、オリガルヒなのである。

僕が本書に惹かれた三つ目の理由としては、紹介されている各国の事例が、極めてリアリティを持っていた点も挙げられる。

第1章の後半ではウクライナの惨状が語られるが、戦場と化した東部はEURO2016の際、文春写真部の杉山拓也氏と長期滞在した場所だった。現地で出会った多くの人の笑顔を思い出すたびに、今も心が痛む。

アメリカや中東、中国で起きている問題は、それ以上に身近だ。巨大な変化は現地を訪れる度に痛感させられるし、世界を覆う政治と経済の奔流は、日本のサッカー界やサッカー選手、ひいては僕たちの日常生活も変貌させていく。

自戒を込めて述べれば、僕たち日本人はあまりに「世事」に疎い。スポーツでも政治でも、平穏な「日常」が永遠に続くと信じ込みがちになる。

むろん、これはやむを得ない部分もある。日本は島国だし、民族的な同一性もきわめて高い。他の国々に比べれば、階級格差もさほど拡大してこなかった。

政治と経済の両面において、中間層が比較的形をとどめているのは、日本という国が持つ美徳であり、一種のレガシーでもあるだろう。

だが「日本型の発展モデル」は、有効性が疑問視されつつある。

海の向こうでは、持てるものと持てざるものの格差が猛烈な勢いで広がる代わりに、政治、経済、文化、そしてスポーツ界のいずれにおいても新たなリーダーが登場し、世界レベルで勢力図を一変させるようになったからだ。

そのような状況を考えれば、日本も従来の秩序が崩壊するのを覚悟で、社会全体を活性化させていく必要があるのかもしれない。堀江貴文氏のような人物が続々と登場するような環境を創らないと、国際社会で生き残っていくのはさらに難しくなる

かつて作家の村上龍氏は「才能とは、ある種の欠損の裏返しだ」と述べたが、現在の日本に突きつけられているのは、一つの共同体として「欠損（アンバランス）」を肯定できるか否かなのではないかという気持ちさえする。僕の焦燥感は強い。

とはいえ著者は、決してペシミズムに陥っていない。

本書の主題は、得体の知れない億万長者たちであり、彼らを産んだ歪んだ社会構造だが、著者は時代の波に抗い、希望を見出そうとしている人たちについて書いている。本書に登場する真の主人公は、イギリスに亡命してプーチン政権の腐敗を追及し続ける活動家であり、アーセナルのオーナーであるクロエンケに対してノーと言い続ける、アメリカの女性でもある。

またこの本は、サイモン（・クーパー）の出世作、「サッカーの敵」の続編としても読めるだろう。サイモンが描いたのは「サッカーに託された価値」あるいは「サッカーが体現している、それぞれの社会」と翻訳できるが、本書は同じテーマを、政治経済的な視点からさらに突っ込んで論じている。

なお本書の訳出に際しては、読みやすさを最優先するためにボリュームを調整しつつ、構成、表現なども適宜手を加えさせていただいた。また文脈や情報を補足させていただいた箇所もある。

最後に謝辞を述べたい。

本書が世に出たのは、ひとえにカンゼンの森哲也局長、そして村山伸編集長によるものだ。この

本は森局長に無理やり頼み込んで、出版してもらったのに近い。村山編集長には、ゴールを死守するキーパーのように辛抱強く原稿に付き合っていただいた。また企画の実現に際しては、寺野典子氏、武田雄二氏、故・刈部謙一氏にもお力添えを頂戴した。

またこの場をお借りして、次の方々にも心からお礼を申し上げたい。

井上伸一郎氏、浅間芳朗氏、鈴木文彦氏、稲川正和氏、ナンバー編集部、ナンバーウェブ編集部、文藝春秋の諸兄姉。平野健一氏、針生英一氏、菊地淳氏、中條基氏、印田友紀氏、亀井史夫氏、二本柳陵介氏、水野春彦氏、奈良岡崇子氏、黒田俊氏、高野聖一氏、小張智弘氏、菊地悟氏、吉田憲生氏、佐々木紀彦氏、中島大輔氏、山中忍氏、永川智子氏、大月信彦氏、賀川浩氏、岩渕健輔氏、永井守氏、田村修一氏、小松成美氏、ピエール・リトバルスキー氏、フローラン・ダバディ氏、二宮寿朗氏、木崎伸也氏、北健一郎氏、宮田文久氏、海外ジャーナリストの友人。故・設楽敦生氏、東山久美氏、江坂寛氏、梅本洋一氏、三浦清氏、宮田利明氏、トム・ティレル氏、そして永井陽之助先生。

本書は亡き父と母、いつも僕を慕い、支えてくれる妻と娘にも捧げたい。お礼を申し上げなければならない方々は、他にもたくさんいる。本書は何よりも、読者のみなさんのためにこそある。

訳出が終わった際、娘は「どんな本なの?」と何度も尋ねてきた。

「サッカーと、この世の中に関する難しい本だよ」と答えると、彼女は「大きくなったらわたしにも読めるかな」と声を弾ませた。

娘がこの本を理解できるようになった頃、サッカー界、そして僕たちの社会はどうなっているのだろうか。最近、そんなことをよく考える。

今年もワールドカップが巡ってくる。そして僕たちは激動する世の中で、これからも前に向かって歩いていかなければならない。

脳天気な楽観主義に陥らず、安っぽいペシミズムにも耽らず、皆さんと一緒に本当の意味で前向きに、過去と現在、そして未来を見つめていければと思う。

田邊雅之

2018年3月

◆著者

ジェームズ・モンタギュー

James Montague

英国エセックス州出身のジャーナリスト。

スポーツ、政治、そして文化を専門分野とし、ニューヨーク・タイムズ、ガーディアン、オブザーバー、GQ、エスクワイヤ、CNN、BBCなどの各媒体で、精力的に執筆・解説活動を展開。2008年には、中東諸国のサッカーと社会を描いた処女作「When Friday Comes : Football, War and Revolution in the Middle East」を出版。2014年には、ワールドカップ・ブラジル大会出場を目指す、世界6大陸の様々な代表チーム、しかも弱小チームの奮闘ぶりを描いた「Thirty One Nil : On the Road With Football's Outsiders, a World Cup Odyssey」を出版。2015年のイギリス最優秀スポーツ書籍賞に輝いている。スポーツの分野はもとより、社会、経済、文化問題にも精通しており、他のサッカージャーナリストの著書では味わえないような、良質かつ複眼的な視点に立ったドキュメンタリー作品を送り出してきたことでも高名。

◆訳者

田邊雅之

1965年、新潟県生まれ。ライター、翻訳家、編集者。『Number』をはじめとして、学生時代から様々な雑誌や書籍の分野でフリーランスとして活動を始める。2000年からNumber編集部に所属。ワールドカップ南ア大会を最後に再びフリーランスとして独立。主な著書に『ファーガソンの薫陶』（幻冬舎）、翻訳書に『知られざるペップ・グアルディオラ』（朝日新聞出版）、『サッカー株式会社』（文藝春秋）など。共著に『戦術の教科書 サッカーの進化を読み解く思想史』（カンゼン）がある。

装幀・デザイン　三村 漢（niwa no niwa デザイン事務所）
カバーイラスト　藤原徹司（テッポー・デジャイン。）
DTP オペレーション　株式会社ライブ
編集協力　一木 大治朗
編集　村山 伸（カンゼン）

億万長者サッカークラブ
サッカー界を支配する狂気のマネーゲーム

発 行 日　2018年4月18日　初版

著　　者　ジェームズ・モンタギュー
訳　　者　田邊 雅之
発 行 人　坪井 義哉
発 行 所　株式会社カンゼン
〒101-0021
東京都千代田区外神田 2-7-1 開花ビル
TEL 03（5295）7723
FAX 03（5295）7725
http://www.kanzen.jp/
郵便為替 00150-7-130339
印刷・製本　株式会社シナノ

ISBN 978-4-86255-443-7
Printed in Japan
定価はカバーに表示してあります。

ご意見、ご感想に関しましては、kanso@kanzen.jp まで E メールにてお寄せ下さい。
お待ちしております。